Mehrkatzen-Haushalt

SABINE SCHROLL

Mehrkatzen-Haushalt

Problemen vorbeugen
Konflikte erkennen
Lösungen finden

Sabine Schroll ist seit 1989 in der Kleintiermedizin tätig. Seit 2013 widmet sie sich in einer reinen Katzenpraxis der allgemein- und verhaltensmedizinischen Betreuung von Katzen und berät deren Katzeneltern in Verhaltensfragen. Seit dreissig Jahren lebt sie mit mehreren Katzen zusammen.

Alle Angaben in diesem Buch sind sorgfältig geprüft und geben den Wissensstand bei der Veröffentlichung wieder. Da sich Wissen aber laufend weiterentwickelt und vermehrt, muss jeder Anwender sebst prüfen, ob die Angaben nicht durch neuere Erkenntnisse überholt sind. Bei Krankheitsanzeichen oder Symptomen, die zur Sorge Anlass geben, ist unbedingt tierärztlicher Rat einzuholen.

Website der Autorin: http://www.schroll.at

Bibliografische Information der Deutschen Nationalbibliothek
Die Deutsche Nationalbibliothek verzeichnet diese Publikation in der Deutschen Nationalbibliografie; detaillierte bibliografische Daten sind im Internet über http://dnb.d-nb.de abrufbar.

© 2021 Sabine Schroll

Verlag:

BoD · Books on Demand GmbH, In de Tarpen 42, 22848 Norderstedt, bod@bod.de

Druck:

Libri Plureos GmbH, Friedensallee 273, 22763 Hamburg

ISBN: 978-3-7557-0422-5

Inhalt

Vorwort

Eine ganze Katzengeneration hat es gedauert bis die neue – und wesentlich erweiterte – Version des Mehrkatzen-Haushalt-Buches endlich fertig geschrieben war.

Viele neue Erfahrungen aus dem Zusammenleben mit den eigenen Katzen und der Beratung für komplizierte Katzenbeziehungen sind eingeflossen. Manche Ansichten zum Mehrkatzen-Haushalt haben sich geändert, andere haben sich im Lauf der Jahre bestätigt.

Die Katze ist nicht das anspruchslose, einfache Haustier, das man einfach nur hat – und das gilt umso mehr für den Mehrkatzen-Haushalt.

Meine aktuelle Quattro-Boygroup hat mir nicht nur unendlich viel über Katzenbeziehungen und Ausdrucksverhalten beigebracht, also als Fotomodelle posiert, sondern auch immer wieder Abwechslung und Heiterkeit, neue Ideen und Zeit abseits des Bildschirms gebracht, weil sie spielen, miteinander streiten oder einfach nur meine Aufmerksamkeit wollten.

Faktoren, die den Mehrkatzen-Haushalt beeinflussen

Der Mehrkatzen-Haushalt und das Zusammenleben von Katzen können manchmal recht komplex und nur schwer zu verstehen sein. Um diese Komplexität besser zu begreifen, hilft es die einzelnen Variablen, die einen Mehrkatzen-Haushalt bedingen und beeinflussen, vorerst einzeln zu betrachten. Trotz der natürlich immer individuell beeinflussten Freundschaften und Antipathien gibt es dennoch zahlreiche gemeinsame Nenner, allgemeine Bedürfnisse und Reaktionsmuster, die übergreifend für alle Katzen weitgehend gleich sind. Schon allein dieses Wissen um die Gemeinsamkeiten der Art Katze kann hilfreich sein, um einen Mehrkatzen-Haushalt harmonischer zu gestalten, informierte Entscheidungen zu treffen, bestehende Probleme besser zu erkennen – und vor allem zu lösen!

Bei der Analyse und Behandlung wird es aber immer besser sein, sich zusätzlich fachlichen Rat von aussen zu holen, da die Objektivität und Urteilsfähigkeit als Mitspieler im eigenen System viel zu stark beeinträchtigt ist.

Einige der beeinflussenden Faktoren sind weitgehend unveränderlich oder lassen sich nur schwer und über einen längeren Zeitraum beeinflussen. Andere Variablen sind schneller und leichter veränderbar und daher wesentlich für die unmittelbare Verbesserung der Beziehung oder eine Therapie.

Zu diesen wichtigsten Einflussfaktoren im Mehrkatzen-Haushalt zählen:

• Natürlich ... die Katzen
• Menschliche Mitbewohner
• Kontext und Umstände

- Infrastruktur
- Ressourcen
- Motivation

Aber dann kommen auch noch subjektivere Faktoren hinzu, wie:

- Zeit
- Geduld
- Wahrnehmung
- Toleranz
- Achtsamkeit
- Innere Ruhe

Im ersten – eher theoretischen – Abschnitt wird es daher vor allem um diese Faktoren gehen, und zwar unabhängig davon, ob sie veränderbar sind oder nicht. Oft sind es jedoch ganz einfache Maßnahmen, wie ein verändertes Fütterungsmanagement, mit dem die Katzen sofort zufriedener und ausgeglichener werden. Mit anderen Gegebenheiten wie mangelhafter Sozialisation muss man sich allerdings einfach weitgehend abfinden. Nichtsdestotrotz kann das Anerkennen dieser limitierenden Faktoren schon zur Entspannung und dadurch manchmal zu neuen Lösungen führen.

Im zweiten – praxisorientierten – Abschnitt des Buches geht es dann um die Anwendung und konkrete Umsetzung dieser Informationen sowie diverse Behandlungsstrategien für den problematischen Mehrkatzen-Haushalt.

Spiel oder Ernst?

Mehrkatzen-Haushalt in der Theorie

verstehen und analysieren

Der Faktor Katze oder Katzen sind soziale Tiere

Lange Zeit – und zum Teil immer noch – wurden Katzen als solide Einzelgänger angesehen. Und um zu beurteilen, ob Katzen überhaupt in einer Beziehung oder Gruppe leben können, wollen oder gar müssen, ist zunächst die Frage nach ihren sozialen Fähigkeiten und Bedürfnissen ganz grundlegend. Es wäre in der Tat eine höchst unsinnige, ethisch fragliche Haltung, wirkliche Einzelgänger zu einem dauerhaft sozialen Leben zu zwingen, womöglich unter räumlicher Begrenzung …

Wenn man Katzen in Hinblick auf die Kriterien einer sozialen Art untersucht, so sind sehr viele dieser Kriterien eindeutig gegeben:

- Soziale Tiere können sich individuell erkennen, wenn sie sich treffen, auch wenn einer einmal vorübergehend abwesend war. Obwohl – hier kann es bei manchen Katzen unter bestimmten Umständen doch durchaus erhebliche Defizite geben.
- In die Kategorie „sozial" fällt auch, wer langfristige Bindungen oder Freundschaften entwickelt; wer in Paaren, Familien – oder noch grösseren Gruppen mit relativ stabilen Mitgliedern lebt.
- Soziale Tiere warnen sich gegenseitig bei Gefahr und verteidigen einander gegen Bedrohungen.
- Bei der gemeinsamen Aufzucht von Kitten sind Kätzinnen sogar ausgesprochen sozial. Sie säugen nicht nur ihre eigenen, sondern auch bereitwillig fremde Kitten, die in gemeinschaftlichen Nestern betreut werden. Bei der Geburt übernehmen andere Katzen – und mitunter sogar Kater – eine Hebammenrolle,

leisten emotionalen Beistand und belecken die neugeborenen Kitten.

- Selbst in grösseren, nur lose assoziierten Kolonien pflegen Katzen bevorzugte Kontakte und individuelle Freundschaften. Sie suchen über reine Zufallsbegegnungen hinaus aktiv den Kontakt zu Freunden, liegen beisammen und putzen sich.

Der Hauptgrund, warum Katzen als Einzelgänger angesehen werden, ist ihre typische Art zu jagen. Eine kleine Maus zu fangen erfordert keine Teamarbeit und nach der erfolgreichen Jagd muss auch nicht darüber verhandelt werden, wem nun welcher Anteil an dem kleinen Jagderfolg gehört. Somit ist die Jagd nach den katzentypischen kleinen Beutetieren die einzige Aktivität, bei der die Katze lieber alleine unterwegs ist. Und selbst hier haben sich im Lauf der Domestikation und dem ressourcenreichen Zusammenleben mit dem Menschen einige Katzen noch einen Schritt weiterentwickelt: Sehr gute Katzenfreunde gehen zusammen auf die Pirsch – es ist eine gemeinsame Aktivität und bei gut gefülltem Futternapf kommt es nicht mehr so sehr auf den Erfolg an.

Nicht alle unsere Katzen sind jedoch im gleichen Stadium der Domestikation angekommen. Es gibt innerhalb der gesamten Katzenpopulation eine überaus grosse Bandbreite an sozialem Verhalten. Dieses Spektrum reicht von der asozialen, ungeselligen, territorialen, ja sogar territorial aggressiven Katze am einen Ende bis hin zur ausgesprochen geselligen Katze, die emotional auf den Kontakt zu Artgenossen angewiesen ist und alleine verkümmern würde, am anderen Ende. Der überwiegende Teil der Katzen befindet sich wohl irgendwo zwischen diesen beiden extremen Polen und könnte als *fakultativ sozial* angesehen werden. Die durchschnittlich soziale Katze kann also, aber muss nicht unbedingt mit anderen Katzen leben. Es ist andererseits nicht möglich oder auch nur sinnvoll zu sagen, dass *alle* Katzen immer mit einer Partnerkatze zusammenleben müssen, denn Katzen können nachweislich durch chronischen sozialen Stress krank werden.

Wenn eine Katze also wenig sozial oder sogar territorial aggressiv ist; die Ressourcen nicht ausreichen, um die Zufriedenheit und allgemeines Wohlbefinden zweier Katzen zu gewährleisten, dann ist es sinnvoller, nur eine Katze zu haben und die dafür optimal zu versorgen. Für eine Katze ist es allemal besser alleine zu leben als gezwungenermassen in einer chronisch angespannten Dauerkrise – und das ist nur allzu oft zu beobachten, wenn eine Partnerkatze verstorben ist und die verbliebene nun plötzlich aufblüht.

Für gut auf den Menschen sozialisierte Katzen sollte aber zumindest immer der regelmässige Kontakt zum Menschen möglich sein, wenn es keine Katzenpartner gibt. Für umfassend gut sozialisierte Katzen stellt sich aber nicht die Frage des Entweder-oder, sondern vielmehr des Zusammenlebens sowohl mit Menschen als auch mit Katzen.

Individuelle Charaktereigenschaften beeinflussen die sozialen Fähigkeiten ebenso wie frühere Erfahrungen und die gesundheitliche Verfassung. Die sozialen Bedürfnisse können sich zudem im Lauf des Lebens verändern, sodass im Hinblick auf ihr Sozialsein jede Katze immer individuell – und auch immer wieder neu – betrachtet werden muss.

Ganz allgemein könnte man den Mehrkatzen-Haushalt unter folgende Maxime stellen (und wann immer es um die Vorbeuge, Analyse oder Therapie von Beziehungsproblemen im Mehrkatzen-Haushalt geht, gilt es, sich an diesem Leitsatz zu orientieren):

Katzen können zusammenleben, wenn sie sozial kompetent sind, genug oder gar Überfluss an Ressourcen haben, körperlich wie psychisch gesund und zufrieden sind und keine territoriale Aggression zeigen.

Obwohl die Katze also ein grundsätzlich soziales Tier ist, kann das Zusammenleben trotzdem mitunter unerwartet schwierig werden. Ein Mehrkatzen-Haushalt kann im besten Fall ein durch und durch harmonisches, freundschaftliches Zusammenleben in einer Familiengruppe sein oder aber eine chronische Beziehungskrise mit unangenehmen Verhaltensweisen wie Harnmarkieren und Aggression. Manchmal kippen durchaus freundschaftliche Beziehungen von einer Sekunde auf die andere in abgrundtiefe Feindschaft und manchmal gerät die akzeptable Wohngemeinschaft langsam nach und nach in eine unerträgliche Schieflage. Es gibt Katzen, die auf ihren Ausflügen andere Katzen kennenlernen und als Freunde mit ins eigene Heim bringen und es gibt Katzenmütter, die ihren eigenen Nachwuchs ab der Pubertät aufs Heftigste bekämpfen und aus dem Haus jagen.

Je besser jede einzelne Katze im Haushalt, ihre soziale Kompetenz und individuellen Bedürfnisse, wie auch die Art Katze ganz allgemein in ihrer sozialen Organisation und ihrem Ausdrucksverhalten verstanden wird, desto leichter ist es, schon vorausschauend die optimal zueinander passenden Lebensgefährten zu wählen. Und wenn dies aus den verschiedensten Gründen nicht mehr möglich ist, so doch wenigstens durch verbessernde Maßnahmen ein einigermassen friedliches – wenn schon kein freundschaftliches – Zusammenleben zu erreichen.

Vier wichtige Faktoren beeinflussen die generelle soziale Kompatibilität einer Katze:

- Genetik
- Entwicklung und Sozialisation
- Körperliche Gesundheit
- Psychische Gesundheit

Genetik

Individuelle Unterschiede zwischen den Katzen und ihren sozialen Bedürfnissen haben eine gewisse Grundlage in der Genetik. Wie sehr sich dieser Anteil jeweils auswirkt, ist im Detail nicht bekannt und er kann leider auch nicht direkt bestimmt werden. Wenn die Herkunft einer Katze, ihre Eltern und vielleicht schon erwachsene Geschwister bekannt sind, lassen sich aber durchaus brauchbare Schlussfolgerungen aus deren Verhalten und Charakter ziehen. Alle unbewussten oder bewussten Selektionsprozesse (also gezielte Zucht) sind bei den meisten Katzen aber erst einige Jahrzehnte, manchmal vielleicht 150 Jahre her. Der Grossteil der Katzen befindet sich immer noch im ursprünglichen Zustand – mit einem zudem sehr interessant funktionierenden Gehirn.

Ganz generell sind Katzen schon an sich sehr reaktive, rasch entscheidende Tiere, die lieber zuerst handeln und danach analysieren, ob diese Aktion überhaupt notwendig war. Selbst nicht nur ein Raubtier, sondern auch ein Beutetier für grössere Raubtiere zu sein macht solch eine explosive Reaktivität überlebenswichtig, denn ein Nachdenk- und Analyseprozess erfordert im Gehirn die eventuell über Leben oder Tod entscheidenden Millisekunden. Also lieber auf Nummer sicher gehen und den superschnellen Automatismus „Kampf oder Flucht" aktivieren und allenfalls nachher analysieren. Auch die Art und Weise, wie die Katze selber jagt, ist von langen Phasen des Nichtstuns mit ganz plötzlicher Aktivität geprägt. Ist ein solcher Bereich im Katzengehirn einmal aktiviert, wirkt sich das oft sehr schnell auch auf andere Bereiche aus und die gesamte Verhaltensreaktion ist fulminant! Alles oder nichts – völlige Entspannung und im nächsten Moment die ultimative Kampfmaschine.

Ein angenehmes Phänomen der Domestikation ist unter anderem, dass diese Wachsamkeit und Reaktivität gegenüber Gefahren geringer werden, weil sie im sicheren Dasein als Haustier nicht mehr so lebensnotwendig sind und als unnötige Stressverursacher sogar eher störend wirken. Auch daran kann man erkennen, dass noch nicht alle Katzen im gleichen Stadium der Domestikation angekommen sind und sich trotz intensiver Sozialisation sehr viele in manchen Situationen tendenziell noch immer wie Wildtiere verhalten.

Je besser also Katzen domestiziert und damit in gewissem Maße auch auf soziales Verhalten selektiert sind, desto leichter werden sie mit anderen Katzen – und natürlich Menschen – zusammenleben können. Nachkommen sehr territorialer Katzen, die bevorzugt für sich alleine leben, sind für das Leben in einer Gruppe und auf begrenztem Wohnraum weniger bis gar nicht geeignet.

Soziale Katzen sind offensichtlich auch in der Lage, Verwandtschaft am Geruch zu erkennen. Die ähnliche Genetik kann zwar keine Garantie, aber durchaus einen Bonusfaktor für eine gelungene Beziehung darstellen. Wenn also die Möglichkeit besteht, einen Katzenpartner aus der gleichen Katzenfamilie auszuwählen, dann kann das die Zusammenführung erheblich vereinfachen.

Neben den tatsächlich im Erbgut festgelegten Informationen wirken sich auch epigenetische Einflüsse auf die Entwicklung von Katzen aus. Umweltfaktoren wie Ernährung oder Stress wirken auf den genetischen Code, indem sie bestimmte Gene an- oder abschalten, diese sozusagen lauter oder leiser drehen. Die gesamte genetische Information ist also immer da, wird aber nicht immer zur Gänze aktiv benutzt. Die nachteiligsten und auch über mehrere Generationen wirksamen epigenetischen Effekte sind Mangelernährung und chronischer Stress. Kitten, deren Mütter während der Trächtigkeit und Säugeperiode mangelhaft ernährt wurden, entwickeln sich schlechter, lernen langsamer, sind reaktiver und stressanfällig – und sie reagieren viel schneller aggressiv oder ängstlich.

Entwicklung und Sozialisation

Katzenbabys kommen als Halbfertigprodukte auf die Welt. Die Endfertigung – also die körperliche und vor allem neurologische Entwicklung – findet in den ersten Lebenswochen statt. In diesen ersten Lebenswochen spielen sich ganz besonders intensive Lernprozesse ab, die so im restlichen Leben nie wieder möglich sind. Ein Zeichen der fehlenden Selektion und züchterischen Beeinflussung von Katzen ist die immer noch extrem kurze sensible Phase, in der dieses spezielle Lernen stattfinden kann. Je länger dieses Entwicklungsfenster offen bleibt, desto eher könnten Defizite noch nachgeholt werden, denn die während dieser sensiblen Phase aufgenommenen Sinnesreize und Informationen aus der Umwelt prägen das ganze weitere Leben einer Katze nachhaltig. Ist das Fenster der sensiblen Phase einmal geschlossen, findet Lernen natürlich noch immer statt, aber auf anderen Wegen, viel langsamer, mühseliger und bei Weitem nicht so nachhaltig.

Sozialisation auf Menschen

Kitten, die zwischen der zweiten und siebenten, eventuell noch bis zur neunten Lebenswoche täglichen freundlichen Kontakt mit verschiedenen Menschen haben, lernen, dass Menschen Freunde sind, denen man vertrauen kann. Ohne diese Sozialisation bleibt der Mensch – mehr oder weniger – eine potenzielle Gefahr, der entweder gar nicht oder nur unter sehr bestimmten Bedingungen vertraut werden kann. Jungkatzen, die genetisch bedingt eine längere sensible Phase haben, sind selten, können aber auch später noch sehr vertraute Beziehungen entwickeln.

Sozialisation auf Katzen

Für die Sozialisation auf die eigene Art gibt es keine ähnlich definierten, gut untersuchten Zeiträume wie bei der Sozialisation auf den Menschen. Diese Phase wird aber durch die natürliche Entwicklung weitgehend eindeutig markiert. Beide Lernprozesse sollen, ja müssen parallel ablaufen. Katzen, die mit Menschen zusammenleben sollen, müssen auf den Menschen sozialisiert sein. Katzen, die mit anderen Katzen zusammenleben sollen, müssen auf andere Katzen sozialisiert sein. Für Katzen, die ausschliesslich mit Menschen zusammenleben, könnte der Umgang mit Katzen als nicht so wichtig betrachtet werden – doch sinnvoll ist es nicht, die Sozialisation auf die eigene Art zu behindern.

Sobald die Kitten ab der dritten bis vierten Woche sehen, hören und sich fortbewegen können, beginnt das soziale Spiel mit den Geschwistern. Um die siebte Woche interessieren sich junge Kater noch mehr für Objektspiele. Ab der 12. bis 16. Woche werden die Unterschiede im sozialen Spiel zwischen Kater und Kätzin dann immer deutlicher. In dieser Phase entwickelt sich das Spiel auch zunehmend zum Kampfspiel oder Jagdverhalten. Beim jungen Kater bekommt es mit der nahenden Pubertät sehr bald einen sexuellen Unterton.

Erziehung

Sozial kompetente Kätzinnen, die nicht durch permanentes Jagen und Futterherbeischaffen, Angst oder andere nachteilige Einflüsse gestresst sind, erziehen ihre Kitten sehr konsequent. In einer ersten Phase lernen die Kitten Frustrationstoleranz, Geduld und höfliche Kommunikation, wenn die Kätzin ihr Gesäuge nicht mehr durchgehend anbietet, sondern sich zeitweilig entzieht. Auch beim Geputztwerden müssen die Kitten lernen, sich stillzuhalten, bis sie von der Mutter wieder freigegeben werden. Im Spiel lernen sie ihre Grenzen kennen, in kleineren Konflikten, wie man beschwichtigend kommuniziert. Eine unabdingbare Voraussetzung für klare, eindeutige und individuell fein abgestufte Kommunikation ist eine ausreichende psychomotorische Selbstkontrolle. Und genau diese müssen Kitten von ihrer sozial kompetenten Mutter oder anderen erwachsenen Katzen sowie im Spiel mit Geschwistern lernen. Ohne die eigenen Impulse kontrollieren zu können, gibt es unter Katzen kein friedliches Zusammenleben und keine verständliche Kommunikation.

Zwölf bis 16 Wochen sind ein passendes Alter, um junge Katzen mit möglichst guter Sozialisation auf andere Katzen in den neuen Haushalt zu übernehmen. In diesem Alter kann eine Jungkatze mit einem ausreichenden Grundgerüst an Erziehung – zum Beispiel im Katzen-Kindergarten – weiter neue Informationen für das Zusammenleben mit Menschen lernen und einordnen.

Für Kitten, die unter zwölf Wochen – oder noch ungünstiger: unter acht Wochen – von ihrer Mutter und Geschwistern getrennt werden, besteht ein deutlich erhöhtes Risiko für Verhaltensstörungen, darunter gesteigerte Aggression.

Kitten lernen sehr gut durch Beobachtung und brauchen zwölf bis 16 Wochen in ihrer Ursprungsfamilie.

Es kann daher grundsätzlich einmal davon ausgegangen werden, dass Katzen, die im Alter von unter zwölf Wochen alleine in einen Haushalt übernommen wurden, noch keine ausreichende soziale Kompetenz erlernen konnten. Das schliesst ein gewisses Naturtalent in der Kommunikation nicht aus, aber das ist leider nicht garantiert.

Verwilderte und gestresste Hauskatzen verlassen oder vertreiben ihre Kitten manchmal schon ab vier Monaten in die Selbstständigkeit. Obwohl diese schon ab der fünften Lebenswoche selber Mäuse töten könnten, ist fraglich, ob sie sich mit diesen begrenzten Fähigkeiten auch wirklich schon ausreichend selbst versorgen können. Eine solche Kombination aus mangelhafter Ernährung und einer kurzen Erziehungszeit wird in eher wenig ausgeprägtem sozialen Verhalten und deutlich mehr Konkurrenz enden.

Das soziale Entwöhnalter für Jungkatzen beginnt ab 10 bis 14 Monaten – erst dann sind die nun jungerwachsenen Katzen fertig entwickelt und wirklich bereit für ein selbstständiges Leben.

Die nächste Phase des Erwachsenwerdens dauert aber noch bis zum zweiten bis vierten Lebensjahr an – erst dann sind Katzen sozial ausgereift und völlig erwachsen. Gerade in dieser Lebensphase können im Mehrkatzen-Haushalt plötzliche Beziehungsprobleme auftauchen, die mit dem Erreichen der sozialen Reife zu tun haben können.

Die meisten entwicklungsbedingten Verhaltensänderungen sind bei der Katze zwischen vier Monaten und zwei Jahren zu beobachten. In dieser Zeit sollte auch sehr sorgfältig beobachtet werden, wie sich die Beziehung von Geschwistern oder gemeinsam aufwachsenden Katzen verändert und bei Unstimmigkeiten frühzeitig interveniert werden.

Körperliche Gesundheit

Eine ganz wesentliche Voraussetzung für ein entspanntes und harmonisches Zusammenleben sind körperliche Gesundheit und Wohlbefinden. Katzen haben ganz offensichtlich ein allgemeines Lebensprinzip und das lautet: *Jemand anderes ist schuld.* Jeder – egal ob Mensch oder Katze –, der sich gerade in Griffweite befindet, ist schuld an was auch immer gerade unangenehm ist. Das gilt ganz besonders für akute Situationen. Zum Beispiel, wenn sich eine Katze verletzt hat, an Schmerzen leidet oder sich erschreckt hat, attackiert sie eine ahnungslose Partnerkatze, die gerade zufällig vorbeigeht.

Aber auch und insbesondere chronische Gesundheitsprobleme und Schmerzen können Katzenbeziehungen schwer beeinträchtigen. Leider gilt das auch umgekehrt: Andauernder Beziehungsstress macht manche Katzen chronisch krank! In sehr verfahrenen Beziehungskrisen lässt sich schliesslich nicht mehr entscheiden, was zuerst da war: Hat das Gesundheitsproblem die Beziehung belastet oder der Beziehungsstress die Katzen krank gemacht?

Unwohlsein und Krankheit haben bestimmte Verhaltensmuster zur Folge wie Rückzug in Isolationszonen, erhöhte Reizbarkeit und weniger Toleranz für die alltäglichen lästigen Kleinigkeiten. Das Selbstbewusstsein schwindet und je weniger Präsenz eine Katze im Lebensraum zeigt, desto mehr sozialen Druck kann sie durch andere Katzen erfahren.

Gerade bei sich langsam entwickelnden Erkrankungen wie einem Tumor wissen die Partnerkatzen unter Umständen schon lange Bescheid, bevor sich die offensichtlichen Symptome zeigen.

Daher gilt: Wann immer es im Mehrkatzen-Haushalt kriselt, sollten alle beteiligten Katzen gründlich untersucht und falls nötig behandelt werden!

Psychische Gesundheit

Die psychische Gesundheit und Ausgeglichenheit haben natürlich einen ebenso grossen Einfluss wie die körperliche Verfassung, wie sich das Zusammenleben zwischen den Katzen gestaltet.

Die häufigsten psychischen Probleme bei der Katze sind Angststörungen – und hier beeinträchtigen natürlich die sozialen Phobien den Umgang mit anderen Katzen ganz erheblich.

Die zwei vorrangigen Verhaltensreaktionen der Angst sind Aggression oder Flucht. Beides führt zu weiteren Eskalationen und langfristig hohem Leidensdruck bei den Katzen. Interessant ist, dass es neben der sozialen Angst gegenüber anderen Katzen auch noch zwei weitere Kategorien von Angst gibt, die nicht unbedingt immer gemeinsam auftreten müssen. So kann eine Katze zum Beispiel sehr neugierig und aufgeschlossen im Umgang mit Menschen sein, aber vor Veränderungen in der Umwelt und anderen Katzen Angst haben. Oder auch: in fremder Umgebung wird die im eigenen Heim ängstliche, sozial unterdrückte Katze plötzlich selbstbewusst und exploriert alles, während die zu Hause sozial expansive Katze plötzlich ganz kleinlaut in ihrer Transportbox sitzen bleibt. Neben der besseren Beurteilung der psychischen Verfassung jeder einzelnen Katze kann eine solche Auswärtserfahrung auch durchaus therapeutisch positive Effekte haben.

Katzen mit Hyperaktivitätsstörungen haben keinen – oder nur einen sehr mangelhaft funktionierenden – „OFF-Schalter" während der „ON-Schalter" deutlich überdimensioniert ist. Eine Handlung oder Aktivität beenden zu können für die entspannenden Ruhephasen oder weil eine Partnerkatze meint, es wäre jetzt genug gespielt, ist eine unabdingbare Notwendigkeit für das friedliche Zusammenleben. Hyperaktive Katzen sind für normale Partnerkatzen nur schwer oder gar nicht zu ertragen, sie sind zudem unhöflich, distanzlos und aufgrund fehlender Selbstkontrolle auch grob. Distanzierende Signale einer anderen Katze erreichen sie entweder nicht oder sie werden einfach nicht respektiert.

Ähnlich schwierig gestaltet sich das Zusammenleben mit sehr impulsiven und reaktiven Katzen. Schon der geringste Auslöser wie ein Geräusch oder eine schnelle Bewegung reichen für sie aus, um maximal zu reagieren. Diesen heftigen Reaktionen fehlt dann jegliche Feinabstimmung, die subtilen Grautöne, es gibt nur die Maximalantwort, die sich gegen die – möglicherweise völlig unbeteiligte, ahnungslose – Partnerkatze richtet.

Entscheidend für ein friedliches Zusammenleben ist auch die Zeit, die es braucht, um aus diesem intensiven Reaktionszustand wieder in ein emotionales Gleichgewicht zurückzukommen. Erst dann kann die Katze wieder klar denken und kommunizieren, nachträglich verstehen, was gerade passiert ist und die normale Beziehung wieder aufnehmen. Je nach Auslöser und Persönlichkeit erreicht eine Katze nach einer halben Stunde bis zwei Stunden wieder einigermassen ihr Gleichgewicht.

Je länger eine reaktive und impulsive Katze im emotionalen Ausnahmezustand von Kampf oder Flucht bleibt, je wachsamer sie weiterhin auf alle Umweltreize achtet, desto mehr eskaliert die Lage. Diese emotionale Ausnahmesituation bedingt immer noch mehr Reaktivität – das Beziehungsdrama nimmt seinen Lauf.

In jedem Fall ist das Zusammenleben mit psychisch instabilen, ängstlichen, überreaktiven und impulsiven Katzen sowohl für Menschen als auch für andere Katzen ausgesprochen schwierig bis ganz unmöglich.

Soziale Kompetenz

Die genetischen Grundlagen und die darauf bauende Erziehung durch die Katzenmutter und im besten Fall weiteren erwachsenen Katzen ergibt in Summe die soziale Kompetenz einer Katze. Im Mehrkatzen-Haushalt kommt es natürlich vor allem auf die soziale Kompetenz gegenüber anderen Katzen an. Und die ist nicht zwingend mit der gegenüber Menschen gleichzusetzen. Es gibt tatsächlich Katzen, die ausgesprochene *Menschen-Katzen* sind, die sich nichts aus anderen Katzen machen und solche, die auf Menschen wenig oder kaum sozialisiert, also eher *Katzen-Katzen* sind.

Als soziale Kompetenz kann man die Gesamtheit aller für den Umgang mit anderen Katzen notwendigen Fähigkeiten und Eigenschaften betrachten.

Dazu gehört vor allem, die ganzen Feinheiten des Ausdrucksverhaltens anderer Katzen nicht nur zu verstehen und es selbst zu beherrschen, sondern diese Botschaften anderer auch zu respektieren! Die beiden groben Eckpunkte jeder Kommunikation – *Komm näher* oder

Geh weg – beherrschen alle Katzen mehr oder weniger instinktiv, ohne grossen Lernprozess.

Aber die subtilen Nuancen und feinen Zwischentöne der Beschwichtigung; des selbstbewussten und trotzdem höflichen Auftretens, mit dem Missverständnisse gar nicht erst entstehen oder kleinere Konflikte ohne Kampf oder Flucht einfach gelöst werden, muss eine junge Katze erst lernen und vor allem üben.

Dieser soziale Lernprozess hält wahrscheinlich ein ganzes Leben lang an, aber am intensivsten ist er in den ersten Lebensmonaten bis zur Pubertät und ins frühe Erwachsensein.

Ein typisches Beispiel, die soziale Kompetenz von Katzen zu beobachten und zu beurteilen, ist eine klassische und extrem häufige Situation nach der Rückkehr einer Katze vom Tierarzt oder nach einer anderen Abwesenheit:

Da Katzenfell Fremdgerüche sehr rasch annimmt, bringt die heimkehrende Katze neben ihrem eigenen auch noch andere Gerüche mit nach Hause. Im besten Fall ist sie ansonsten völlig unverändert in ihrem Aussehen und Verhalten. Eine sozial kompetente Reaktion wäre hier eine freundliche Begrüssung Nase an Nase und Beschnuppern, allenfalls ein vorsichtiger Rückzug, wenn es ein unangenehmer Geruch ist. Also in etwa: *Ah, da bist du ja wieder, wo warst du denn so lange und warum riechst du so komisch?*

Fauchen, knurren oder direkte Angriffe auf eine Partnerkatze, die nur aufgrund einer anderen Geruchskomponente nicht erkannt wird, sind nicht wirklich als sozial kompetent anzusehen, denn die Partnerkatze ist ja immer noch dieselbe – bewegt sich so, spricht so, sieht so aus. Kommunikation findet schliesslich immer redundant, das heisst auf mehreren, sich ergänzenden Informationsebenen statt. Für eine sozial kompetente, klar denkende Katze sollte diese Situation daher kein Problem darstellen.

Ein bisschen mehr gefordert wird die soziale Kompetenz und Kommunikationsfähigkeit natürlich, wenn sich nicht nur der Geruch, sondern durch Rasur, Halskrause oder Verband auch das Aussehen, die Bewegungsmuster oder das Verhalten verändert haben. Doch auch diese Veränderungen müssen nicht notwendigerweise ein Wiedererkennen eines vertrauten Lebensgefährten verhindern, wie zahlreiche sozial kompetente Katzen immer wieder beweisen.

Naturgemäss – und wie dieses Beispiel zeigt – bringen nicht alle Katzen, die gleichen sozialen Fähigkeiten mit. Für diese sozialen *Soft Skills* gibt es jedoch bei der Katze keinen Test oder Messmöglichkeiten; es sind reine Erfahrungswerte, die nur aus der Vorgeschichte oder möglichst vielen Einzelbeobachtungen abgeschätzt werden können. Katzen, die bis zur zwölften (und vielleicht sogar bis zur 20. Woche) in einer harmonischen Familiengruppe aufgewachsen sind, bringen sowohl in genetischer wie auch erzieherischer Hinsicht sehr gute Grundlagen für soziales Verhalten mit.

Obwohl Rassekatzen fast ausschliesslich nach optischen Kriterien gezüchtet werden, gibt es in vielen Fällen doch eine gewisse unbewusste Selektion nach sozialen Eigenschaften. Denn in der Gruppe unverträgliche Katzen werden eher früher als später kastriert und als Liebhabertiere abgegeben, weil sie zu viel Unruhe stiften. Trotz dieser über einige Generationen entwickelten Vorteile in Sachen Zusammenleben, ist die Rassekatze per se dennoch keine grundsätzliche Garantie für soziale Kompetenz. Traumatisierende Erfahrungen mit erwachsenen Katzen in schlecht betreuten Zuchten statt konsequenter Erziehung können durchaus einen gegenteiligen Effekt haben. Diese Kitten sind nach solchen Kindheitserfahrungen unter Umständen ein Leben lang ängstlich, sozial traumatisiert und inkompetent oder haben sogar eine soziale Phobie gegenüber anderen Katzen entwickelt.

Bei einer Katze, die mit acht Wochen ihre Ursprungsfamilie verlassen hat und über mehrere Jahre isoliert ohne Katzenkontakt lebte, kann man annehmen, dass sie mit hoher Wahrscheinlichkeit keine ausgeprägte soziale Kompetenz und Bedürfnisse mehr hat.

Zwei sehr junge Kitten, die gemeinsam aufgewachsen sind, werden miteinander wohl einigermassen kommunizieren können. Aber ohne den erzieherischen Einfluss kompetenter erwachsener Katzen werden sie ebenso wie zwei allein gelassene dreijährige Kinder nur in ihrem eigenen *nonsensical* Kauderwelsch bleiben, das für andere wenig Sinn ergibt. Dieses kommunikative Defizit zeigt sich in der Regel dann, wenn eine Partnerkatze verstorben ist und durch eine andere Katze ersetzt wurde.

Auch Einzelkitten, die keine gleichaltrigen Spielpartner hatten und ganz besonders mutterlos von Hand aufgezogene Kitten haben neben Defiziten in der Selbstkontrolle und Frustrationstoleranz oftmals auch daraus resultierend sehr wenig soziale Kompetenz.

Behinderte Katzen, die taub, blind oder mit Ataxien geboren sind, lernen sich mit ihren verbliebenen Sinnen im Alltag ganz gut zurechtzufinden. Der Inbegriff von sozialer Kompetenz sind sie meistens nicht, weil ihnen in der Kommunikation das Feedback vieler subtiler Signale einfach entgeht. Das Zusammenleben mit solchen Handicap-Katzen ist für normale Katzen oft anstrengend und die Defizite müssen durch deren umfassendere Fähigkeiten und vielleicht auch Toleranz ausgeglichen werden.

Soziale Struktur oder moderne Patchworkfamilie?

Für das Zusammenleben ist natürlich auch interessant, wie und in welchen sozialen Strukturen sich Katzen unter natürlichen Lebensumständen organisieren würden. Leben sie in einer straffen hierarchischen Ordnung – wie man es vom Hund lange angenommen und mittlerweile weitgehend wieder verworfen hat? Leben Katzen als Paare oder im Familienverband, dauerhaft oder nur zu bestimmten Zeiten? Und – ist das überhaupt wirklich wichtig für die Lebenssituation eines Mehrkatzen-Haushalts?

Obwohl in der Literatur ganz vereinzelt einmal eine hierarchische Ordnung in einer Katzengruppe beschrieben wurde, kann man allgemein davon ausgehen, dass sich Katzen nicht in einer Hierarchie organisieren. Meistens sagt es sogar wesentlich mehr über die persönliche Sichtweise des Beobachters als über die Katzen selbst aus, wenn eine Katze in einer Beziehung als dominant, untergeordnet oder „Alpha" bezeichnet wird ...

Taucht der Gedanke auf, dass es sich in einer konfliktreichen, disharmonischen Katzenbeziehung um Dominanz handeln könnte, dann ist es fast immer eine schwere Schieflage aufgrund von sozial inkompetenten oder nicht zusammenpassenden Katzen, Ressourcenmangel und körperlicher oder psychischer Störung.

Das Wesen einer dominanten Beziehung wäre nämlich genau das Gegenteil: stabile klare Verhältnisse, kein Streit und soziale Sicherheit, weil die Interaktionen vorhersehbar und eindeutig sind. Dominanz ist schliesslich auch keine persönliche Eigenschaft einer Katze, sondern beschreibt nur die Beziehung zur anderen Katze.

Was sehr oft als persönliche Dominanz missverstanden wird, ist impulsives und aggressives Verhalten, territoriales Auftreten, geringe Frustrationstoleranz oder ganz generell soziale Inkompetenz. Kommen noch Langeweile und Ressourcenmangel dazu, ist das ein perfektes Rezept für Beziehungsprobleme. Die Katze, die als untergeordnet angesehen wird, ist unter Umständen ebenfalls nicht sehr sozial kompetent, aber sehr oft auch körperlich krank oder unwohl, psychisch instabil, ängstlich und vermeidend. Um diese unglückliche Beziehungsdynamik und wie man sie verbessern kann, wird es noch in einem späteren Kapitel gehen.

Hier sei vor allem angemerkt: Es handelt sich nicht um Dominanz und die Katzen werden es unter sich nicht mit positivem Ausgang regeln.

Beobachtet man Hauskatzen, die sich unter weitgehend natürlichen Bedingungen frei organisieren können, dann sieht man unterschiedliche Organisationsformen:

- Soziale Kätzinnen leben in einem matriarchalen Familiensystem mit ihrem weiblichen Nachwuchs zusammen. Mütter, Grossmütter, Schwestern, Tanten, Cousinen und Nichten ziehen ihre Kitten in einem gemeinschaftlichen Nest und kooperativ auf. Diese Kitten haben gegenüber denen von allein lebenden Kätzinnen einen Entwicklungsvorsprung von einigen Tagen und leben insgesamt sicherer, weil sie nie ganz alleine bleiben müssen. Während der weibliche Nachwuchs innerhalb der Gruppe bleibt, werden die jungen Kater rund um die Pubertät oder das Erwachsenwerden vertrieben.
- Diese jungen Kater können sich in bruderschaftlichen Gruppen zusammentun und auch sehr innige Freundschaften entwickeln.

Mit dem Erreichen der sozialen Reife um die zwei bis vier Jahre haben sich einige ihren Platz in der Riege der zukünftigen Väter erobert.

- Die erwachsenen Kater haben unterschiedliche Fortpflanzungsstrategien. Sie verbringen entweder die meiste Zeit nahe bei oder mit einer bestimmten Müttergruppe, entwickeln unter Umständen sehr enge Bindungen und verteidigen sogar die Kitten. Oder sie ziehen von Mädelsgruppe zu Mädelsgruppe auf der Suche nach einer rolligen Kätzin, um möglichst viele Fortpflanzungsgelegenheiten auszunützen.

Ganz allgemein gilt, dass die soziale Organisation und vor allem die Fortpflanzungsstrategien sehr stark von der Katzendichte und den verfügbaren Ressourcen abhängen. Bei geringer Katerdichte zahlt es sich für einen Kater eher aus, sich mit Kampf den exklusiven Zugang zu seinen Kätzinnen zu erhalten. Ist hingegen die Katerdichte sehr hoch, haben die toleranten Kater, die um eine rollige Kätzin herum wartend in der Schlange sitzen, bis sie an der Reihe sind, einen Vorteil. Denn sie haben eine Gelegenheit zum Deckakt zu kommen, während die intoleranten Kater ihre Zeit mit riskanten Kämpfen verschwenden. Der Konkurrenzkampf wird in diesem Fall an die Spermien abgegeben. Die Würfe solcher Kätzinnen sind dann bunt gemischt und können sehr leicht von verschiedenen Vätern abstammen.

Für den Mehrkatzen-Haushalt gilt glücklicherweise, dass diese sozialen Systeme der Hauskatze nicht endgültig und in Stein gemeisselt sind. Allerdings gibt es kaum Studien zu individuell lebenden Hauskatzen; die meisten Daten stammen von im Tierheim, Labor oder völlig frei lebenden Katzengruppen.

Fortpflanzungsgeprägte Familiengruppen gibt es nur beim Züchter und nicht im Durchschnittshaushalt mit mehreren kastrierten Katzen. Erfreulicherweise sind soziale und gut sozialisierte Katzen weitgehend flexibel, wenn ausreichend Ressourcen zur Verfügung stehen und ihre Bedürfnisse gedeckt sind.

Der gesamte Zusammenhalt einer frei lebenden Gruppe ergibt sich aus individueller Bindung und affiliativen Verhaltensweisen, die diese Bindung fördern und festigen. Bei persönlicher Abneigung können sich die Katzen aus dem Weg gehen, einzeln leben oder aber versuchen, in einer anderen Gruppe Anschluss zu finden.

Und hier kommt nun ein Faktor ins Spiel, der für frei lebende Katzen kaum gilt und für manchen Mehrkatzen-Haushalt so problematisch ist: begrenzter Raum. Der begrenzte Raum und die zusätzlich auch auf einen einzigen Platz limitierten Ressourcen machen es den Katzen sehr viel schwieriger, sich aus dem Weg zu gehen oder sich gänzlich zu vermeiden. Für Katzen mit Freilaufmöglichkeit bestünde natürlich die Möglichkeit überzusiedeln und sich einen anderen Haushalt zu suchen, was sie auch hin und wieder tun. Für viele Katzen ist diese Entscheidung aber aus emotionalen Gründen – weil eine enge Bindung an ihre Menschenfamilie und ihr Heim besteht – nicht möglich. Auch als Katzenbesitzer fällt es schwer, eine Katze, die man liebt, die aber von anderen Katzen im Haushalt zu viel sozialen Druck bekommt, einfach ziehen zu lassen. Manchmal gibt es auch nur die theoretische Möglichkeit des erweiterten Raums beim Freigang, weil die Katzen in praktischer Hinsicht bei schlechtem Wetter nicht draussen sein wollen und dann drinnen miteinander Stress haben.

Ein weiterer erschwerender Faktor, der zu häufigen Komplikationen und Beziehungsproblemen führt, ist das kunterbunte Zusammenwürfeln unterschiedlichster Katzen in einem räumlich begrenzten Haushalt. Ein typisches Beispiel ist die Patchworkfamilie: Single mit Katze(n) trifft Single mit Katze(n) und beide wollen einen gemeinsamen Haushalt mit allen ihren Katzen begründen. Obwohl es einer sozial kompetenten Katze möglich ist, in eine fremde Gruppe einzuwandern, so geschieht dies eher nach und nach von der Peripherie her und sie steht nicht plötzlich mittendrin in einer fremden Gruppe.

Anzahl der Katzen

Die Stabilität oder Instabilität eines Mehrkatzen-Haushalts hängt natürlich auch mit der Anzahl der Katzen zusammen. Das bedeutet nicht, dass ein Haushalt mit zwei Katzen immer gut funktioniert, während vier, sechs oder neun Katzen zunehmend Probleme haben. Dennoch erhöht die Anzahl der Katzen durch den sich ergebenden Ressourcenmangel die Anforderungen an die soziale Natur, Toleranz und Kompetenz der Katzen.

In diesem Abschnitt geht es daher um die Fragen:

- Wie viele Katzen sind zu viele Katzen?
- Gibt es eine optimale Anzahl von Katzen?

Diese Fragen sind nicht leicht und eindeutig zu beantworten, denn es gibt neben der Anzahl noch weitere Faktoren, die einen Einfluss auf die Lebensqualität der Katzen in einer Gruppe haben. Und letzten Endes geht es immer nur um die Lebensqualität jeder einzelnen Katze und wie gross der *Trade Off* ist: Soziale Kontaktmöglichkeit steht gegen das Teilen von Lebensraum und Ressourcen. Grundsätzlich ist der zur Verfügung stehende Platz ein limitierender Faktor. Hierbei geht es aber nicht nur die Grundfläche, sondern auch um die Struktur und dreidimensionale Vernetzung im Raum, die den Lebensraum und die Lebensqualität von Katzen entscheidend prägen und über die reinen Quadratmeter hinaus entscheidend vergrössern. Selbst sehr soziale und gut befreundete Katzen möchten sich zeitweise aus dem Weg gehen und sich alleine ungestört zurückziehen. Wenn das aus Platzgründen nicht möglich ist, nimmt der soziale Stress zu.

Anhaltender sozialer Stress macht krank. Insbesondere chronische Erkrankungen wie Blasenentzündungen (interstitielle Cystitis), wiederkehrende Entzündungen der Haut, Virusinfektionen wie Feline Leukose und Feline Coronavirus-Infektion (FIP), aber auch durch Herpes- oder Caliciviren verursachter Katzenschnupfen sind in gestressten – zu grossen – Katzengruppen ein häufiges Problem. Für manche Katzen beginnt der chronische Stress allerdings bereits mit *einer* Partnerkatze. In diesem Fall wäre bereits die Anzahl von zwei Katzen zu gross.

Bei zu grossen Gruppen mit begrenztem Raumangebot spricht man von *Overcrowding* oder auch *Animal Hoarding* und der Stress für die Katzen steigt wie die Anzahl der gegenseitigen Beziehungen exponentiell.

In einer sozialen Gruppe gibt es wechselseitige soziale Beziehungen – jede Katze kennt die andere, kommuniziert mit ihr und tritt zu ihr in eine Beziehung. Die Anzahl der Beziehungen, die eine Katze in einer Gruppe zu pflegen hat, hängt naturgemäss von der Anzahl der Partnerkatzen in der Gruppe ab. Es gibt eine einfache Formel, um die Anzahl dieser exponentiell ansteigenden wechselseitigen Beziehungen zu berechnen, wobei n die Anzahl der Katzen ist:

$$n * (n - 1)$$

Ein Beispiel: In einer Gruppe mit 4 Katzen gibt es aktuell $4 * (4 - 1)$ $= 4 * 3 = 12$ wechselseitige Beziehungen. Wenn nur eine weitere Katze hinzukommt, erhöht sich Anzahl der Beziehungen, die nun jede der Katzen übersehen und verkraften muss, schlagartig auf fast doppelt so hohe 20 $(5 * 4 = 20)$. Eine solche enorme Steigerung kann einige sozial nicht ganz so kompetente Katzen massiv überfordern und die bislang stabile soziale Ordnung bricht zusammen. Noch viel schwieriger wird es, wenn sich in Patchworkfamilien die Anzahl der Katzen noch stärker erhöht.

Bei Katzengruppen jenseits der 20 oder gar 30 (und es ist hier von einer geschlossenen Haltung die Rede und nicht von freien Katzen in Kolonien, die sich nur zeitweilig am Futterplatz treffen und ansonsten ihrer eigenen Wege gehen können) ist die optimale Betreuung der Einzelkatze in den weitaus meisten Fällen (seltene Ausnahmen bestätigen diese Regel) weder in psychischer, körperlicher noch in medizinischer Hinsicht gewährleistet.

Eine ursprünglich eventuell vorhandene Absicht armen Katzen zu helfen wird in solchen Katzenhaltungen durch den grossen krankheitsfördernden Stress der Katzen ad absurdum geführt.

Cat Hoarding beginnt bereits dort, wo die entsprechende Versorgung der einzelnen Katzen nicht mehr gewährleistet ist.

Der Platzbedarf der Katzen wird davon beeinflusst, wie viel Lebens- und Bewegungsraum die jeweilige Katze benötigt, wie viel soziale Nähe sie wünscht oder zumindest ohne Schaden zu nehmen ertragen kann. Das hängt wiederum von der Genetik, der individuellen Entwicklung und Sozialisation, aber auch vom Alter ab.

Eine optimale Anzahl von Katzen pro Fläche lässt sich damit ebenso wenig fixieren wie ein absolutes Zuviel. Die territoriale Einzelkatze genügt sich selbst, auch die fakultativ soziale Katze kann durchaus alleine leben und sich sehr wohlfühlen, wenn sie von menschlicher Aufmerksamkeit bis zu allen Ressourcen immer alles für sich hat und nicht teilen muss.

Für die durchschnittlich soziale Katze ist wahrscheinlich eine vertraute, gut passende Partnerkatze, mit der sie aufgewachsen ist, eine gute Annahme. Sowohl Raum- als auch Ressourcenangebot sowie Zeit und Beschäftigung für die beiden Katzen sind in der Regel noch gut zu gewährleisten.

Dennoch kann in manchen Situationen die Katze Nr. 3 oder 4 einen stabilisierenden Einfluss auf die Beziehungen haben. Die wechselseitigen Beziehungen sind für die Katzen immer noch gut überschaubar. Die Energie und Aufmerksamkeit einer besonders aktiven Katze kann sich so auf mehrere Katzen verteilen, sodass sie für jede einzelne leichter zu bewältigen ist.

Auch die Strategie, zwei Kitten zu einer älteren Katze zu nehmen kann einen stabilen Dreier-Haushalt ergeben – die beiden Jungkatzen sind vorrangig miteinander beschäftigt, während die ältere Katze nicht allein im Fokus der Aufmerksamkeit steht, aber trotzdem etwas Unterhaltung hat.

Eine ähnliche, aber schon etwas anspruchsvollere Maßnahme, ist in einen instabilen Mehrkatzen-Haushalt eine sehr gut passende Partnerkatze für die aktivste und „lästigste" zu suchen. Aus diesen beiden wird – laut Plan – ein miteinander spielendes Paar, wodurch die weniger aktiven Katzen entlastet werden. Nur lassen Freundschaften sich leider nicht einfach so kaufen und diese Strategie ist damit zum einen risikoreich, zum anderen erfordert sie neben Glück noch einen grossen Zeitaufwand und viel Wissen um das Ausdrucksverhalten und die Bedürfnisse von Katzen.

Wie aus den sozialen Strukturen von Katzen ersichtlich, sind auch Dreier- oder Viererfreundschaften, vorzugsweise gleichgeschlechtliche, durch familiäre oder freundschaftliche Bande möglich. Innerhalb grösserer Kolonien entstehen auf diese Art kleinere Cliquen mit besonderer Bindung.

Wer passt zu wem?

Wann immer eine Wahlmöglichkeit besteht, sollte versucht werden, objektiv möglichst gut zueinander passende Katzen in den gemeinsamen Haushalt aufzunehmen. Auch wenn es nicht immer perfekt gelingt, weil niemand die individuellen Sympathien oder Antipathien vorhersehen kann, so ist eine gewisse Vorauswahl nach bestimmten objektivierbaren Kriterien ausgesprochen sinnvoll. Katze ist eben nicht einfach Katze und nicht jede passt gut zu jeder anderen Katze.

Doch auch wenn die Katzen als Patchworkfamilie zusammenkommen müssen oder aus anderen Gründen ohne Wahlmöglichkeit aufgenommen werden, kann das Wissen um die Kompatibilitätsfaktoren hilfreich sein. Sei es, dass sie eine gewisse Erklärung der bestehenden Beziehungsprobleme liefern oder – noch wichtiger – beim Verbessern der Situation helfen, weil die Bedürfnisse der Katzen von vornherein klarer erkannt werden.

Potenziell passende Partnerkatzen können ähnlich wie in der menschlichen Partnervermittlung mit einer Checkliste besser definiert werden. Und wie beim Menschen auch gibt es natürlich immer wieder einmal Paare, die völlig aus dem Raster herausfallen – *wo die Liebe hinfällt*. Als allgemeine Regel hat sich das Vorgehen nach Kompatibilitäts-Checkliste dennoch sehr bewährt.

Allgemeine Faktoren für Kompatibilität

Allgemeine Faktoren für Kompatibilität von Katzen sind

- Geschlecht
- Alter
- Rasse
- Herkunft
- Fellfarbe

Sie sind auch für wenig katzenerfahrene Menschen sehr leicht und objektiv zu bestimmen.

Geschlecht
Gleichgeschlechtliche Paare – und hier vor allem Kater mit Kater – sind im Allgemeinen besser miteinander kompatibel als gemischte Paare. Das bedeutet nicht, dass ein Paar Kater mit Kätzin grundsätzlich und immer zu vermeiden wäre, denn auch die können sehr innige Bindungen entwickeln. Trotzdem werden gemischte Paarbeziehungen zwischen Katzen nur allzu oft durch die gravierenden Unterschiede im Spielverhalten belastet. Schon ab der zwölften Woche kann das soziale Spiel von jungen Katern sehr robust bis brutal werden und nicht jede Jungkätzin ist in der Lage, dem entsprechend selbstbewusst entgegenzutreten. Zudem sind gerade Kater nicht immer höflich genug, eine distanzierende Ablehnung zu respektieren. Katzen wären vermutlich ausgestorben, wenn Kater ein *Nein* als ein *Nein* einfach so akzeptierten ...
Diese Unterschiede bleiben auch nach der Kastration noch bis zu einem gewissen Grad bestehen, sodass sich – ausgehend von unterschiedlichen Spielbedürfnissen – andauernde Beziehungskrisen entwickeln können.

Alter
Auch hier gilt, dass gut zueinander passende Katzen am besten zur annähernd gleichen Altersgruppe gehören sollen. Junge Katzen bis zur Pubertät sind in aller Regel völlig unkompliziert

zusammenzuführen. Wenn in diesem Alter schon deutliche Probleme auftauchen, sind diese Katzen entweder territorial oder sozial inkompatibel. Junge Katzen bis zwölf Wochen wirken auf erwachsene Katzen meistens weniger bedrohlich und lösen nicht ganz so schnell territoriale Reaktionen aus. Aber – dieser Vorteil kommt mit einem Preis, der nicht zu unterschätzen ist. Bis sie mit ein bis zwei Jahren erwachsen sind, können diese jugendlichen aktiven und verspielten Katzen für schon erwachsene Katzen sehr nervig bis unaushaltbar sein. Selbst jung erwachsene Katzen, die gerade erst diesem aktiven Jugendalter entwachsen sind, mögen die dauernden Spielattacken einer Jungkatze nicht immer. Die Energie dieser Jungkatzen muss also bis zu deren Erwachsenwerden sehr konsequent kanalisiert werden.

Für erwachsene Katzen können die typischen Lebensphasen auch als ungefähr passende Altersgruppen gelten:

- Jung erwachsen: bis zwei Jahre
- Erwachsen: drei bis sechs Jahre
- Reifes Alter: sieben bis zehn Jahre
- Seniorenclub: 11 bis 16 Jahre
- Geriatriezentrum: älter als 16 Jahre

Optimal wäre also eine jeweils altersmässig passende Partnerkatze zu suchen, wobei gerade bei erwachsenen und älteren Katzen die wichtige Frage, ob überhaupt eine Partnerkatze gebraucht wird, zuerst ganz klar bejaht sein muss. Oftmals ist es unkomplizierter und verspricht unterm Strich mehr Lebensqualität, die erwachsene, reife und ältere Katze alleine zu lassen.

Sehr alte Katzen mit viel Lebenserfahrung sind hingegen oft erstaunlich tolerant gegenüber neu einziehenden anderen sehr alten Katzen – der Betreuungsaufwand kann aber hier durch hohe Pflegestufen gross sein und die Katzen leben meistens wohl eher in einer neutralen Wohngemeinschaft als in inniger Freundschaft.

Rasse und Herkunft

Obwohl die züchterische Selektion von Katzen erst 50 bis 100 Jahre stattfindet, haben sich neben der reinen Veränderung des

Aussehens auch gewisse Tendenzen in den Charaktereigenschaften ergeben. Missverständnisse lassen sich zum Beispiel bei Jungkatzen beobachten, wenn kurzhaarige auf langhaarige Kitten treffen, die für sie einen hochgradig erregten, aufgebuschelten Eindruck machen. Auch hier gilt, wenn immer möglich, an der Regel *Gleich und gleich gesellt sich gern* festzuhalten. Eine Gruppe aus der gleichen Rasse oder wenigstens dem gleichen Rassetypus wird sich homogener und für die Katzen damit auch harmonischer entwickeln als die – vielleicht für uns Menschen spannendere – bunt gemischte Rassengruppe.

Mit der reinrassigen Katze ist es leichter, auch verwandtschaftliche Beziehungen in die Auswahlkriterien einzubeziehen und eine weitere Katze ähnlicher Abstammung zu wählen. Für soziale Katzen ist Blut eindeutig dicker als Wasser und ein gemeinsamer – genetisch bedingter – Stallgeruch erleichtert die Aufnahme freundschaftlicher Beziehungen.

Doch auch bei Hauskatzen ist es nicht gänzlich ausgeschlossen, ein weiteres Kitten aus einem guten Herkunftsbestand der ersten Katze zu holen.

Es gilt aber immer, dass gute Sozialisation und Lebensbedingungen Vorrang gegenüber derselben Herkunft haben. Bei unter katastrophalen Bedingungen aufwachsenden Kitten wird der verwandtschaftliche Vorteil durch zahlreiche andere Defizite völlig verloren gehen. Für solche Bestände ist nur die rasche Kastration zu empfehlen.

Langfristig wäre natürlich auch die gezielte Zucht von Hauskatzen wünschenswert – und zwar nicht in optischer Hinsicht, sondern vielmehr um ein langes Sozialisationsfenster, psychische Stabilität, ein offenes freundliches Wesen gegenüber Katzen und Menschen sowie Selbstbewusstsein zu fördern.

Farbe

Auch wenn es keine wissenschaftlichen Untersuchungen gibt, die einen Zusammenhang zwischen Fellfarbe und Charakter belegen, kann sie doch ein Auswahlkriterium sein. Bei der Auswahl einer Hauskatze können verwandschaftliche Ähnlichkeiten viel seltener berücksichtigt werden als bei der Rassekatze, wo dies ziemlich einfach ist. Die Fellfarbe ist hingegen wesentlich leichter zu berücksichtigen. Obwohl es keine Studien dazu gibt und Katzen keine besonders umfassende Farbwahrnehmung haben, kann es nicht schaden, auch bei der Fellfarbe auf möglichst grosse Ähnlichkeit zu achten. Zusätzlich sind auch alle Farben, die eine Katze schon kennt, weil die Mutter, Geschwister oder andere vertraute Katzen sie haben, ein gutes Kriterium für die Auswahl. Sehr wahrscheinlich wird es von der grundsätzlichen Offenheit einer Katze gegenüber Neuem und Unbekanntem abhängen, wie sie auf ihr völlig fremde, stark kontrastierende Fellfarben reagiert. Unter all den Kriterien für den Partnercheck hat die Fellfarbe keine sehr hohe Priorität, sie ist eher eine Luxusfrage, wenn sich hier eine zusätzliche Auswahlmöglichkeit überhaupt anbietet.

Individuelle Faktoren für Kompatibilität

Die individuellen Faktoren, die Katzen zu besonders gut passenden Paaren machen, sind wesentlich schwieriger als die allgemeinen Faktoren zu beurteilen. Es geht hier um die

- individuelle Persönlichkeit
- Aktivitätsbedürfnis
- soziale Kompetenz

Wahrscheinlich gibt es hier noch sehr viele Eigenschaften, die zwar für Katzen ganz offensichtlich, für Menschen aber nicht unbedingt wahrnehmbar sind.

Persönlichkeit
Die Persönlichkeit einer Katze kann als ein Zusammenspiel von genetischen und Umweltfaktoren sowie ihren kognitiven Fähigkeiten betrachtet werden. Persönlichkeit ist das, was über lange Zeiträume zu bestimmten, weitgehend stabilen Verhaltensmustern führt. Die Persönlichkeit einer Katze beeinflusst damit, wie sie auf bestimmte

Lebensbedingungen reagiert und wirkt so wieder auf die Lebensqualität, soziale Beziehungen und die Gesundheit zurück.

Es gibt zwar einige wenige Studien, wie man Persönlichkeiten von Katzen beurteilen könnte, aber es gibt keine einheitlichen Antworten oder standardisierte Etiketten für bestimmte Eigenschaften. Letztlich muss aber die Auswahl einer neuen, mit der eigenen gut harmonierenden Katze nur praktisch erfolgreich sein und nicht wissenschaftlichen Ansprüchen genügen.

Am leichtesten lässt sich ein Persönlichkeitsprofil mit verschiedenen Achsen erstellen, auf denen jeweils die subjektiven Werte aufgetragen werden.

Die grösste Schwierigkeit ist hier, dass sich das Verhalten gegenüber Menschen nicht unbedingt mit dem gegenüber anderen Katzen deckt, das heisst es gibt Katzen, die zu Menschen ausgesprochen freundlich, offen und tolerant sind – und anderen Katzen gegenüber ins völlige Gegenteil wechseln.

Eine weitere Herausforderung ist die Beurteilung von Kitten. Diese haben zwar ungefähr ab der zwölften Woche ziemlich stabile Werte bei Temperamenttests, aber die erkennbar typischen Verhaltensweisen erwachsener Katzen kommen erst mit 18 bis 24 Monaten deutlich zum Vorschein.

Wenn man funktionierende und problematische Mehrkatzen-Haushalte genauer ansieht, dann erscheint die Betrachtung einiger der folgenden Achsen sinnvoll:

- Scheu – kühn (*shy* – *bold*): Die einfachste und grundlegende Persönlichkeitsachse zeigt, wie scheu, unsicher bis ängstlich oder selbstbewusst, mutig bis kühn eine Katze auftritt.
- Extrovertiert – introvertiert: Auch diese Achse lässt sich relativ leicht beurteilen.
- Freundlich – unfreundlich: Hier spielen Eigenschaften wie Toleranz und die Reaktion auf allfällige Unfreundlichkeiten eine Rolle.
- Distanziert – distanzlos: Die Fähigkeit, körperliche Nähe einer anderen Katze zu mögen oder nicht gut zu ertragen ist ein ganz wesentlicher Faktor für das räumlich begrenzte Zusammenleben.

So wäre zum Beispiel für eine Katze, die auf diesen Achsen sehr ausgeprägt schüchtern, introvertiert und distanziert ist, das Zusammenleben mit einer Katze, die mutig-selbstbewusst, extrovertiert bis fordernd und zudem im direkten körperlichen Kontakt auch noch distanzlos ist, permanenter Stress. Um in solch einem Mehrkatzen-Haushalt alle Katzen zufriedenzustellen, müssten für die eine Katze sichere Zeiten und Zonen und für die andere ausreichend Beschäftigung und alternative Kontakte geschaffen werden.

Umgekehrt sind die Vorzeichen für gemeinsame Aktivitäten und zufriedene Katzen erheblich günstiger, wenn sich beide an ähnlichen Punkten auf den jeweiligen Achsen befinden.

Die Selbstsicherheit und Extrovertiertheit hängen bei der Katze vielfach mit dem Geschlecht zusammen. Kater sind tendenziell selbstbewusster, aber das muss nicht so sein. Es gibt auch hin und wieder unsichere Kater und sehr selbstsichere Kätzinnen. In jedem Fall ist erwiesen, dass freundliche und aufgeschlossene Kater diese Persönlichkeitsmerkmale an ihren Nachwuchs weitergeben und als Zuchtkater vorzuziehen sind.

Aktivität

Auch für die Aktivitätsansprüche von Katzen lässt sich eine Achse erstellen. Generell sind junge Katzen aktiver als ältere und dem wird natürlich schon durch die Auswahl der passenden Altersgruppe entsprochen. Aber auch in der gleichen Altersgruppe gibt es Katzen mit deutlich unterschiedlichen Aktivitätsbedürfnissen, von der eher wenig aktiven, gemütlichen Kuschelkatze bis zum unermüdlichen Spieljunkie.

Zur Achse der Aktivität zählt nicht nur die Bewegungsfreude an sich, sondern auch die Geschwindigkeit, mit der die Katze im interaktiven Spiel mitmacht, die Neugier, Motivierbarkeit und die Lernfreude. Aktive Katzen werden bevorzugt adoptiert – sie sind aber anspruchsvolle Katzen, deren Persönlichkeit andere Katzen – und nicht nur die – schwer überfordern kann.

Mut und Extrovertiertheit wirken sich auf die Aktivität ganz klar positiv aus, fehlende Selbst- und Impulskontrolle machen sie unerträglich. Reduzierte Aktivität und besonders ruhiges, „braves"

Verhalten vor allem junger Katzen ist immer im höchsten Maß verdächtig für körperliche Probleme.

Soziale Kompetenz

Die schon im vorhergehenden Kapitel eingehend beschriebene soziale Kompetenz ist ein ganz entscheidender Kompatibilitätsfaktor in Katzenbeziehungen. Katzen mit sehr ausgeprägten sozialen Fähigkeiten sind sogar imstande, weniger kompetenten Katzen einige ihrer Fähigkeiten zu vermitteln. Höchst beeindruckend ist deren Fähigkeit, auch bei Distanzierung und Aggression prinzipiell freundlich zu bleiben und niemals mit Gegenaggression zu antworten, sondern immer wieder neue Annäherungen mit freundlicher Beschwichtigung zu starten. Insofern kann eine ausserordentlich soziale Katze auch mit einer weniger kompetenten Katze gut zusammenleben. Problematisch sind alle Konstellationen, wo zu wenig oder gänzlich inkompatiblen Persönlichkeiten auch noch Defizite in der sozialen Kommunikation hinzukommen.

Resilienz

Unter Resilienz werden alle jene Fähigkeiten und Eigenschaften zusammengefasst, mit denen eine Katze schwierige Lebenssituationen, Krisen oder andere Konflikte bewältigen kann. Dazu gehört zum Beispiel nach einem Missverständnis oder Streit, die freundlichen Beziehungen ohne Ressentiments wieder aufzunehmen oder nach dem Neuzugang einer Katze in den Haushalt seine Raum-Zeit-Sozial-Ordnung flexibel anzupassen. Je ängstlicher, je weniger sozial und selbstbewusst eine Katze ist, desto schwerer wird es ihr fallen, eine Krise locker wegzustecken. Für eine resiliente selbstbewusste Katze wäre auch ein Platzwechsel – wenn er denn unumgänglich ist – wesentlich leichter zu bewältigen als für eine schüchterne, introvertierte Katze.

Zusammenfassung

Auf den ersten Blick macht ein solches Persönlichkeitsprofil einen komplizierten und vielleicht auch zu technisch-rationalen Eindruck. Auch wenn keine dieser Achsen für die Katzen endgültig und in

Stein gemeisselt ist, so ist damit überhaupt einmal ein erster Schritt getan, Katzen und ihre Beziehungen individueller zu betrachten.

Eine Katze ist eben nicht nur eine Katze, sondern auch eine individuelle Persönlichkeit, die nicht immer alle zueinander passen lässt, und keine Katze lässt sich durch eine x-beliebige andere Katze ersetzen.

Zudem geben die allgemeinen und individuellen Kompatilitätsfaktoren nur Hinweise und sind mehr Faustregeln als absolute Wahrheiten. Die Gewichtung der einzelnen Faktoren wird sich in der Praxis auch verschieben, sodass am Ende eine sehr robust auftretende, extrovertierte und aktive Kätzin durchaus die bessere Wahl für einen ähnlichen Kater sein kann als der sanfte, introvertierte und wenig selbstbewusste Bruder dieses Katers.

Als einigermassen gut objektivierbare Kriterien helfen sie dennoch, die Auswahl einer Katze rational zu unterstützen, vorher zu überlegen und nicht nur auf die eigenen menschlichen Vorlieben zu achten.

Diese Persönlichkeitsanalyse ist zwar vorrangig für die Auswahl einer Partnerkatze gedacht, kann aber natürlich genauso gut im Nachhinein bei der Analyse von Beziehungsproblemen helfen.

Das Ziel, die Bedürfnisse und Ansprüche aller im Haushalt lebenden Katzen zufriedenzustellen, ist viel leichter zu erreichen, wenn diese Bedürfnisse und Ansprüche bekannt sind. Sogar die emotional extrem schwierige Frage, ob unpassende Katzen besser getrennt werden sollen, ist leichter zu beantworten, wenn auch die Kompatibilität der Persönlichkeiten klarer ist.

Häufige und typische Konstellationen

Nun zu einigen Sonderfällen und Fragestellungen, die immer wieder in der Beratungspraxis auftauchen, weil sie zu Problemen zwischen den Katzen führen. Nach den eher theoretisch anmutenden Persönlichkeitsprofilen wird es nun praktisch und konkret. Wie immer muss zwar letztlich jede Katze und jede Situation individuell betrachtet werden, aber es gibt sehr typische und schon von vornherein problematische Konstellationen, für die man praktische Faustregeln aufstellen kann. Unter Berücksichtigung dieser Regeln macht man mit grösster Wahrscheinlichkeit nichts falsch. Wenn man sie nicht berücksichtigt und es geht alles gut, freut man sich, dass die eigenen Katzen Ausnahmen von dieser Regel sind. Für bestehende schwierige Mehrkatzen-Haushalte können sie in jedem Fall das Verständnis erleichtern, um den Weg für erfolgreiche Therapien zu eröffnen.

Geschwisterpaar

Zwei Kitten (Geschwister) zur gleichen Zeit gemeinsam aufzunehmen, ist und bleibt der beste und unkomplizierteste Weg in den Mehrkatzen-Haushalt. Auch zwei Kitten unterschiedlicher Herkunft gemeinsam– aufzunehmen ist eine ähnlich gute Lösung. Ein zeitlicher Abstand von einigen Wochen oder sogar Monaten ist hier in aller Regel unproblematisch. Es erleichtert die Erziehung im Katzen-Kindergarten sogar ganz erheblich, wenn anfangs nur ein Kitten zu erziehen ist und der Spielgefährte nicht zu sehr ablenkt.

Gemeinsames Aufwachsen ist zwar keine Garantie für eine lebenslange Freundschaft, bietet aber schon einmal die bestmöglichen Voraussetzungen!

Ein Bruder-Schwester-Katzenpärchen wird von vielen Besitzern aus menschlicher Perspektive als besonders harmonische Auswahl angesehen, und manchmal ist das sogar der Fall. Dennoch ist die Paarbeziehung nur bei besonders sozialen Katzen eine gute Option. Optimaler sind, wie bereits erwähnt, gleichgeschlechtliche Gruppen. Die grösste Sorge gilt meistens der Verhinderung von unerwünschtem Nachwuchs. Die rechtzeitige Kastration des Katers ist jedoch nicht nur aus diesem Grund zu empfehlen. Insbesondere wenn sich die beiden Jungkatzen in Selbstsicherheit, Persönlichkeit und Aktivitätsniveau sehr unterscheiden und die Kätzin gemeinsames Spiel mit dem zu heftigen Bruder zu vermeiden beginnt, ist eine frühzeitige Kastration sehr zu empfehlen. Es gibt unzählige Kätzinnen, die unter dem rüpelhaften Spiel ihres Bruders langfristig leiden, weil ein Geschwisterpärchen als beste Option empfohlen wurde.

Gleichgeschlechtliche Geschwister – zwei Brüder oder zwei Schwestern – die schon in der Ursprungsfamilie viel Zeit miteinander verbracht und gespielt haben, sind eine optimale Auswahl.

Einzelkatze

Zu einer, unter Umständen schon seit Jahren, allein lebenden Katze soll eine zweite Katze kommen, weil sie so viel allein ist.

Das ist im Grunde genommen eine ungünstige, wenn nicht überhaupt eine der schlechtesten Ausgangspositionen für einen Mehrkatzen-Haushalt – man beginnt mit einer mehr oder weniger ungeselligen Einzelkatze. Katzen, die längere Zeit alleine gelebt haben, verlieren ihre soziale Gewandtheit und reagieren nur selten freudig auf einen Neuzugang im Haushalt. Katzen, die sich erst im Erwachsenenalter kennenlernen, leben – bestenfalls – in einer reinen Wohngemeinschaft als in inniger Freundschaft. Im ungünstigsten Fall hat sich die Lebenssituation für zwei Katzen nunmehr in chronischen sozialen Stress verschlechtert und nicht wie erhofft verbessert.

Die möglichen Motivationen für diese Fragestellung werden im entsprechenden Abschnitt noch eingehender behandelt.

Hier eine einfache und klare Antwort: Wenn die Einzelkatze älter als eineinhalb bis zwei Jahre alt ist, ist keine Katze dazu zu nehmen die einfachste Lösung.

Wenn es sehr gute Gründe und ein überlegtes Vorgehen gibt, können zwei weitere Optionen in Frage kommen:

• Eine in möglichst vielen Kriterien passende, sehr soziale Katze aussuchen und ein freundliches Zusammenleben von Anfang an proaktiv fördern – mit dem Risiko, dass sich die Katzen trotz passender Persönlichkeitsprofil, nicht leiden können ... Mit Katern ist diese Möglichkeit sehr wahrscheinlich etwas leichter umzusetzen, mit Kätzinnen nur, wenn sie ausgesprochen sozial sind.
• Eine Dreiecksbeziehung mit zwei sehr gut passenden, perfekt sozialisierten Jungkatzen, die bevorzugt miteinander spielen und damit die erwachsene Katze entlasten.

Partnerkatze verloren

Wenn in einer langjährigen Katzenbeziehung eine Katze verstirbt, ist oft einer der ersten Impulse, sofort eine neue Partnerkatze für sie zu suchen. Das Gefühl von Verlust und Trauer der verbliebenen Katze lässt sich nur leider durch eine neue andere Katze weder abkürzen noch beseitigen – ganz im Gegenteil. Mit einer fremden Katze kommen zur Trauer auch noch unnötiger Stress, Verwirrung und im schlimmsten Fall Angstzustände dazu. Kein Mensch würde auf die Idee kommen, einem trauernden Menschen, der gerade einen Partner verloren hat, den erstbesten Obdachlosen an den Frühstückstisch zu setzen: *Damit du nicht so allein bist.* Auch Katzen entwickeln persönliche Freundschaften und sehr individuelle Bindungen. Beim Verlust einer solchen kann diese exklusive Beziehung nicht durch irgendeine x-beliebige andere Katze ersetzt werden. Bei trauernden Katzen passiert das leider immer noch mit grosser Regelmässigkeit und sehr häufig enden diese gut gemeinten, aber nicht gut überlegten Aktionen im Beziehungsdesaster.

Für die reife oder ältere Katze, die eine Partnerkatze verloren hat, gilt noch viel mehr als für die jüngere Einzelkatze:

- Keine neue Partnerkatze. Katzen geht es fast immer alleine besser als in einer belastenden Beziehung.
- Erstaunlich viele Katzen blühen geradezu auf, wenn sie plötzlich alleine sind und beweisen damit im Nachhinein, wie belastet und stressig die bisherige Beziehung in Wirklichkeit war. Für diese Katzen gilt ganz besonders, sie mit keiner neuen Partnerkatze zu konfrontieren.
- Für sehr soziale Katzen, die auch nach drei bis sechs Wochen noch immer den Eindruck erwecken, sich sehr allein zu fühlen und einen Partner zu suchen, gelten ähnliche Regeln wie für die Einzelkatze aus dem vorherigen Abschnitt.

Problemkatze

Soll oder kann man zu einer Katze mit psychischen Problemen – zum Beispiel mangelnde Sozialisation auf den Menschen, chronische

Angststörung oder Hyperaktivität – eine weitere Katze nehmen? Insbesondere bei nicht oder schlecht auf den Menschen sozialisierten Katzen, die den Kontakt zum Menschen vermeiden, taucht früher oder später der Wunsch nach einer zugänglichen, kontaktfreudigeren Katze auf. Auch für die sehr aktive und fordernde Katze, die alleine unter Langeweile leidet, wird sehr gerne eine Partnerkatze als Lösung für mehr Beschäftigung angedacht, ohne dabei jedoch die Frage zu berücksichtigen, ob die neue Katze auch als Therapeut oder Unterhaltungsprogramm dienen möchte ...

Der Erfolg einer solchen Therapie durch eine neue Beziehung wird von der Sozialisation der ängstlichen Katze auf andere Katzen abhängen. Wenn sie durch fehlenden Kontakt in den ersten Lebenswochen nicht oder nur schlecht auf Menschen sozialisiert ist, aber mit anderen Katzen in der Gruppe gelebt hat (Bauernhof, Tierheim, Züchter etc.) und eine an sich soziale Katze ist, kann eine umgängliche Partnerkatze, die sehr gut *sowohl* auf Katzen *als auch* auf Menschen sozialisiert ist, helfen. Katzen lernen sehr gut durch Beobachtung – die Voraussetzung dafür ist allerdings eine wirklich gute vertrauensvolle Bindung. Von einer befreundeten, sozial kompetenten Katze kann eine ängstliche, schlecht sozialisierte Katze entspannteres Verhalten in Anwesenheit von Menschen lernen.

Wenn diese Bedingungen – Sozialisation und intensive Bindung – nicht zweifelsfrei erfüllt werden, endet dieses soziale Experiment mit allergrösster Wahrscheinlichkeit im Chaos mit noch mehr Problemen und schlimmstenfalls Aggression zwischen den Katzen. Auch nicht wirklich nach ähnlichem Temperament und Persönlichkeit gut ausgewählte Partner als Spielgefährten für besonders aktive Katzen werden in einer Beziehung eher leiden als profitieren. Damit eine unterforderte, sehr aktive Katze einen passenden Partner bekommt, muss man sich eine weitere, sehr aktive Katze suchen. Das bedeutet aber in den meisten Fällen, dass man auch als Mensch nun *doppelt gefordert* ist, weil nicht alle Aktivitäten und Ansprüche nur unter den Katzen abgedeckt sind. Um es kurz auf den Punkt zu bringen: Die Idee, dass sich die Katzen ab nun miteinander beschäftigen und nicht mehr so viele Ansprüche an den Menschen stellen, ist schlichtweg naiv.

Da gute *therapeutische* Beziehungen zwischen Katzen eher die seltene Ausnahme als die Regel sind, ist es sehr viel vernünftiger, eine Katze mit psychischer Störung zunächst alleine als Einzelkatze zu behandeln. Dann kann überlegt werden, ob man eine weitere Katze aufnimmt. Dabei wird immer das Risiko bleiben, ein labiles emotionales Gleichgewicht wieder ins Ungleichgewicht zu kippen.

Drittkatze
Passt eine dritte Katze in meinen Haushalt oder wird sie wie ein fünftes Rad am Wagen ein Aussenseiter sein?

Diese Frage lässt sich nicht endgültig beantworten, aber es gibt wiederum ein paar allgemeine Grundregeln, die hilfreich sind. Wie bereits erwähnt, kann es sinnvoller sein, dass mit der zweiten auch gleich eine dritte Katze einzieht, wenn sie zu einer älteren, ruhebedürftigen oder wenig sozialen Katze kommt, die – aus welchen Gründen auch immer – nicht alleine bleiben soll. In diesem Fall wirkt die dritte Katze stabilisierend auf das gesamte Beziehungssystem – oder das wäre zumindest die Idee.

Wenn es bereits zwei Katzen gibt, die sich sehr gut verstehen, kann es unter Umständen sogar besser sein, ein weiteres harmonierendes Zweierteam anstelle einer einzelnen Katze aufzunehmen, was insgesamt dann einen Vierer-Haushalt ergibt–. Diese zwei Zweiergruppen ergeben zumeist ein stabileres System im sozialen Gleichgewicht. Es ist allerdings nicht ausgeschlossen, dass besonders gut harmonierende soziale Katzen auch im Trio oder im Quartett stabile Freundschaften pflegen.

Falls zwei wenig kompatible Katzen in einer bereits angespannten Beziehung leben, kann eine dritte Katze die Lage stabilisieren ... oder völlig zum Umkippen beitragen. Es wird ganz davon abhängen, mit welcher Katze die freie Position besetzt wird.

Es gilt: Vorrangig bekommt die aktivere, selbstbewusstere und meistens jüngere Katze einen vorzugsweise gleichgeschlechtlichen Partner, der ihr in jeder Hinsicht gewachsen und ähnlich ist. Dadurch erhält die aktuell bedrängte und zurückgedrängte, unsichere und weniger aktive Katze im Allgemeinen mehr Freiraum. Kritisch wird die Situation nur, wenn sich das neue Zweierteam durch fehlende menschliche Intervention auf Mobbing verlegt und jetzt gemeinsam die partnerlose Katze terrorisiert.

Weitere Katzen

In eine bereits bestehende sozial homogene Gruppe ist es meistens einfacher, eine vierte, fünfte, sechste ... neunte Katze einzugliedern. Es sieht fast so aus, als würden die vorhandenen Katzen den Neuzugang mit ergebener Haltung *Schon wieder einer, was will der denn hier?* zur Kenntnis nehmen, sich vorerst einmal distanzieren und zur Tagesordnung übergehen. Dies gilt umso mehr, wenn die Katzen ausreichend strukturierten Lebensraum haben, womöglich mit Freilauf, und sich im Alltag frei mit- oder nebeneinander arrangieren können.

In manchen Fällen kann diese neue Katze aber der letzte Tropfen sein, der das Fass zum Überlaufen bringt und die ganze Gruppe befindet sich schlagartig im chaotischen Ausnahmezustand. Die soziale schwächste und am wenigsten kompetente Katze wird ab einer bestimmten Anzahl von Partnerkatzen nicht mehr in der Lage sein, sich in der Vielfalt sozialer Interaktionen geschmeidig und selbstbewusst einzuordnen. Und selbst wenn es ihr scheinbar gelingt, kann der soziale Stress die Lebensqualität dennoch beeinträchtigen und chronisch krank machen.

> Für jeden Neuzugang in einen bestehenden Mehrkatzenhaushalt gelten sinngemäss die gleichen Regeln wie für die erste und zweite Katze: Gut ausgewählte passende Partner für einzelne Katzen, die die Gruppe destabilisieren; zwei gut zueinander passende Katzen, wenn die bestehende Gruppe stabil und harmonisch ist.

Patchwork

Der Patchwork-Katzenhaushalt kann die mit Abstand schwierigste Herausforderung werden, denn in diesem Fall finden sich die Menschen sympathisch ... und die Katzen nicht unbedingt. Single mit Katze(n) trifft Single mit Katze(n) beinhaltet so viele Variablen von der Anzahl der Katzen und deren sozialer Kompetenz bis zur

Entscheidung, welcher Wohnraum in Zukunft benützt wird und wie viel Eingewöhnungszeit für die Katzen zur Verfügung steht, dass es unmöglich ist, einheitliche Lösungsvorschläge anzubieten. Als Grundsatz gilt: je sozialer und ähnlicher die Katzen sind, je mehr Raumstruktur und Zeit zur Verfügung stehen, desto besser ist die Ausgangssituation. Defizite in einigen Bereichen wie Sozialisation oder unpassende Charaktere brauchen zum Ausgleich umso intensivere Bemühungen in anderen Bereichen wie Beschäftigung, Ressourcen oder 3-D-Strukturen.

Zusammenfassung

Für einen harmonischen Mehrkatzenhaushalt ist es sinnvoll, frei nach dem Motto *Gleich und gleich gesellt sich gern* einander möglichst ähnliche Katzen – quasi eine Kopie – auszuwählen.

Es gibt einige Kombinationen, die mit grösster Wahrscheinlichkeit nicht gut funktionieren und sofern die Möglichkeit der Wahl besteht, sind diese im Sinne der Katzen zu vermeiden.

Weiters gibt es vielversprechende Konstellationen und wenn es eine freie Entscheidung gibt, dann sollten nur wirklich gut zueinander passende Katzen in eine bestehende Gruppe kommen. Selbst dann noch bleibt trotz überlegter und gezielter Auswahl ein gewisser Unsicherheitsfaktor, weil Katzen sehr individuell sind. Manche mögen sich ganz einfach nicht, so wie Menschen auch.

Psychisch gesunde und sozial kompetente Katzen, die alles haben, was sie brauchen, können sich an ein gemeinsames Leben in einer Wohngemeinschaft gewöhnen, wenn es die Situation erfordert. Und auch wenn sich die Katzen nicht sympathisch finden, werden sie in der Lage sein, sich konfliktarm nebeneinander zu arrangieren.

Psychisch in irgendeiner Hinsicht instabile Katzen, schlecht oder gar nicht sozialisierte Katzen oder solche mit Angststörungen sind schon aufgrund ihrer eigenen Probleme meistens nicht in der Lage, sich flexibel anzupassen und leiden erheblich, wenn sie ohne menschliche Unterstützung in sozialen Beziehungen leben müssen, denen sie nicht gewachsen sind.

Soziale Verhaltensweisen

Das Zusammenleben verträglicher Katzen ist durch mehr oder weniger ausgeprägte soziale Verhaltensweisen charakterisiert. Die Bindung innerhalb einer Gruppe wird durch dieses affiliative Verhalten gefördert und immer wieder erneuert. Auch nach einem ängstigenden Ereignis, einem Konflikt oder Kampf sind soziale Katzen in der Lage, die Beziehung mit affiliativem Verhalten wieder zu kitten.

Um einen Mehrkatzen-Haushalt und die Beziehungen zwischen den einzelnen Katzen zu beurteilen, können diese sozio-positiven Verhaltenselemente – gleichsam exemplarisch – die freundliche Seite des Zusammenlebens charakterisieren.

Ganz allgemein gilt: Je mehr und je öfter diese Verhaltensweisen gezeigt werden, desto besser ist die Beziehung.

Affiliatives Verhalten

In Abhängigkeit von der individuellen Geselligkeit variiert die Häufigkeit und Intensität von sozialen Kontakten. Die Skala reicht von extrem geselligen, fast schon vom Kontakt abhängigen Katzen über zwar prinzipiell soziale, aber unabhängige Katzen, die eher neben- als miteinander leben, bis zur territorialen und ungeselligen Einzelkatze, die Aggression statt affiliativer Verhaltensweisen zeigt.

Welche positiven sozialen Verhaltensweisen kann man in einer Gruppe beobachten und beurteilen?

- Begrüssen und Kontaktaufnahme
- Paralleles Tun
- Kontaktliegen
- Gegenseitige Körperpflege

Begrüssen und Kontaktaufnahme
Begrüssungen und freundliche Kontaktaufnahme sind ein wesentliches Element im Zusammenleben sozialer Tiere. Katzen begrüssen sich, indem sie mit aufgestelltem Schwanz aufeinander zugehen

und bei vorgestrecktem Kopf mit den Nasen berühren. Manchmal ist es sogar nur eine Fast-Berührung, ein Luftkuss sozusagen. Das kann bereits das Ende einer Begrüssungssequenz sein und beide Katzen gehen gleich wieder ihrer Wege. Eine mögliche Fortsetzung ist das kurze Belecken im Gesicht, wodurch die Wahrnehmung und der Austausch von Pheromonen dieser Region intensiviert werden. Sehr freundschaftlich verbundene und offene Katzen präsentieren im Anschluss an den Nasenkontakt noch den Analbereich, indem sie sich mit aufrechtem Schwanz umdrehen und der Partnerkatze die gesamte Anogenitalregion zum Beschnuppern präsentieren. Das Hinterteil zur Geruchskontrolle ins Gesicht zu halten ist im Übrigen auch eine besonders zutrauliche und aufgeschlossene Geste, die Katzen gerne gegenüber befreundeten Menschen zeigen.

Kater – auch kastrierte – sind wesentlich interessierter und ausdauernder im Beschnuppern der Anogenitalregion und für manche Kätzin ist dieses Verhalten schon viel zu aufdringlich. Dauert es zu lange oder wird es zu intensiv, kommt unweigerlich die distanzierende aggressive Reaktion.

Ein noch weitergehender freundschaftlicher Kontakt ist das Sichaneinander-Reiben oder Allomarkieren. Dabei reiben die Katzen die Köpfe oder auch Körper aneinander, gehen parallel, ähnlich wie sie es mit uns Menschen tun, um Pheromone auszutauschen und einen gemeinschaftlichen Gruppengeruch zu etablieren.

Begrüssungen gibt es natürlich nach jeder Abwesenheit einer Katze – der Rückkehr von einem Ausflug im Garten oder einem Tierarztbesuch. Aber auch wenn eine Katze nach dem Schlafen oder einer kurzen Rückzugsphase in ihrem privaten Bereich wieder auf der Bildfläche erscheint, wird sie begrüsst.

Weniger Begrüssung als einfach nur freundliche Kontaktaufnahme, die genauso aussieht, ist nach Unruhe- oder Schreckereignissen zu beobachten. Eine oder mehrere Katzen erschrecken durch ein lautes Geräusch, erstarren oder flüchten und verstecken sich. Sobald wieder Ruhe eingekehrt ist – oft schon nach Sekunden – suchen soziale Katzen aktiv den Kontakt zueinander und versichern sich gegenseitig ganz offensichtlich, dass alles wieder in Ordnung ist.

Besonders deutlich und ausgeprägt sichtbar wird die regelmässige Kontaktaufnahme, das Sich-aufeinander-Beziehen, wenn sich bekannte Katzen in einem ihnen unbekannten Raum oder im Freien begegnen. Im Rahmen einer Verhaltenskonsultation kann es daher wesentlich aufschlussreicher sein und mehr Informationen über die Beziehung liefern, wenn die Katzen nicht nur im eigenen Heim, sondern auch auswärts beobachtet werden. Für die Prognose und Erfolgssaussichten einer Therapie kann es ausgesprochen hilfreich sein, wenn Katzen, die zu Hause im Konflikt leben, in fremder Umgebung plötzlich doch freundliche Kontakte miteinander aufnehmen. Diese Erfahrung – so stressvoll sie auf den ersten Blick auch erscheinen mag – ist für die Katzen bedeutsam, denn sie erleben einander völlig neu und vor allem freundlich, fast abhängig voneinander. In manchen Fällen ist der Effekt einer solchen Begegnung ausserhalb des eingefahrenen Beziehungskontexts so gut, dass er therapeutisch gezielt genutzt werden kann. Zusammenführungen werden dann in einem fremden Raum begonnen und nach einigen Wiederholungen im eigenen Heim fortgesetzt.

Ähnlich verhalten sich soziale Katzen auch, wenn es Unvertrautes im eigenen Heim gibt – einen Karton, einen neuen Geruch, verstelltes Mobiliar. Die Anwesenheit der Partnerkatze beim Explorieren kann in solchen Situationen Sicherheit und Selbstvertrauen geben.

Paralleles Tun

Sehr innig befreundete Katzen beziehen sich so sehr aufeinander, dass sie sich auch in ihrem Verhalten angleichen. Sie sitzen und gehen auffällig oft parallel, passen ihre Körperhaltungen und Aktivitäten wie Synchronschwimmer an. Sie bringen ihre innere Harmonie und Freundschaft damit auch optisch in ihren Körperhaltungen zum Ausdruck. Obwohl Katzen üblicherweise allein jagen, unternehmen so innige Freunde auch gemeinsame Jagdausflüge.

Kontaktliegen

Eine besondere Form des gemeinsamen Tuns ist das Kontaktliegen. Junge Katzen bis zum Beginn der Pubertät liegen noch sehr gerne im direkten körperlichen Kontakt, wie sie es aus der frühen Kindheit gewohnt sind. Mit dem Erwachsenwerden distanzieren sich viele Katzen jedoch ein wenig und liegen beim Schlafen und Ruhen nicht mehr so häufig oder gar nicht mehr in verschlungener Innigkeit. Erwachsene soziale Katzen liegen nunmehr in ihrem sozialen Abstand von knapp einem bis eineinhalb Metern. Eine Variante, den sozialen Abstand einzuhalten und dennoch sehr nahe beisammen zu liegen, ergibt sich, wenn zwar die Hinterteile in Kontakt sind, aber die Blickrichtung entgegengesetzt.

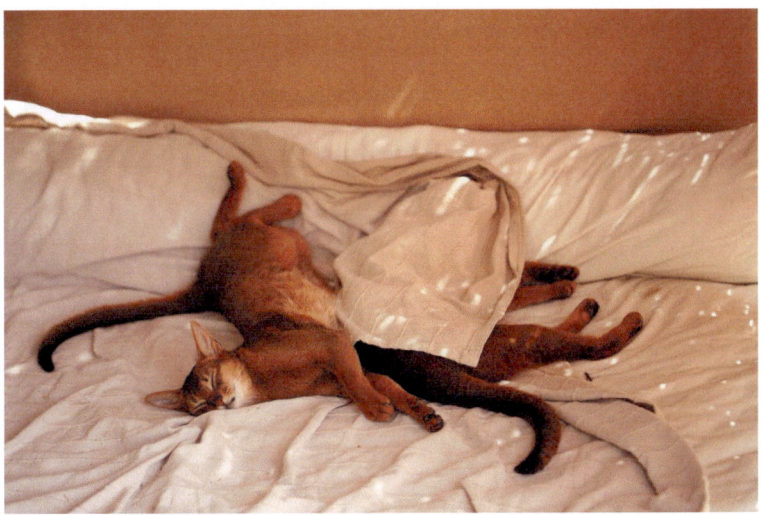

Gegengleich liegen vergrössert den sozialen Abstand auch beim Kontaktliegen.

Gesellige, miteinander innig befreundete Katzen liegen und schlafen gerne in direktem Körperkontakt. Beim Kontaktliegen reduziert sich die persönliche Distanz der Katze auf Null.

Ein wesentlicher Umweltfaktor, der das Kontaktliegen positiv beeinflusst, ist die Umgebungstemperatur. Als ausgesprochen wärmeliebende Tiere akzeptieren soziale – aber nicht unbedingt gesellige Katzen – den engen Kontakt, weil sie die Wärme dem Bedürfnis nach etwas mehr Distanz immer noch vorziehen. Ausreichend warme Liegeplätze sind in vielen Mehrkatzen-Haushalten vor allem in den Übergangszeiten eine ausgesprochene Mangelressource. Obwohl sich soziale Katzen eine solche Ressource teilen können oder für mehr Wärme den Körperkontakt zu anderen suchen, stellt sich die Frage, ob sie den Kontakt aus freien Stücken wählen oder ob sie sozialen Stress nur für mehr Wärme ertragen.

Regelmässiges Liegen oder Schlafen in direktem Kontakt oder im unmittelbaren Nahbereich ist ein Zeichen für eine gut funktionierende Beziehungsstruktur in der Gruppe. Selbst wenn es zwischendurch aggressives Verhalten gibt, ist die Gesamtstimmung davon nicht so weit beeinträchtigt, dass freundliche Körperkontakte völlig abgelehnt werden. An der Häufigkeit des Kontaktliegens kann auch die Intensität einer Katzenfreundschaft gut eingeschätzt werden.

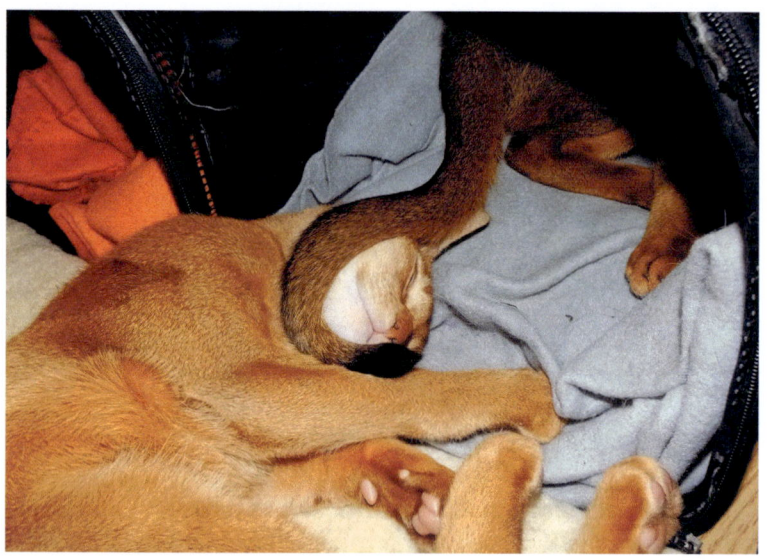

Beim Kontaktliegen entsteht durch Allomarkieren ein gemeinsamer Gruppengeruch.

Gegenseitige Körperpflege

Im Zusammenhang mit Kontaktliegen putzen sich befreundete Katzen auch gegenseitig. Es gibt bei diesem Verhalten zwei verschiedene Rollen, die die Katzen einnehmen können.

- Katzen können aktiv putzen (epimeletisch) und von der geputzten Partnerkatze sogar fordern, dass sie stillhält, indem sie sie mit der Pfote oder einem kurzen gehaltenen Biss fixieren. Je nach individueller Toleranz akzeptieren Katzen das Geputztwerden für eine gewisse Zeit und brechen den Kontakt schliesslich durch Anspannung, Heben des Kopfes, Vergrössern der Distanz durch Einziehen des Halses und direkten Blickkontakt ab. Höfliche Partnerkatzen beenden daraufhin das Putzen, versuchen es aber eventuell nach einer kurzen Pause erneut. Werden die subtilen Abwehrsignale ignoriert oder nicht verstanden intensiviert die geputzte Katze ihre Distanzierung mit Schnaufen, Fauchen, Knurren, Schnappen nach den Ohren oder einer kurzen Attacke. In manchen Fällen verlässt die Katze nach der Aggression den Ruheplatz und bricht den Kontakt zur aufdringlichen Katze völlig ab oder sie verändert nur ihre Liegeposition. Dies ist durchaus mit dem typischen Pfotenhieb zu vergleichen, mit dem Katzen oft auf zu ausgiebiges Streicheln durch den Menschen reagieren.

Katzen können sich sehr subtil zum gegenseitigen Putzen auffordern oder es ablehnen.

- Umgekehrt gibt es Katzen, die das Putzverhalten durch Annäherung und mit gesenktem Kopf, Präsentieren der Stirn oder des

Hinterkopfs einfordern (etepimeletisch). Die Partnerkatze, die oft gerade selbst mit der eigenen Körperpflege beschäftigt ist, kann diese Einladung annehmen oder ignorieren.

Auch Katzen, die keine innigen Freunde sind, versichern sich durch Belecken ihrer Bindung.

In harmonischen Beziehungen mit gut zueinander passenden Katzen sind epimeletische und etepimeletische Verhaltensweisen ausgeglichen oder komplementär. Katzen, die immer die Kontrolle in der sozialen Interaktion behalten wollen, sind überwiegend aktiv und verweigern die passive Rolle. Flexible Katzen wechseln ohne die geringsten Probleme zwischen der aktiven und passiven Rolle und passen sich an die aktuelle Stimmungslage an. Etepimeletische – also einfordernde Katzen – können sich anbieten und dadurch aufdringlich erscheinen, aber sie bleiben prinzipiell in dieser passiven Rolle des Empfängers.

Lebt eine überwiegend aktive Katze mit einer überwiegend passiven oder flexiblen Katze zusammen, gibt es keine Probleme.

Problematisch sind Beziehungen, in denen beide beteiligten Katzen beim gegenseitigen Putzen immer die aktive, kontrollierende Rolle behalten wollen und keine den passiven Kontrollverlust hinnimmt. Auch Katzen, die grosse Nähe und Kontakt zu anderen Katzen nur sehr kurze Zeit ertragen, reagieren zu schnell oder zu heftig aggressiv und belasten damit die Beziehung. Die ungleiche Rollenverteilung beim gegenseitigen Putzen wird oft als Zeichen einer Rangordnung zwischen den Katzen angesehen, mit dem die aktive Katze ihre dominante Position zeigt. Da es keine Rangordnung unter Katzen gibt, sind diese unterschiedlichen Rollen vielmehr auf individuelle Vorlieben und Persönlichkeit als auf eine hierarchische Ordnung zurückzuführen.

Nuckeln

Saugen an den Zitzen ist für Kitten in den ersten Lebenswochen ein überlebenswichtiges Verhalten. Mit dem schrittweisen Absetzen wird es nach und nach zur Suche nach Kuscheln, Sicherheit und einseitiger Suche von Jungkatzen nach Komfort anstatt die Ernährung zu sichern. Je nachdem wie strikt oder tolerant die Katzenmutter ist, versuchen auch halbwüchsige Katzen noch immer wieder einmal ans Gesäuge zu kommen. Handaufgezogene Kitten befriedigen ihr durch schnelles Trinken aus der Flasche unerfülltes Saugbedürfnis, indem sie sich entweder selbst oder Geschwister gegenseitig an allen möglichen Körperenden wie Ellbogen- und Kniefalte, Schwanzspitze, Vorhaut oder am Bauch besaugen. Auch solide von ihrer Mutter abgesetzte Kitten können nach einigen Wochen in ihrem neuen Haushalt wieder in ein Nuckelbedürfnis zurückfallen. Dieses richtet sich auf freundliche und tolerante Partnerkatzen, egal ob kastriert, männlich oder weiblich, Menschen oder textile Oberflächen wie Decken oder Stofftiere. Oft taucht dieses Bedürfnis nach Nuckeln zu bestimmten Tageszeiten oder Kontexten auf wie abends beim Schlafengehen oder zu Schmusezeiten. Erwachsene Katzen lassen sich nur in Ausnahmefällen ein Leben lang benuckeln, sie stoppen die Jungkatze früher oder später ziemlich eindeutig und klären damit die Sache mit dem Erwachsenwerden. Besaugen sich die Jungkatzen selbst oder an textilen Materialien, kann es lebenslänglich bleiben, ist dann aber kein Einflussfaktor für die Beziehung. Meistens hören die Katzen mit dem Erwachsenwerden von alleine auf.

Spiel ist nicht gleich Spiel

Zu den wichtigsten Kennzeichen von Spiel zählen die Leichtigkeit und Sorglosigkeit. Katzen spielen nur, wenn sie sich wohlfühlen, alle Bedürfnisse gedeckt sind und sie keine Sorgen, Ängste oder Probleme haben, die andere Aktivitäten wichtiger machen als spielen. Ein weiteres Merkmal von Spielen ist das freie Kombinieren von Verhaltensweisen aus den unterschiedlichsten Verhaltenskreisen ohne bestimmtes Ziel. Ausdrucksverhalten wird so übertrieben, dass es komisch wirkt – für mitspielende Katzen vermutlich ebenso wie für uns Menschen. Die grundlegende Stimmung im Spiel ist positiv. Dennoch ist gerade bei der Katze der Grat zwischen fröhlichem Spielkampf und Kampfspiel oder der ernsthaften Selbstverteidigung extrem schmal. Jedenfalls bleibt selbst nach einem etwas angespannteren Ausgang einer Spielsequenz keine dauerhafte Animosität zwischen den Katzen.

Für junge Katzen ist das Spielen vor allem ein Lernprozess oder genaugenommen dasselbe – sie lernen im Spiel. Die körperlichen Fähigkeiten werden dabei genauso geübt wie das gesamte Kommunikationsverhalten und die psychomotorische Selbstkontrolle.

Aber auch erwachsene und ältere Katzen spielen immer noch gerne, wenn alle Voraussetzungen für Wohlsein und Leichtigkeit erfüllt sind. Je sensibler und ängstlicher eine Katze ist, desto schwieriger wird es, dieses Ambiente von Entspannung und Heiterkeit zu gestalten. Hemmend wirken können andere Katzen ebenso wie Menschen oder unpassende Lebensbedingungen. Für Katzen, die lange Zeit nicht mehr gespielt haben, braucht es Ausdauer und Geduld, um eine neue Spielroutine zu etablieren.

Für das harmonische Zusammenleben von Katzen ist Spielen enorm wichtig. Es ist mit Abstand das wichtigste Ventil, um überschüssige Energie abzubauen und zu kanalisieren. Spiel ist allerdings nicht gleich Spiel und zahlreiche Missverständnisse können die Beziehung der Katzen schwer belasten. Die unterschiedlichen Arten und Themen von Spiel müssen systematisch und getrennt voneinander betrachtet werden.

Soziales Spiel

Typischerweise wird im Mehrkatzen-Haushalt unter Spielen das Miteinanderspielen von Katzen verstanden: *Eine Katze lebt alleine und langweilt sich, also bekommt sie eine Partnerkatze, um fortan mit ihr zu spielen.* Das innere Bild und die Erwartung entsprechen damit in etwa dem, was man vom Spiel ganz junger Katzen kennt: sehr bewegungsaktiv, ausdauernd und abwechslungsreich über den ganzen Tag verteilt mit Schlafpausen dazwischen. Diese Art von Jungtier-Spiel verändert sich jedoch schon ab der 14. Woche und wird mehr und mehr zum Erwachsenen-Spiel – überlegter, effizienter und kompetitiv, bisweilen auch robust bis ziemlich grob. Hier zeigt sich ganz besonders, wie wichtig die Auswahl in Aktivität und Charakter gut zueinander passender Katzen ist. Je mehr die Art des Spiels und die generelle Aktivität der Katzen auseinanderdriften, desto unrealistischer wird eine langfristig gut passende Spielpartnerschaft.

Kater zeigen – in Abhängigkeit von ihrem Machotypus – vor, aber auch nach der Kastration noch mehr oder weniger stark ausgeprägtes Sexualverhalten. Elemente des männlichen Sexualverhaltens, wie gurrendes Flirten, am Boden wälzen, von hinten anspringen und in den Nacken beissen, sind sehr oft Bestandteil von sozialen Katerspielen. Entsprechend selbstbewusste Partnerkatzen tolerieren diese Spielphasen bis zum nächsten Themenwechsel oder kommunizieren ganz eindeutig ihre Ablehnung und geben ein anderes Spielthema vor. Problematisch sind Kombinationen von sehr maskulinen Katern, die Distanzierung nicht respektieren mit ängstlichen oder distanzierteren Katzen – zumeist Kätzinnen –, die sich rasch bedroht fühlen und heftig verteidigen. Defizite in der sozialen Kompetenz und Selbstkontrolle einer oder beider Katzen verschlimmern die Lage noch weiter. Je nachdem wie sich die Partnerkatze verhält, ergeben sich einige typische Konstellationen mit solchermassen selbstbewussten Katern:

- Selbstbewusste, sozial kompetente Partnerkatze, die sich beherzt wehrt, das Spielthema ändert oder robust mitspielt: Solange sich diese Partnerkatze den Spielaktivitäten gewachsen sieht oder sich bei Bedarf zurückziehen kann, bleibt die Beziehung gut.

- Wenig selbstbewusste, unsichere Partnerkatze, die sich rechtzeitig distanziert, sobald sie typische Anzeichen für unerwünschtes soziales oder sexuell motiviertes Spiel erkennt. Das distanzierende Fauchen und Knurren bleibt aber auf diese spezifischen Kontexte beschränkt; zu anderen Zeiten und Begegnungen bleiben diese Katzen freundlich miteinander: Eine Beziehung kann sich verschlechtern, wenn Wohlbefinden oder die psychische Verfassung der Partnerkatze beeinträchtigt sind.

- Ängstliche, distanzierte und sozial wenig kompetente Partnerkatze, die ihre defensive Aggression mit Fauchen, Knurren, Pfotenschlagen auf so gut wie alle Kontexte ausdehnt, weil sie offensichtlich nicht in der Lage ist, die aktuelle Emotion in einer Begegnung zu verstehen: Diese häufige defensive Aggression wird leider mitunter fälschlich als Dominanz und Überlegenheit – *Ist die Chefin* – oder *zickig* interpretiert, obwohl sie nur Ausdruck von chronischem sozialem Stress ist. Der hohe Leidensdruck führt oftmals zu chronischen Gesundheits- oder Verhaltensproblemen.

Ähnlich wie bei Hunden gibt es auch innerhalb des sozialen Spiels unterschiedliche Spielvorlieben und -typen bei der Katze.

Aus dem gegenseitigen Putzen entwickelt sich sehr häufig ein soziales Rangelspiel, wenn die aktiv putzende Katze nach ein paarmal Belecken eine Hautfalte im Hals- oder Kopfbereich erfasst und den Biss kontrolliert hält. Die passive Katze kann die Spielaufforderung annehmen und die Balgerei beginnt bis hin zum Vollkontakt-Kampfspiel. Die Aktionen und Körperhaltungen entsprechen dem Ernstkampf, bleiben aber viel langsamer, völlig kontrolliert und verursachen vor allem keinerlei Verletzungen. Nach einiger Zeit endet ein Kampfspiel oder es kann sich in eine Verfolgungsjagd weiterentwickeln. Unsichere oder reaktive Partnerkatzen unterliegen sehr raschen Stimmungsumschwüngen und können mitten in einem solchen Spiel plötzlich aggressiv reagieren. Auslöser kann – aber muss nicht – Schmerz sein. Zu lange Spielsequenzen oder zu viel Nähe für zu lange Zeit können unter Umständen schon ausreichen, um defensive Aggression auszulösen. Bei Katern (auch kastrierten) kann dieses Erfassen einer Hautfalte am Hals auch durchaus sexuell motiviert sein. Das kontrollierte Erfassen von kleinen Hautfalten im Gesicht oder am Unterarm wird manchmal auch Menschen gegenüber gezeigt.

*Auch kastrierte Kater zeigen
mehr oder weniger häufig Sexualverhalten.*

Eine andere Möglichkeit wäre, dass sich die geputzte Katze durch völlige Passivität entzieht, indem sie einfach nichts tut, abwartet und damit einfach nicht auf das Spielangebot einsteigt.

Reaktivere oder distanziertere Katzen reagieren auf den gehaltenen Biss sofort mit aggressiver Abwehr und verteidigen sich gegen den unerwünschten Übergriff. Je nach Selbstkontrolle und Stimmungslage ist die Spielsequenz damit zu Ende oder eskaliert in körperliche Auseinandersetzung und Flucht.

In einem guten, ritualisierten Spiel akzeptieren beide Katzen die Regeln und Signale für *Pause* oder *Ende* werden tatsächlich respektiert. Das kann zum Beispiel ein Sprung auf einen erhöhten Sitzplatz sein oder eine kurze Sequenz der Körperpflege. Ähnlich wie beim gegenseitigen Putzen gibt es Katzen, die im Spiel durchgehend die Kontrolle behalten wollen und auf ihren eigenen Regeln bestehen, während die Partnerkatze dasselbe nicht tun darf. Allein der Versuch die Rollen zu tauschen führt dann zum Spielabbruch. Solange diese Ungleichheit akzeptiert wird, bleibt es ein Spiel, wenn nicht bekommt es Konfliktpotenzial.

Mit ausreichend Platz und zusätzlichen Wegen in die Vertikale entwickeln manche Katzen Verfolgungsjagden und Rennspiele, bei denen es vor allem um die Bewegungsaktivität geht. Hinzu kommen noch Elemente aus dem Jagdverhalten mit Auflauern und plötzlichen Sprüngen aus einem Hinterhalt. Dabei können vertraute Katzenfreunde auch offensichtliche Choreografien spielen, mit diversen *Ich tue so, als ob...*-Ideen, die wiederum zu übertriebenen *Huch, hab ich mich erschreckt!*-Reaktionen führen.

Nicht alle Katzen lieben den Ninja-Stil im sozialen Spiel.

Spiel oder Ernst?
Der Übergang vom eindeutigen Spiel zu aggressiveren Formen des Kampfspiels ist fliessend und aus einer einzelnen Spielsequenz von zwei Katzen nicht immer unbedingt leicht zu beurteilen. Über einen längeren Zeitraum beobachtet, lässt er sich in der Regel eindeutig erkennen.

Ein weiteres Kennzeichen von Spiel ist, dass die Rollen üblicherweise wechseln und es zu keinen Verletzungen kommt. Die Signale zur Distanzierung wie Fauchen und Knurren sollten vom Spielpartner respektiert werden.

Ein Spiel, das nur von einer Katze so gesehen wird, während sich die Partnerkatze aber bedroht oder belästigt fühlt, ist kein soziales Spiel mehr.

In dem Augenblick, wo einer der Spielpartner Angst hat, sich regelmässig zurückzieht und die Rollen nicht mehr wechseln, ist es kein Spiel mehr, sondern eine ernste Schieflage in der Beziehung.

Ob und wie Katzen in einem gemeinsamen Haushalt miteinander spielen, kann kaum beeinflusst oder gar initiiert werden – entweder mögen sie sich als Spielpartner und entwickeln gemeinsame Spiele oder nicht. Mit einer attraktiven Umwelt – zum Beispiel einigen neuen Kartons, Decken, Teppichen, erhöhten Sitzplätzen und kleinen Höhlen zum Verstecken – kann zumindest ein Rahmen geschaffen werden, in dem es Spielanreize gibt.

Objektspiel
Der zweite wichtige Typ von Spiel ist das Beute- oder Jagdspiel mit tatsächlicher Beute oder entsprechendem Spielzeug. Schon ab der dritten Woche beginnen Kitten mit allen möglichen kleinen Objekten in ihrer Reichweite zu spielen – alles, was klein genug für das natürliche Beuteschema ist, wird auch als Jagdbeute bespielt. Mit zehn bis zwölf Wochen beherrschen Jungkatzen komplexe Bewegungsmuster und könnten bereits selbstständig jagen.

Mit dem Erwachsenwerden wird das Jagdspiel überlegter und effizienter; die Katzen beherrschen nun das Jagen. Die grosse

Bewegungsaktivität im Spiel junger Katzen weicht bei den meisten erwachsenen Katzen einem ausdauernden Lauern mit seltenen, wohlüberlegten Sprüngen.

Objektspiel allein

Jede Katze überkommt es von Zeit zu Zeit, mit einer gefangenen Maus oder einer Beuteattrappe alleine zu spielen. Die jagdliche Verhaltenssequenz wird mehrfach wiederholt – lauern, anspringen, in die Luft werfen, wieder fangen, an einen anderen Ort tragen. Besonders einladend sind Strukturen, die der Beute Versteckmöglichkeiten bieten und damit das Spiel spannender machen. So tragen Katzen ihre Spielobjekte zu Tischbeinen, in Schuhe, unter Teppichfalten, um sie dann neuerlich zu belauern und zu fangen. Für das Spiel mit Beuteattrappen müssen Katzen tatsächlich bereit sein, sich Teile des Spiels mit Fantasie auszudenken. Auch dafür braucht es eine gewisse Leichtigkeit und vermutlich auch Kreativität, die nicht alle Katzen im gleichen Maße mitbringen oder erlernt haben. Junge Katzen haben eine deutlich höhere Motivation für Solo-Objektspiele als ältere. Aber auch erwachsene Katzen können durchaus mit ihrem Lieblingsspielzeug aus der Kindheit regelmässige Fantasie-Jagdspiele machen. Das alleinige Vorhandensein von herumliegendem Katzenspielzeug ist in der Regel jedenfalls nicht ausreichend, damit erwachsene Katzen sich wirklich animiert fühlen alleine zu spielen.

Intensives Beobachten oder nur die Anwesenheit anderer – egal ob Katzen oder Menschen, fotografieren oder lachen, können bei sensiblen Katzen ein Solo-Objektspiel sofort hemmen. Wiederholt sich dieser störende Einfluss immer wieder, kann es sein, dass eine Katze ihre Solo-Objektspiele frustriert völlig aufgibt.

Interaktives Objektspiel

Beim interaktiven Objektspiel übernimmt der Mensch mit einem Katzenspielzeug die Rolle der Beute. Mit jungen und jugendlichen Katzen ist ein solches interaktives Objektspiel einfach – sie laufen, springen und jagen allem fröhlich und ohne Zögern hinterher. Spätestens ab der Pubertät und mit dem Erwachsenwerden verändert sich das Spielverhalten zu einer effizienten Jagdsequenz. Die Katzen bleiben sehr lange in ihrem arttypischen Lauermodus, um dann in dem einen richtigen Moment einen einzigen, aber nahezu perfekten Sprung auf die Beute zu starten. Je mehr Lebenserfahrung eine Katze hat, auch mit lebender Beute, umso anspruchsvoller wird sie beim interaktiven Objektspiel.

Eine Grundregel für das interaktive Spiel ist, sich beim Nachahmen von Beuteverhalten mit der Spielangel genauso viel Mühe zu geben wie die Katze beim Glauben, dass es sich um Beute handelt.

Realistische Beute hat ein wichtiges Ziel – überleben – und würde sich niemals so offensiv zum Fang präsentieren, wie es nur allzu häufig im Spiel mit Katzen passiert.

Das Ergebnis ist eine Katze, die angeblich *nicht spielt*, was aber eher am unpassenden und oft auch nur unregelmässigen Spielangebot liegt und nicht an der Spielunlust der Katze an sich.

Als einzeln jagende Raubtiere wollen Katzen auch interaktive Jagdspiele allein erleben. Jede Katze hat ihr eigenes Tempo, bis sie sich vom Beobachten und Belauern der Beute über das Nachschleichen bis zum Sprung entschliesst. Bei äusserst geduldigen Katzen kann es Minuten oder (wie im richtigen Jagdverhalten) auch Stunden dauern, bis der Plan genügend ausgereift ist und die umsetzende Aktivität folgt. Für die Katze ist das Beobachten und Belauern der Beute an sich schon ein unterhaltsames Vergnügen, wenn auch für den Zuschauer Mensch extrem langweilig.

Andere Katzen, die sich in das Beutespiel aufdringlich einmischen, weil sie schneller, aktiver oder auch impulsiver sind, hemmen das Spiel der überlegt agierenden Katzen vollständig. Es ergibt sich eine Schieflage – die aktive Katze spielt, die andere schaut nur zu und ist frustriert, weil sie gerne in ihrem eigenen Tempo spielen würde, das aber nicht erreicht, weil sie immer zu langsam oder auch zu wenig forsch im Auftreten ist. Sobald eine Beute innerhalb der sozialen Distanz einer Katze zu liegen kommt, gehört sie ihr und wird in der Regel nicht mehr weggenommen. Distanzlose Katzen kümmern sich darum nicht und nehmen sich auch Beute, die ihnen rein räumlich gesehen nicht oder nicht mehr gehört.

Interaktives Jagdspiel gehört zu den mit Abstand wichtigsten therapeutischen Maßnahmen im Mehrkatzen-Haushalt! Dazu müssen aber zunächst die jeweiligen Bedürfnisse, Beutevorlieben, Spieltypus und Impulsivität der Katzen so gut wie möglich bekannt sein. Jede Katze – und ganz besonders die distanzierte, schüchterne – bekommt dann ihre eigenen exklusiven Spieleinheiten, ohne dabei von Partnerkatzen gestört zu werden. Es ist aber gerade bei Zusammenführungen ausgesprochen sinnvoll, dass eine Katze das Spiel der anderen beobachten darf. Alleine das Zuschauen – ohne sich annähern und stören zu können – trägt zum indirekten Kennenlernen sehr viel bei. Die Aktivitäten und Reaktionen einer fremden Katze, *wie sie in bestimmten Situationen tickt*, werden für die zusehende Katze damit vorhersehbarer.

Aggression ist nicht gleich Aggression

Aggressives Verhalten in einer Katzengruppe ist bis zu einem gewissen Maß durchaus normal – es ist ein Teil der artspezifischen Kommunikation. In Abhängigkeit von diversen Variablen wie Persönlichkeit und Geselligkeit der Katzen, Platz- und Ressourcenangebot kann es immer wieder einmal zu kurzen aggressiven Interaktionen kommen. Solange das nicht mehrmals täglich vorkommt, davon nicht die gesamte Stimmung in der Gruppe beeinträchtigt wird und die positiven freundschaftlichen Kontakte wie Begrüssung, Kontaktliegen und gegenseitiges Putzen eindeutig überwiegen, sind diese Aggressionen nur Teil des katzentypischen Ausdrucksverhaltens.

Bedenklich oder kritisch wird die Lage allerdings, wenn einzelne Katzen entweder ständig von einer oder mehreren Katzen aus der Gruppe bedroht, verfolgt oder attackiert werden oder einzelne Katzen in ihrem Ausdrucksverhalten überwiegend und auch unkontrolliert aggressiv sind.

Vor allem in der angloamerikanischen Literatur werden alle aggressiven Interaktionen zwischen den Katzen unter dem Sammelbegriff *intercat aggression* zusammengefasst. Als Gegensatz zu

Aggression gegenüber Menschen ist diese Kategorie zwar sinnvoll, für die Beurteilung von Aggression zwischen den Katzen ist sie jedoch viel zu grob und unspezifisch. In einem Sammeltopf *intercat aggression* können alle Arten von spielerischer, irritativer, territorialer, defensiver, ja sogar pathologischer Aggression sein. Auch die Intensität reicht von minimalen und nur momentanen aggressiven Interaktionen im sozialen Alltag bis zur permanenten Bedrohung oder extrem heftiger Aggression mit Verletzungen für die attackierte Katze.

Die Auslöser für aggressives Verhalten sind zudem multifaktoriell und ebenso unterschiedlich müssen wirkungsvolle Maßnahmen an die jeweiligen Katzen angepasst werden.

Physiologische Aggression zwischen zusammenlebenden Katzen kann ausgesprochen subtil sein und wird aus diesem Grund auch häufig übersehen. Die folgende – sehr umfassende – Definition von Aggression ist daher gerade für die Katze wirklich praktisch:

Aggression ist jedes Verhalten, das die psychische und/ oder körperliche Integrität oder Freiheit des anderen beeinträchtigt.

Damit sind auch die unter Katzen so häufigen Interaktionen, die wie eine Wegblockade oder ein Anstarren leise und ohne Bewegungsaktivität stattfinden, eindeutig als Aggression zu werten. Werden nämlich nur die ganz offensichtlichen, eindrucksvollen und lautstarken Attacken oder Verfolgungsjagden als Aggression beurteilt, dann bleiben – wie bei einem Eisberg – neun Zehntel der aggressiven Kommunikation zwischen den Katzen unbeachtet. Doch gerade die können langfristig für die immer wieder bedrohte Katze einen chronischen Stresszustand und hohen Leidensdruck verursachen. Zudem ist es wesentlich leichter, bereits bei den ersten subtilen Unstimmigkeiten zu intervenieren und das noch kleine Problem zu behandeln. Kommt es schon regelmässig zu körperlichen Angriffen beim Ansichtigwerden der anderen Katze, ist die Schieflage der Beziehung unter Umständen schon so ausgeprägt, dass ein harmonisches – oder auch nur angstfreies –

Zusammenleben kaum oder nur mit grossem Aufwand und Geduld wieder zu erreichen ist.

Für die Analyse aggressiven Verhaltens hat sich ein deskriptiv-kontextueller Zugang bewährt. Das bedeutet, sowohl der Kontext als auch die Mimik und Verhaltenssequenz können weitgehend objektiv – auch mithilfe von Bildern und Videos – beschrieben werden, ohne vorschnell zu interpretieren. Denn die Interpretation einer möglichen Motivation ist auch sehr stark von menschlichen Vorstellungen, Annahmen, der eigenen Sicht auf die Beziehung der Katzen und Glaubenssätzen beeinflusst. **Kontext, Ausdrucksverhalten und Verhaltenssequenz** liefern jedoch alle einigermassen objektivierbaren Informationen, die für Maßnahmen gebraucht werden – seien es Management-Maßnahmen in der Umwelt, Verhaltenstherapien im eigentlichen Sinn oder allenfalls psychoaktive Medikation. Die aktuelle Emotion, Stimmungslage und Handlungsintention sind aus dem Ausdrucksverhalten und den Körperhaltungen zu erkennen. Aggressives Verhalten hat in der Regel mehrere Auslöser – je mehr der beteiligten Faktoren in eine therapeutische Arbeitshypothese einfliessen, desto mehr Behandlungsoptionen tun sich auf.

Territoriale Aggression
Diese heftige Aggression zur Verteidigung des eigenen Reviers ist grundsätzlich ein physiologisches und arttypisches Verhalten der Katze. In der Regel werden nur unbekannte Katzen, die sich dem Territorium annähern oder in dieses eindringen, von territorialen Katzen bedroht, attackiert und verjagt. Es gibt jedoch Katzen, die sich auf dem gesamten Spektrum der Geselligkeit am asozialen Ende befinden und gar keine andere Katze in ihrem Revier tolerieren. Oder es ist zumindest nicht in einem realistischen Zeitraum zu erwarten, dass sie sich an die Anwesenheit einer anderen Katze gewöhnen und diese schliesslich als nicht mehr fremd toleriert wird. Manchmal werden auch Partnerkatzen, die nur vorübergehend abwesend waren – ausgedehnter Freigang, Tierarztbesuch oder Klinikaufenthalt – als fremd angesehen und bei ihrer Rückkehr attackiert.

Moderate territoriale Aggression richtet sich nur gegen fremde Katzen, die als Bedrohung für die eigene Sicherheit oder Ressourcen angesehen werden. Obwohl die Angriffe heftig aussehen können, müssen territoriale Katzen nicht immer unbedingt mutig sein. Oftmals sind sie sogar eher ängstliche oder unsichere Katzen, die sich schnell bedroht fühlen. Aus der Ängstlichkeit entsteht auch die Hypervigilanz, mit der diese Katzen ihr Umfeld permanent scannen und bewachen, um schon beim leisesten Verdacht oder der kleinsten Annäherung einer anderen Katze reagieren zu können. Wie gross der territoriale Raum ist, den die Katze aggressiv verteidigt, ist invididuell unterschiedlich und reicht vom kleinen Kernterritorium, in dem gefressen, geschlafen und Sicherheit gesucht wird bis zum weitläufigen Streifgebiet, das sich Katzen üblicherweise zeitlich versetzt teilen.

Da territoriale Aggression besonders leicht auf zufällig anwesende Partnerkatzen der eigenen Gruppe umgerichtet wird, ist das Zusammenleben innerhalb der Gruppe auch dann gestört, wenn sich die Aggression an sich nur gegen fremde Katzen richtet. Denn alleine der Anblick oder Geruch einer fremden Katze reichen dann aus, die daneben sitzende unbeteiligte Partnerkatze stellvertretend zu attackieren und damit natürlich das soziale Gefüge im eigenen Haushalt zu zerstören.

Je weniger territorial die Katzen innerhalb einer Gruppe sind, desto friedlicher gestaltet sich das Zusammenleben. Gesellige und sozial kompetente Katzen sind zudem in der Lage, den freundlichen Kontakt nach einer solchen aggressiven – aber missverständlichen – Episode wieder aufzunehmen.

Irritative Aggression
Im sozialen Zusammenleben zwischen Katzen ist die irritative Aggression vermutlich die häufigste. Als gut kontrollierte und milde bis moderate Aggression ist sie physiologischer Teil des Ausdrucksverhaltens.

Der typische Kontext einer irritativen Aggression ist das Abbrechen eines unerwünschten Kontakts, der schon besteht oder antizipiert wird. Dazu gehören zum Beispiel eine Annäherung, Spielaufforderungen, Kontaktliegen oder das Geputztwerden durch die andere Katze. Die Botschaft ist klar distanzierend: *Hör auf, ich will das nicht.* Ob das entweder *gar nicht* oder nur *jetzt nicht* oder *nicht mehr* gilt, ergibt sich aus dem Kontext und der sonstigen Beziehung zwischen den Katzen.

Werden die ablehnenden Signale von der Partnerkatze verstanden und auch respektiert, bleibt es bei der milden agonistischen Interaktion, mit der die eigenen Wünsche durchgesetzt und Konflikte einfach gelöst werden. Wird diese subtile aggressive Botschaft nicht verstanden, missverstanden oder einfach ignoriert, bleibt der betroffenen Katze nur, die aggressive Kommunikation nach und nach zu steigern oder aber nachzugeben und somit die eigenen Wünsche in dieser Situation nicht durchzusetzen.

Katzen, die sich unwohl fühlen, krank sind oder im psychischen Ungleichgewicht befinden, werden leichter reizbar und verlieren unter Umständen ihre Fähigkeit, kontrolliert und stufenweise angemessen zu eskalieren. Auch hohe Impulsivität und geringe Frustrationstoleranz führen zu unangepasst heftigen Reaktionen auf sehr dezente Grenzüberschreitungen. Reagiert diejenige Katze, die ein *Nein, ich will das jetzt nicht* als Antwort bekommt, auch mit Aggression, steigert sich eine ursprünglich harmlose Ablehnung durch die symmetrische Eskalation in einen echten Streit. Nicht unwesentlich für die weitere Dynamik irritativer Aggression ist auch die frühere gemeinsame Geschichte der betreffenden Katzen. Irritative Aggression wird mit zahlreichen negativen Erfahrungen schliesslich immer früher, immer unkontrollierter und in immer mehr Kontexten sowie präventiv bei jeder versuchten Annäherung gezeigt. Die affiliativen Begegnungen, um die Bindung wieder zu festigen, werden verschwinden und die Beziehung wird aufgrund anfänglicher Missverständnisse zum Dauerkonflikt. Im Endergebnis mögen sich die Katzen nicht mehr, weil sie keine Gemeinsamkeiten und kein gegenseitiges Verständnis mehr haben.

Irritative Aggression ergibt sich besonders häufig, wenn sich die Bedürfnisse der Katzen für gemeinsame Aktivitäten wie Spielen oder gegenseitige Körperpflege sowie allgemeine Kontakte zu stark unterscheiden. Mit ausreichend sozialer Kompetenz sind körperlich und psychisch gesunde Katzen in der Lage, ihr Zusammenleben mit nur minimaler irritativer Aggression zu gestalten.

Gelegentliche irritative Aggression ist im Mehrkatzen-Haushalt normal.

Frustrationsbedingte Aggression

Frustration entsteht in einem Kontext von Mangel oder Verzögerung – die Katze ist ungeduldig und unzufrieden, weil sie etwas haben will, es aber nicht oder noch nicht bekommen kann. Einige Katzen setzen diese Unzufriedenheit in Aggression um und richten sie gegen andere unbeteiligte Katzen. Alternativ können auch Menschen oder Hunde zum Opfer werden. Sozial verträglichere – wenn auch nicht immer erwünschte – Aktionen sind frustrationsbedingter Spannungsabbau durch körperliche Aktivitäten wie Laufen, Kratzmarkieren, Harnmarkieren, Vokalisieren. Der Kreativität und Lernfähigkeit von leicht frustrierbaren Katzen sind hier kaum Grenzen gesetzt. Letztendlich ist es das Ziel der Katze, ihre Bedürfnisse zu erfüllen und alles, was zum Erfolg führt, wird hier zur Verstärkung des Verhaltens führen, selbst wenn es unbewusst oder nur zufällig funktioniert.

Frustrationsbedingte Aggression ist ein häufiges Symptom bei impulsiven und reaktiven Katzen mit geringer Frustrationstoleranz, die schon sehr früh während des Entwöhnungsprozesses durch die Mutter erlernt wird. Handaufgezogene Kitten und Einzelkitten haben ein besonders hohes Risiko für schnelle Frustration, weil ihnen dieser wichtige Erziehungsprozess meist fehlt.

Sozial kompetente und einigermassen selbstbewusste Partnerkatzen werden mit gelegentlicher, gut kontrollierter frustrationsbedingter Aggression umgehen können – entweder indem sie mit Beschwichtigung und deeskalierend antworten oder sich rechtzeitig entziehen. Aber nicht jede Katze erträgt es, immer wieder zum Blitzableiter einer unzufriedenen Partnerkatze zu werden. Da sich auch frustrationsbedingte Aggression sehr schnell automatisiert und auf alle möglichen anderen Kontexte übertragen wird, kann sich bei nicht gut zueinander passenden Katzen daraus eine Schieflage in der Beziehung etablieren.

Treffen Katzen aufeinander, die beide ihre Frustration ähnlich in Aggression abreagieren, kann sich mit symmetrischer Eskalation auch daraus eine höchst konfliktbeladene Beziehung entwickeln.

Die Modalität frustrationsbedingter Aggression ist prinzipiell proaktiv. Das Opfer bietet sich zwar durch seine räumliche Nähe oft an, weil es einfach als das erstbeste Ziel die Schuld an der Misere zugewiesen bekommt. Es kommt aber durchaus vor, dass sich frustrierte, unzufriedene Katzen gezielt auf die Suche machen und ihr Lieblingsopfer – egal, wo es sich gerade befindet – attackieren.

Der wahrscheinlich wichtigste Kontext für Frustration ist Hunger. Hungrige Katzen bedrohen und provozieren dann gezielt Partnerkatzen, um ihre Frustration abzureagieren.

Sie lernen zudem, dass der entstehende Konflikt – wenn auch meist negative – menschliche Aufmerksamkeit bringen kann. Aber auch fehlende Beschäftigung und Langeweile, das zeitweilige Fehlen von gewohntem Freigang, zum Beispiel bei schlechtem Wetter, am Ende des Winters oder ein Mangel an Aufmerksamkeit und sozialem Kontakt sind häufige Gründe für Frustration.

Defensive Aggression
Das ganze Spektrum defensiver Aggressionen zur Selbstverteidigung gehört zu den häufigsten Aggressionsformen bei der Katze. Als kleines Raubtier ist sie selbst auch Beute für grössere Raubtiere und schon der geringste Verdacht einer Bedrohung kann Auslöser für defensive Aggression sein. Die primären Strategien der Katze zum Selbstschutz sind Verstecken und Flucht. Aggression ist ja immer mit einem gewissen Verletzungsrisiko behaftet, das die Katze nur in Kauf nimmt, wenn die Situation ausweglos ist oder sie wiederholt gute Erfahrungen mit dem Einsatz von aggressivem Verhalten gemacht hat. Welche Strategie bevorzugt zum Einsatz kommt, hängt nicht nur mit der Persönlichkeit und den Erfahrungen der Katze ab, sondern auch vom Kontext:

- Im Freien oder einem grossen Wohnumfeld bleiben Flucht nach Hause oder zeitweiliges Verstecken mit anschliessendem Rückzug ins sichere Heim oder einen geschützten Platz die vorrangigen Strategien von Katzen.

- Befindet sich die Katze schon in ihrem sicheren Heim, dann hat sie die Möglichkeit sich noch weiter zurückzuziehen und im letzten Winkel zu verstecken. Es gibt jedoch Katzen, die, wenn sie schon in ihrem persönlichen sicheren Heim sind, sich hier mit defensiver Aggression zur Wehr setzen – selbst dann, wenn es theoretisch noch Fluchtwege in einen anderen Raum oder eine andere Etage gäbe.

Der Übergang zwischen territorialer Aggression, bei der die Katze ihr Revier offensiv verteidigt zur rein defensiven Aggression, bei der die Katze den Raum um sich, sich selbst, befreundete Partnerkatzen oder ihr engstes Lebensumfeld verteidigt, ist fliessend.

Defensive Aggression ist eine typische Antwort der ängstlichen, unsicheren Katze auf jegliche Begegnung mit einer anderen Katze, die als Bedrohung verstanden – oder missverstanden –wurde. Das gilt im Übrigen nicht nur für lebende fremde Katzen, sondern leider auch für Statuen, Bilder, Skulpturen in Katzenform und sogar das eigene Spiegelbild, die eine ähnliche Reaktion auslösen können.

Wann immer eine Katze das Gefühl hat, in einer sozialen Situation die Kontrolle zu verlieren oder sich in ihrer Integrität bedroht fühlt, beginnt sie mit defensiver Aggression. Gut sozialisierte Katzen in moderaten Bedrohungssituationen bleiben kontrolliert und noch immer in der Lage, die Signale der anderen Katze zu analysieren und zu verstehen. Intensiviert sich die Bedrohung oder kommt sie sehr plötzlich, wird die Angstaggression ein sofortiger hemmungsloser Kampf, gefühlt sogar um Leben und Tod, bei dem die Katze lautstark schreiend alle ihre körperlichen Waffen einsetzt. Die Analyse der Kommunikationssignale der anderen Katze entfällt gänzlich zugunsten schneller Reaktionen – im Zweifel eher etwas mehr und heftiger als zu kontrolliert. Solche intensiven emotionalen Reaktionen sind sehr häufig von Kot- und Harnabsatz sowie dem Entleeren der Analbeutel begleitet.

Sowohl das Schreien und Kreischen wie auch die Gerüche und Alarmpheromone der Analbeutel können bei – an sich unbeteiligten – Katzen eine ebensolche sofortige defensive Aggression aktivieren. Auch hier gilt – lieber im Zweifel alles, was nur eine Bedrohung sein *könnte*, besser einmal zu viel als einmal zu wenig attackieren. Nachdenken und Analysieren der Ereignisse kann im Nachhinein stattfinden, wenn alle Beteiligten nach ein paar Stunden wieder in den emotionalen Normalzustand zurückgekommen sind. Katzen mit Angststörungen bleiben jedoch unter Umständen für Tage oder Wochen in dem nunmehr pathologischen Alarmzustand, aus dem heraus schon der geringste Reiz neuerlich defensive Aggression triggert.

Sozial-kompetitive Aggression
Wettbewerb um Ressourcen kann prinzipiell ein Grund für aggressives Verhalten zwischen Katzen sein, wenn auch bei Weitem nicht so häufig wie beim Hund. Keinesfalls tragen Katzen im Wettbewerb um bestimmte Ressourcen so etwas wie das Bestimmen einer Rangordnung aus.

Sozial-kompetitive Aggression kann in zwei grundlegenden Kontexten auftreten:

- Es besteht *tatsächlich ein Mangel* an bestimmten, mehr oder weniger lebenswichtigen Ressourcen wie Futter, Wasser, Wärme, Ausscheidungsorten, diversen Plätzen für Aussicht, Ruhe, Schlaf etc. Ein Wettbewerb um diese Mangelressourcen ist entscheidend für das Überleben und somit völlig physiologisch. Im Mehrkatzen-Haushalt sollte dieser Zustand nicht eintreten, wenn doch ist er tierschutzrelevant und fällt unter *Cat Hoarding*.
- Es besteht *kein wirklicher Mangel* – oder nur ein relativer – und die Katzen befinden sich nur aus Prinzip im Wettbewerb. Welche Motivation eine Katze antreibt, die eine Partnerkatze immer wieder von ihren Sitzplätzen verjagt und jede neue Ressource exklusiv für sich beansprucht, ist schwer zu ergründen. Langeweile oder allgemeine Unzufriedenheit und die Möglichkeit, sich mit dieser kompetitiven Aggression sofortige Unterhaltung zu verschaffen, weil die bedrängte Partnerkatze flieht oder defensiv aggressiv wird, sind gut denkbar. Auch Frustration, Unzufriedenheit und eigenes Unwohlsein können über diese Aggression abreagiert werden. Wenig soziale Katzen vertreten, wie es scheint, eine Grundhaltung von *mir, meins, alles meins* und sind nicht gewillt, ihre Ressourcen irgendwie zu teilen.

Schmerzbedingte Aggression
Akuter oder chronischer Schmerz kann bei der Katze sehr leicht aggressives Verhalten auslösen. Im akuten Schmerz kann sich die Aggression gegen den Verursacher oder eine völlig unbeteiligte Katze richten, die nur zufällig in der Nähe ist und deswegen als schuldig angesehen wird. Andererseits können Schreien und plötzliche Flucht bei anderen Katzen in der Nähe defensive Aggression auslösen, die sich dann gegen die von Schmerzen betroffene schreiende Katze richtet.

Chronischer Schmerz erhöht die Reizbarkeit und beeinträchtigt die soziale Kommunikation, weil die Wahrscheinlichkeit für irritative und defensive Aggression zunimmt. Die Selbstkontrolle wird geringer, überschiessende und unkontrollierte Reaktionen auf minimale Auslöser belasten die Beziehung.

Umgerichtete Aggression

Jede Art der Aggression kann sich als umgerichtete Aggression zeigen, denn diese ist nur dadurch definiert, dass nicht der ursprüngliche Auslöser, sondern ein Ersatzopfer attackiert wird. Durch ihre arttypisch hohe Reaktivität ist die umgerichtete Aggression bei Katzen ausgesprochen häufig und die Ursache unendlich vieler zerstörter Katzenbeziehungen. Befindet sich die Katze in sehr hoher Erregungslage, zum Beispiel weil sie eine fremde Katze vor der Terrassentür sieht, richtet sie ihre territoriale Aggression auf das nächststehende Opfer um. Selbst gut befreundete Partnerkatzen oder auch Menschen werden – ohne Ansehen der Beziehung – attackiert. Schnelle Bewegungen oder plötzliche Geräusche wirken oft noch als zusätzliche Trigger, die eine Katze im emotionalen Ausnahmezustand zum aggressiven Ausbruch bringen.

Für den weiteren Beziehungsverlauf nach einer ersten Attacke aufgrund umgerichteter Aggression gibt es einige Varianten. Sehr wahrscheinlich spielt neben der sozialen Kompetenz, Persönlichkeit und Resilienz der Opferkatze auch die Kognition eine wichtige Rolle. Angriffe, die eine ahnungslose Katze völlig unvorhersehbar aus heiterem Himmel treffen, wirken traumatisierender als Angriffe, die auch für die Opferkatze prinzipiell vorhersehbar waren, weil sie sich daneben sitzend in der gleichen Situation befand und den Auslöser ebenfalls wahrnehmen konnte. Genaugenommen ist diese Aggression nicht persönlich gegen diese Katze gerichtet, ob ihr das aber auch so klar ist, wird sich nicht leicht feststellen lassen.

- Beide Katzen sind ausreichend sozial kompetent und resilient, um sich nach einer Entspannungsphase wieder zu versöhnen und sich die Aggression nicht nachzutragen.
- Die Opferkatze ist durch die Unvorhersehbarkeit der Aggression traumatisiert, ängstlich und schleicht tiefer gelegt und hypervigilant durch die Wohnung, ständig auf der Hut vor einer neuen Attacke. Mit diesem ungewohnten, seltsamen Verhalten macht sie sich erst recht verdächtig und kann nunmehr deshalb defensive oder territoriale Aggression durch die Partnerkatze auf sich ziehen.

- Die ursprüngliche Opferkatze zeigt bei der nächsten Begegnung schon vorbeugend defensive Aggression, weil sie sich aufgrund der vorangegangenen Ereignisse bedroht fühlt. Die ursprüngliche Angreiferkatze kann nicht verstehen, warum sie jetzt attackiert wird, denn sie befindet sich inzwischen ja nicht mehr in der auslösenden Emotion und hatte mit ihrer Aggression auch nicht persönlich die Opferkatze gemeint.

- Beide Katzen bleiben längerfristig in einem emotionalen Ausnahmezustand und bedrohen oder attackieren sich wechselweise, wann immer sie sich sehen, im Sinne einer symmetrischen Eskalation.

Pathologische Aggression

Aggression im sozialen Kontext ist Teil der agonistischen Kommunikation, mit der die eigenen Bedürfnisse und Wünsche durchgesetzt werden. Das Ziel einer solchen Aggression ist daher nicht primär die körperliche oder psychische Beschädigung der Partnerkatze, sondern Kommunikation. Damit Aggression als Information verstanden und respektiert werden kann, muss sie eindeutige, verständliche Signale liefern und ausreichend Handlungsspielraum belassen, damit die angesprochene Katze noch entsprechend reagieren kann. Pathologische Aggression ist für die Partnerkatze unvorhersehbar, weder im Kontext noch in der Verhaltenssequenz organisiert und unkontrolliert. Das Ausdrucksverhalten ist unverständlich und es bleibt keine Zeit zwischen Drohphase und Angriff, um sich in Sicherheit zu bringen. Plötzlich auftretende pathologische Aggression ist meistens mit körperlichen Erkrankungen verbunden. Durch Lernprozesse wie klassische und instrumentelle Konditionierung kann sich jede Art der Aggression verselbstständigen, wodurch sie mit der Zeit auch pathologisch wird. Die grundsätzlich schon hohe Reaktivität der Katze begünstigt diese Entwicklung noch weiter und macht die Übergänge zwischen noch normaler und schon pathologischer Aggression unscharf.

Ausdrucksverhalten

Für die Beurteilung des Befindens jeder einzelnen Katze und der Kommunikation untereinander im Mehrkatzen-Haushalt ist ein Verständnis des Ausdrucksverhaltens extrem wichtig. Für den Menschen kann das Erlernen der Katzensprache immer nur eine Annäherung bleiben, denn die Wahrnehmungs- und Ausdrucksmöglichkeiten von Katzen unterscheiden sich erheblich von denen des Menschen. Die Welt der zahlreichen Gerüche und chemischen Informationen durch Pheromone, das Hören von Ultraschall oder die Wahrnehmung feinster Einzelbewegungen ist mit menschlichen Sinnesorganen überhaupt nicht erfassbar. Sehr viele zwischen den Katzen – bewusst oder auch unbewusst – übermittelte Informationen bleiben uns also verschlossen. Nichtsdestotrotz ist der einzige Weg, Katzen individuell, im Umgang mit uns Menschen und in der Beziehung untereinander besser zu verstehen, ihre Sprache bestmöglich zu erlernen.

Allgemeines

Wie bei jeder Sprache steht am Beginn das Lernen von einzelnen Wörtern und mit welcher Struktur sie zu Sätzen zusammengefügt werden. Vor der Bedeutung – also der Interpretation einer Aussage – steht immer die Beschreibung und Analyse. Vorschnelle Interpretationen bergen das grosse Risiko für Missverständnisse und schränken die Sichtweise unnötig ein. Wann immer ein Verhalten unklar oder schwer verständlich ist, gilt es zurück an den Start und in die genaue Beschreibung zu gehen anstatt an der Interpretation festzuhalten.

Umgelegt auf die Katze bedeutet das, ihre Ausdrucksmöglichkeiten zunächst in Einzelteile zu zerlegen, diese einzelnen Elemente zu erkennen und zu verinnerlichen, um sie danach wieder zu einem ganzen Bild zusammenzubauen.

Die grossen Bereiche der Katzensprache sind:
- Akustisch durch Lautäusserungen
- Optisch durch Körpersprache, Bewegungen und Mimik
- Chemisch durch Gerüche und Pheromone
- Taktil durch Berührungen wie Belecken oder Körperkontakt

Manche Botschaften können nur im Hier und Jetzt, im unmittelbaren Sicht- oder Hörkontakt vermittelt werden, wie stimmliche Äusserungen oder die Körperspache. Für Katzen haben aber auch bleibende Botschaften, die ohne Nähe oder direkten Kontakt vermittelt werden, eine sehr grosse Bedeutung. Mit bleibenden indirekten Botschaften wie Harn- oder Kratzmarkierungen können Begegnungen vermieden oder gesucht werden, ohne sofort in direkten Kontakt zu treten. Für das Zusammenleben und vor allem die Zusammenführung von einander noch unbekannten Katzen sind diese indirekten Kontakte nicht zu unterschätzen.

Für das Verständnis von Katzenkommunikation kommt es jedoch nicht nur auf die kleinen Details im Ausdruck an, sondern auch auf das grössere Bild in Bezug auf Distanzen und den Raum, in dem sich das alles abspielt. Katzen können durchaus räumliche Strukturen aus der Umgebung in ihre Botschaften integrieren, das heisst es kommt unter Umständen nicht nur auf den Ausdruck an sich, sondern auch darauf an, wo eine Katze das tut oder eine Markierung hinterlässt.

Für die Analyse des Ausdrucksverhaltens zwischen den Katzen gilt es also sowohl mit der Lupe als auch mit dem weiten Blickwinkel zu beobachten, um ein vollständiges Bild zu erhalten.

Die zwei grundlegenden Intentionen des Ausdrucksverhaltens sind
- Distanz zu verringern – *Komm näher*
- Distanz zu vergrössern – *Bleib weg*

Die weitaus meisten Aussagen lassen sich nach Absicht oder Ergebnis in eine dieser beiden Schubladen einordnen und damit eine Katzenbeziehung grob überblicken. Für eine erste Beurteilung von Beziehungen im Mehrkatzen-Haushalt können diese beiden Kategorien schon hinreichend sein. Eine Information über Beziehung oder Nicht-Beziehung kommt aus neutralen Äusserungen, die weder annähernd noch abwehrend sind.

Vokalisieren

Für Katzen untereinander ist die akustische Kommunikation vermutlich nicht ganz so vorrangig wie für uns Menschen. Katzen kommunizieren – mit wenigen Ausnahmen – überwiegend leise. Das Miauen ist ohnehin ein Ausdrucksmittel, das sich im Zusammenleben mit dem Menschen entwickelte und für diesen reserviert ist.

Schnurren

Schnurren ist eine grundlegend freundliche Lautäusserung – selbst, wenn es nicht gleichzeitig bedeutet, dass sich eine Katze wohlfühlt! Kätzinnen schnurren während der Geburt und wenn sie ihre Kitten säugen und versorgen. Kitten beginnen bereits ab dem zweiten Lebenstag zu schnurren. Erwachsene Katzen schnurren zum einen, *weil* sie sich wohlfühlen und zum anderen, *damit* sie sich wohlfühlen. Es ist also in der Regel keine direkte Botschaft an eine andere Katze, obgleich natürlich die Friedlichkeit erkannt wird. Sehr soziale Katzen schnurren aber auch, wenn sie sich anderen annähern oder beschwichtigen wollen. Ob Katzen das aufdringlich gegenüber Menschen gezeigte „Bettelschnurren" mit den dringlichen Obertönen auch zeigen, ist unklar, aber nicht ausgeschlossen.

Gurren

Das ähnlich wie ein Taubengurren oder angerolltes Miauen klingende Gurren ist unter freundlichen Katzen eine häufige Lautäusserung. Katzenmütter gurren, um ihre Kitten zu rufen oder zu begrüssen. Erwachsene Katzen gurren ebenfalls sehr oft zur Begrüssung oder als Spielaufforderung. Sehr soziale erwachsene Katzen gurren bei freundlicher Annäherung nicht nur befreundeten, sondern auch unbekannten Katzen gegenüber. Im Rahmen des Werbeverhaltens gurren sowohl Kater als auch Kätzin ausdauernd. Für sich alleine können Katzen als Ausdruck der Freude oder Heiterkeit gurren, wenn sie spielen oder etwas Erfreuliches bekommen.

Rufen

Lautstarkes Rufen dient vor allem der Kontaktaufnahme im Rahmen des Sexualverhaltens. Zwischen Kitten und Katzenmutter gibt es ausdauernd Kontaktrufe, sobald die Kitten beginnen, ihre Umwelt zu erforschen. Auch erwachsene Katzen versuchen mit Rufen akustischen Kontakt zu ihren Sozialpartnern Mensch oder Katze zu halten, wenn sie in einer unbekannten Umgebung oder lange Zeit alleine sind.

Schnaufen

Deutlich hörbares Ausblasen von Luft durch die Nase ist eine milde Unmutsäusserung, mit der ein unerwünschter Kontakt wie Annäherung, Geputztwerden, Kontaktliegen oder Streicheln begrenzt oder beendet werden soll. Auch nach einer kurzen Anspannung, einer Konfliktsituation oder frustrierenden Begegnungen atmen manche Katzen hörbar schnaufend durch die Nase aus. Nicht alle Katzen zeigen dieses eher subtile Distanzierungssignal und manche gehen ohne diese Feinabstufung direkt in den nächstintensiveren Ausdruck über.

Fauchen

Fauchen ist bei Weitem das häufigste und wichtigste distanzierende Signal an einen Kommunikationspartner, Abstand zu halten oder ihn zu vergrössern. Obwohl Fauchen natürlich eindeutig aggressiv ist, so ist es doch ein Ausdruck von Unsicherheit und Defensive. Die fauchende Katze fühlt sich bedrängt oder bedroht und will akustisch ganz einfach signalisieren, dass sie mehr Abstand braucht. Wird das Fauchen als Warnsignal nicht verstanden oder ignoriert, kann die Katze zum nächsten Schritt der Selbstverteidigung übergehen und angreifen. Nichtsdestotrotz bleibt es ein typischer Ausdruck von Unsicherheit und Angst. Das kann sich auch einmal bei einer an sich selbstbewussten oder mutigen Katze nur auf die aktuelle Situation beziehen oder sehr häufig, quasi regelmässig als Ausdruck einer durchgehend ängstlichen Stimmungslage geäussert werden.

*Fauchen bedeutet einfach nur, dass eine Katze
mehr Abstand haben will.*

Knurren

Mit Knurren reagiert die Katze auf eine bedrohliche, verunsichernde Situation, die Annäherung eines Feindes wie Hund, fremde Katze oder unbekannte Menschen, verdächtige Geräusche oder Gerüche. Mit anhaltend tiefem Knurren werden auch wertvolle Ressourcen, vor allem Futter wie Beute, frisches Fleisch oder Leckerbissen, besonders attraktives Spielzeug, Liegeplätze oder der Kontakt mit dem Sozialpartner Mensch verteidigt.

Innerhalb einer Katzengruppe werden mit Knurren die Partnerkatzen vor Bedrohungen gewarnt beziehungsweise in Alarmstimmung versetzt. In entsprechend reaktiven angespannten Katzengruppen kann schon das Knurren einer Katze – egal, was der Grund dafür ist – zum Auslöser für einen Kampf werden.

Schreien

Lautes Schreien und Kreischen begleitet meistens einen Verteidigungskampf oder eine überraschend bedrohliche oder schmerzhafte Situation, wie versehentliches Einzwicken von Pfote oder Schwanz sowie Überraschungsangriffe. Diese Lautäusserung versetzt so gut wie jede andere Katze in Hörweite in sofortige Alarmstimmung und Bereitschaft, sich gegen jeglichen Feind kompromisslos zu verteidigen. Ist eine Katze einmal in dieser Emotion, entfällt die detaillierte Analyse der Lage und jeder im Umfeld wird zum potenziellen Feind. Das kann eine – ebenso alarmierte – Partnerkatze sein oder der befreundete Mensch. Ob und wie heftig eine Katze dann tatsächlich aggressiv handelt, hängt entscheidend von ihrer Reaktivität und Impulskontrolle, vermutlich auch von Lebenserfahrung und grundsätzlicher sozialer Kompetenz ab. Katzen mit guter Impulskontrolle und geringerer Reaktivität bleiben ansprechbar, lassen sich mit beruhigender Information wieder aus der Situation herausholen. Katzen mit hoher Reaktivität sind nicht ansprechbar und können beim geringsten Auslöser – eine kleine Bewegung zur Katze hin, ein Verbleiben innerhalb der sozialen Distanz, zu langer Blickkontakt – in den Angriff übergehen.

Für den Frieden im Mehrkatzen-Haushalt sind solche Ereignisse, unabhängig davon, ob sie im eigenen Haushalt, im Fernsehen oder von fremden Katzen draussen verursacht werden, ein grosses Risiko und extrem häufiger Auslöser für Beziehungsprobleme.

Jaulen

Das in der Tonlage an- und absteigende Jaulen oder Singen wird als Drohung im Konflikt mit anderen Katzen, gelegentlich auch gegenüber Menschen gezeigt. Ganz besonders in territorialen Konflikten und im Fortpflanzungsgeschehen bedrohen sich unkastrierte Kater, unter Umständen über Stunden, mit diesem beeindruckenden Gesang. Letztendlich geht es darum, den für Katzen gefährlichen Kampf zu vermeiden und den Gegner akustisch so zu beeindrucken, dass er die Nerven verliert und das Feld räumt.

Wann immer bei einer Zusammenführung oder bei bereits zusammenlebenden Katzen Jaulen geäussert wird, ist das höchste Alarmstufe und die Gefahr für einen Kampf gegeben. Wie auch beim Schreien kann der minimalste, für das menschliche Auge oft unsichtbare Auslöser zum Kampf führen. Die direkte Intervention ist hier ausgesprochen gefährlich, weil die Katzen im emotionalen Ausnahmezustand für beruhigende Informationen nicht erreichbar sind und bei einer Berührung heftig attackieren können. Noch nicht maximal eskalierte Patt-Stellungen können jedoch manchmal durch andere Katzen, die sich höflich annähern – sogenannte *Peacemaker* – aufgelöst werden, weil die Kontrahenten von aussen einen guten Grund bekommen sich zu entfernen. Auch als Mensch kann man solche Konflikte auflösen, indem man sich vorsichtig annähert, die Aufmerksamkeit einer oder beider Katzen anzieht und so einen diplomatischen Ausweg anbietet. Mit einer grossen Decke über eine der Katzen geworfen, kann sie einigermassen sicher in einen anderen Raum transportiert werden.

Wie beim Schreien entscheiden individuelle Persönlichkeit, Lebenserfahrung und soziale Kompetenz darüber, ob und inwieweit der Konflikt weitgehend kontrolliert bleibt oder eskaliert.

Körpersprache

Von plakativem Jaulgesang und Kreischen abgesehen sind die viel wichtigeren körpersprachlichen Ausdruckssignale der Katze leise und subtiler. Die weitaus meisten Wörter im Repertoire der Katze sind nicht hör-, sondern sichtbar. Die Fähigkeit, eine Bewegung noch in Einzelbilder aufgelöst statt wie wir Menschen als Video zu sehen, lässt für uns manche Kommunikation zwischen Katzen statisch aussehen. Es sind aber tatsächlich – nur auf Serienfotos sichtbare – winzige Bewegungen, die eine Botschaft beeinflussen oder verändern können. Katzen können schon feine Bewegungen sehen und nehmen Kontraste sehr gut wahr. Kurzgefasst: Zwei Katzen, die scheinbar „nur herumsitzen", können in dieser Zeit durchaus ganze Diskussionen führen.

Andererseits sind Katzen eher kurzsichtig und können ab rund fünf bis zehn Metern nicht mehr jedes Detail scharf, eher nur Silhouetten erkennen – Missverständnisse beim Anblick von Partnerkatzen lösen sich erst auf, wenn sie an bestimmten Bewegungen erkannt werden. Statuen oder Bilder von Katzen können auf Distanz oft nicht als solche identifiziert werden und lösen die gleichen Reaktionen von Angst oder Aggression wie reale fremde Katzen aus – mit allen möglichen Folgen umgerichteter Aggression innerhalb der eigenen Gruppe.

Katzen im Stress mit stark erweiterten Pupillen sind auch nicht mehr in der Lage scharf zu sehen, sie können jedoch Bewegungen an der Peripherie der Netzhaut sehr gut wahrnehmen.

Die Unterschiede in der Wahrnehmung von Körpersprache führt dazu, dass viele Interaktionen zwischen den Katzen von uns Menschen gänzlich übersehen oder – gleichsam nur als einzelne Buchstaben – einfach nicht verstanden werden.

Wenn Probleme im Mehrkatzen-Haushalt deutlich sichtbar werden, kann man davon ausgehen, dass es vermutlich nur die berühmte Spitze des Eisbergs ist und neun Zehntel der stattfindenden problematischen Kommunikation nicht einmal erkannt werden.

Gesamtsilhouette

Den ersten Eindruck zum emotionalen Befinden einer Katze erhält man schon bei der Beurteilung ihrer Silhouette. Sowohl Katzen als auch Menschen können auf grössere Distanz erkennen, ob eine Katze ihre Umrisse aktiv vergrössert oder verringert.

Mit ihrer Doppelnatur als Beute- und Raubtier hat die Katze eine sehr starke Tendenz, sich in unklaren Situationen klein, unauffällig oder sogar unsichtbar zu machen.

- Ihre **Silhouette verkleinert** die Katze durch Zusammenkauern, gebeugte Beine und Einziehen von Kopf und Schwanz. In der Bewegung wird sie zur tiefergelegten Katze, die mit dem Bauch ganz nahe am Boden dahinschleicht.

Im Stehen knicken die Hinterbeine ein und die Rückenlinie fällt nach hinten ab, der Schwanz wird tief getragen oder sogar eingezogen.

Im Sitzen kann sich die Katze völlig in sich zusammenschieben, alle Gliedmaßen sind ganz nah am Zentrum des Körpers, der Schwanz wird um die Vorderpfoten gelegt. Der Gesamteindruck wirkt damit verschlossen und ist keine Einladung zur Kontaktaufnahme.

Wann immer die Katze versucht ihre Silhouette zu verkleinern ist das ein deutlicher Hinweis auf Unsicherheit, Angst und je nach Kontext auch ein Wunsch nach mehr sozialem Abstand.

- Eine **vergrösserte Silhouette** zeigt die Katze viel seltener, aber wenn sie es tut, dann ist der Effekt höchst eindrucksvoll. Ein Weg die Umrisse zu vergrössern ist der klassische **Katzenbuckel**, bei dem Vorder- und Hinterbeine maximal durchgestreckt und der Rücken hochgezogen werden. Mit dem Schwanz kann der grosse Gesamteindruck ergänzt werden, indem er entweder auch nach oben gestreckt oder wie ein verkehrtes U mit der Spitze zum Boden gehalten wird. Die hohe Erregungslage aktiviert gleichzeitig beinahe schlagartig ein Sträuben der Haare und mit der Breitseite präsentiert, vergrössert sich der optische Eindruck enorm. Das Ziel dieses bedrohlichen Auftritts ist den Gegner so sehr zu beeindrucken, dass er von einem Angriff absieht, sich zurückzieht und die Katze nicht kämpfen muss. Obwohl sie es im Allgemeinen vorzieht, den Angriff zu vermeiden, kann die Katze aus dieser ambivalenten Haltung – wenn es sein muss – heftig attackieren. Die Botschaft an alle ist klar und eindeutig: *Abstand halten, sonst werde ich angreifen!* Eine weitere Möglichkeit, sich grösser zu präsentieren, ist nur bei ausgesprochen selbstbewussten Katzen, vor allem Katern, zu sehen. Sie strecken in dieser **offensiven Haltung** nur die Hinterbeine durch, womit der Rücken nach hinten ansteigt, aber ohne Buckel, und die Katze wirkt noch deutlicher als in normaler Haltung überbaut. In diesem Zustand stellen sich nur die Rückenhaare zu einem Irokesenkamm auf und der Schwanz wird wie ein verkehrtes U mit der Spitze zum Boden gehalten. Bei Katzen, die sich so präsentieren, muss das Gegenüber mit einem offensiven Angriff rechnen.

Keine dieser Körperhaltungen ist statisch und je nach Einschätzung der Situation kann eine Katze zwischen verschiedenen Emotionen schwanken. Dann ergeben sich unscharfe Übergänge in den Körperhaltungen und mitunter auch individuelle Ergänzungen im Ausdruck.

Schwanzhaltung

Nach dem ersten Gesamteindruck aus der Silhouette einer Katze sind auch die Haltung von Schwanz und Kopf auf grössere Distanz gut zu erkennen. Eine einfache Bezugslinie ist in jedem Fall der Rücken.

- Ein aufrechter, oberhalb der Rückenlinie getragener Schwanz – mit oder ohne Fragezeichen – ist eine offene, einladende Körperhaltung. Katzen, die sich mit einem aufgestellten Schwanz annähern, sind zunächst einmal freundlich und aufgeschlossen

Eine Annäherung mit aufrechtem Schwanz ist freundlich; es folgt ein ganz kurzes Innehalten am Rand der persönlichen Distanz und Geruchskontrolle durch die Partnerkatze.

für Kontakt. Das kann sich bei direktem Kontakt dann zwar ändern, aber die Annäherung ist jedenfalls freundlich.

- Ängstliche und unsichere Katzen tragen ihren Schwanz deutlich unterhalb der Rückenlinie oder ziehen ihn sogar unter dem Bauch ein.
- In neutraler Körperhaltung wird der Schwanz auch unterhalb der Rückenlinie – abhängig von seiner Länge – entweder entspannt hängend oder in einem annähernden 45-Grad-Winkel mit der Spitze ganz knapp über dem Boden getragen.
- Zum aggressiven Ausdruck gehört ein wie ein verkehrtes U mit der Spitze nach unten getragener Schwanz.

Kopfhaltung

Ähnlich wie für die Schwanzhaltung kann man auch bei der Kopfhaltung die Rückenlinie als Bezug nehmen. Zusätzlich zur Höhe ergänzt noch die Länge des Halses den Ausdruck. Fast wie Schildkröten können Katzen den Kopf ganz nah an den Körper heranziehen oder ausstrecken und auf diese Weise ihren Ausdruck sowie die soziale Distanz sehr fein nuancieren.

- Aufgeschlossene, freundliche Katzen tragen den Kopf deutlich erkennbar über der Rückenlinie und strecken ihn zur Kontaktaufnahme oder wenn sie neugierig sind nach vorne.
- Unsichere Katzen tragen den Kopf überwiegend deutlich unterhalb der Rückenlinie und ziehen den Hals ein, um ihren Umriss zu verkleinern.
- Auch bei der unfreundlich drohenden Annäherung trägt die Katze den Kopf unter der Rückenlinie und streckt ihn etwas nach vorne.

In der sozialen Interaktion kann eine Katze nur durch Heben, Einziehen, Wegdrehen des Kopfes den Abstand entweder beschwichtigend vergrössern oder den Abstand durch Vorstrecken des Kopfes verringern und damit den sozialen Druck erhöhen.

In einer Konfliktsituation können Katzen beschwichtigen, indem sie den Kopf einziehen und den Abstand zur anderen Katze vergrössern.

Die Aussage „tief getragener Kopf und Schwanz unter der Rückenlinie" könnte auf einen ersten schnellen Blick und Distanz – zumindest aus menschlicher Wahrnehmung – sowohl als unsicherängstlich aber auch als bedrohlich-aggressiv interpretiert werden. Es stellt sich daher die Frage, ob Katzen, vor allem solche mit geringer sozialer Kompetenz, immer in der Lage sind, dieses Ausdrucksverhalten richtig zu verstehen.

Die Erfahrung zeigt, dass die tiefergelegt herumschleichende, unsicher ängstliche Katze mit tief getragenem Schwanz und Kopf doch häufig als bedrohlich angesehen und von einer Partnerkatze angegriffen wird. Zumindest muss diese Möglichkeit, dass es sich bei manchen Streitereien um ein grundlegendes Missverstehen des Ausdrucks handelt, in Betracht gezogen werden.

Bewegungen

Das Ausdrucksverhalten von Katzen ist nicht rein statisch und je nach Kontext, Reaktion des Gegenübers und Dauer einer Interaktion spielt die Dynamik bestimmter Bewegungen eine grosse Rolle.

- Ergänzend zur Haltung liefern die **Bewegungen des Schwanzes** wichtige Information über die Erregung und innere Anspannung einer Katze. Beurteilen kann man die Bewegung nach Umfang, Amplitude und Geschwindigkeit. Die Möglichkeiten reichen von der langsamen kleinen Bewegung der Schwanzspitze bis zum stakkatoartigen Peitschen des ganzen Schwanzes. Als Grundregel hilft: Je schneller, ruckartiger und je mehr der Gesamtlänge des Schwanzes bewegt ist, desto höher ist die Erregung.

- Die Bedeutung einer **erhobenen Vorderpfote** ist abhängig vom Kontext. In einer Interaktion ist die erhobene Pfote eine Schlagandrohung und zeigt den Willen der Katze, sich bei Bedarf mit einem Pfotenhieb zu verteidigen.
Ist die Katze allein oder der Abstand zu einer anderen Katze gross, sind es eher Unschlüssigkeit und Zweifel, die sich durch die leicht angehobene Vorderpfote ausdrücken.

- Mit der **Bewegung des Kopfes** kann der Abstand zwischen zwei Kommunikationspartnern sehr subtil verändert werden. Die Blickrichtung zeigt ähnlich wie die Wendung des ganzen Körpers, wohin sich eine Katze hinwenden oder flüchten wird. Ein kurzfristiges Abwenden des Kopfes in einer sozialen Interaktion ist eine höfliche, beschwichtigende Geste, die Spannung sofort reduziert.

- Fühlt sich eine Katze sehr bedroht, ist ihre beste Verteidigungsposition eine **halb seitliche bis hin zur Rückenlage**. Die erste Tendenz, sich in diese Abwehrposition fallen zu lassen, ist bereits die Gewichtsverlagerung zu einer Seite. Diese Haltung wird leider immer noch viel zu oft als Unterwerfung missverstanden, die es zwar beim Hund, aber nicht bei der Katze gibt!

In einem freundlichen Kontext wird die seitlich liegende Haltung eine Einladung zum Spiel oder ist Teil des Werbeverhaltens zwischen Kater und Kätzin.

*Katzen, die sich bedroht fühlen, lassen sich
in eine halb seitliche Lage fallen.*

*Erhobene Pfoten sind eine Drohung, die bei Bedarf
auch in die Tat umgesetzt wird.*

*Mit einer ganz leichten Bewegung des Kopfes zur Seite
kann eine Katze im Konflikt beschwichtigen.*

Vegetative Signale

Die vom autonomen Nervensystem verursachten Signale kann die Katze nicht absichtlich in der Kommunikation einsetzen. Dennoch geben sie natürlich einem Beobachter Auskunft über die emotionale Verfassung der Katze.

Zu den vegetativen Signalen gehören unter anderem:

- **Pupillengrösse:** Sie ist neben den Emotionen auch von den Lichtverhältnissen beeinflusst. Angst und hohe Erregung machen die Pupille allerdings auch dann weit, wenn sie dem Umgebungslicht nach schmal sein müsste. Mit so geweiteten Pupillen kann die Katze nicht scharf sehen.

- **Gesträubtes Fell:** Hohe Erregung, überwiegend Angst oder vor allem Schreck bewirken ein schlagartiges Aufbuscheln. Typischerweise sträuben sich die Haare am Schwanz, es kann aber auch das Fell am gesamten Körper zu Berge stehen. Ebenso kann der Schwanz im Spiel, bei aufregenden Ereignissen im Alltag oder bei Kontaktaufnahme mit einer anderen Katze gesträubt sein. Bei manchen Katzen beginnt das Buscheln an der Schwanzbasis, bei anderen in der Mitte bis zum letzten Drittel.

- **Schwitzpfoten:** Aufregung und Angst verursachen bei vielen Katzen Schwitzen. Da sie am Körper keine Schweissdrüsen haben, bleibt es auf die Pfotenballen begrenzt. Andere Katzen interessieren sich sehr für die solcherart von den feuchten Pfoten hinterlassenen Spuren. Ob und welche spezifischen Informationen sie daraus beziehen ist noch völlig unklar.

- **Rolling Skin:** Das rollende Zucken der Rückenhaut wird bei innerer Anspannung oder in Konfliktsituationen gezeigt. Wenn sich eine Katze von irgendetwas – dem Anblick einer anderen Katze oder einer körpereigenen Empfindung wie Juckreiz irritiert fühlt –, zuckt sie mit dem Schwanz und diese Bewegung setzt sich über den Rücken nach vorne in einem wellenartigen Zucken der Haut fort.

- **Vermehrter Speichelfluss und Schmatzen:** In Konfliktsituationen kann sich der Speichelfluss erhöhen und die Katze schmatzt und schluckt auffällig.

Mimik

Die feinen Details der emotionalen Verfassung und Abstufungen in der Kommunikation sind an der Mimik erkennbar. Neben dem Lernprozess in der Jugendphase wird dieser Ausdruck natürlich auch individuell von rassespezifischen Merkmalen beeinflusst. Bei der Perserkatze, Exotic Shorthair oder Scottish Fold ergeben sich schon aus der Anatomie klare Begrenzungen in den mimischen Ausdrucksmöglichkeiten.

Zum besseren Erlernen der vielen mimischen Feinheiten, die irgendwann das intuitive Verständnis von Katzen ermöglichen, eignet sich die Betrachtung und Analyse von Fotos. Um den Blick weiter zu schulen, konzentriert man sich bei der Beobachtung stunden- oder tageweise auf nur einen Teil der Katze wie die Ohren, die Augen, den Schwanz oder die Tasthaare der Oberlippe.

Neben den Details von Augen, Ohren oder Tasthaaren ist vor allem die allgemeine Spannung im Gesicht recht aufschlussreich. Freundliche zufriedene Katzen haben ein weiches, entspanntes und glattes Gesicht. Stress, Schmerz, Erregung oder Ärger finden in teilweiser oder völliger Anspannung der Gesichtsmuskulatur ihren Ausdruck.

Für die Kommunikation zwischen den Katzen ist vor allem der Blick von grosser Bedeutung.

Freundliche Katzen haben einen weichen Blick, geringe bis keine Spannung im Oberlid, begrenzen die Dauer des Blickkontakts durch zeitweises Abwenden des Blicks, des Kopfes oder mit langsamem Blinzeln.

Unfreundliche Katzen haben einen harten, direkten oder sogar starren Blick, den sie unverwandt halten. Die Spannung im Gesicht ist hoch und die Oberlidkante ist steif, selbst wenn die Augen nur halb geöffnet sind.

Drohende Katzen haben einen starren Blick, schräg nach hinten gedrehte Ohren und halb geöffnete Augen.

Auch gestresste Katzen haben einen angespannten Ausdruck – sie halten die Augen entweder halb geschlossen oder ganz zugekniffen, schauen ins Nicht oder an einem vorbei. Alternativ kann die gestresste ängstliche Katze ihre Augen sehr weit aufreissen und weite Pupillen haben.

Ambivalente Signale

Eine der grossen Schwierigkeiten beim Verstehen von Katzen – möglicherweise auch untereinander – sind ambivalente Signale. Die Aussage dieser Katzen ist nicht eindeutig oder wechselt extrem schnell zwischen zwei Motivationen hin und her.

Eine ganz typische Situation – besonders bei Begegnungen von jungen und gut sozialisierten Katzen – ist das paradoxe Spiel: *Geh weg zu mir!*

Die Katze nähert sich an mit einer wechselnden Mischung aus neugierig-freundlichen und aggressiven, bisweilen sogar offensiven Signalen. Der Kontakt wird zwar aktiv gesucht, aber die Unsicherheit vor zu grosser Nähe und dem unbekannten Partner ist so gross, dass die Option Aggression immer bereitsteht und auch sichtbar wird. Im Kontakt mit einer sozialen und sozial kompetenten Katze löst sich dieses ambivalente Spiel innerhalb von Stunden oder Tagen auf, sobald sich die Katzen besser kennen und verstehen. Wann immer Unklarheiten in der Beziehung auftauchen, beginnt das paradoxe *Geh weg zu mir*-Spiel von Neuem, bis wieder Klarheit herrscht.

Kontext

Zur Bedeutung eines bestimmten Ausdrucksverhaltens tragen auch die Umgebung und der Kontext bei. Katzen nützen offensichtlich bewusst Umgebungsstrukturen wie bestimmte Wege und Durchgänge oder Blicklinien. Entscheidend sind auch die verschiedenen Distanzen zwischen den Katzen oder gegenüber Menschen.

Soziale Distanzen

Ähnlich wie der Mensch hat auch die Katze einen virtuellen persönlichen Raum, der sie umgibt. Jeder kennt die der jeweiligen Kultur entsprechende Gesprächsdistanz, die ganz automatisch eingehalten wird und deren Unterschreiten schon um nur wenige Zentimeter als unangenehm und unhöflich wahrgenommen wird. Dieser Abstand oder vielmehr je nach Situation verschiedene Abstände werden von Faktoren wie unter anderem Sozialisation, Umgebung oder Wohlbefinden beeinflusst.

Für das bessere Verständnis von Katzenkommunikation sind folgende Distanzen von Bedeutung.

Fluchtdistanz
Beim Unterschreiten dieser Distanz ergreift eine Katze die Flucht.

Je nach Situation kann diese Distanz ähnlich gross wie bei Wildtieren sein – eine Katze, die auf einer freien Wiese an der Peripherie ihres Jagdreviers sitzt, hat eine viel grössere Fluchtdistanz als dieselbe Katze im eigenen vertrauten Garten oder im Haus. Natürlich vergrössert sich die Fluchtdistanz auch mit dem Grad der Bedrohung – eine fremde Katze oder ein Hund sind bedrohlicher als ein bekannter Katzen- oder Menschenpartner. Auch miteinander vertraute Katzen können im Freien plötzlich eine Fluchtdistanz haben, obwohl es – ausser der Kurzsichtigkeit – keine reale Bedrohung gibt.

Kritische Distanz

Beim Unterschreiten dieser Distanz geht die Katze in den Angriff über, um ihr – aus ihrer Sicht bedrohtes – Leben zu verteidigen. Insofern ist die kritische Distanz vor allem für nicht oder schlecht sozialisierte Katzen und bei einer massiven Bedrohung von Bedeutung. Entscheidend ist auch, dass der Katze ihre an sich bevorzugte Sicherheitsstrategie – nämlich Flucht und Verstecken – nicht oder nicht mehr zur Verfügung steht. Diese Situation ergibt sich, wenn die Katze unaufmerksam war und ein Feind plötzlich innerhalb der Fluchtdistanz auftaucht, womit es für eine Flucht zu wenig Zeit und Vorsprung gibt. Andererseits gibt es auch Katzen, die innerhalb ihres vertrauten Wohnbereichs nicht mehr flüchten – denn sie befinden sich aus ihrer Sicht ja bereits in ihrem sicheren Raum, den sie dann auch entschieden verteidigen. Die weitaus meisten Katzen ziehen sich noch weiter zurück, verstecken sich und werden erst dann aggressiv, wenn versucht wird, in ihren letzten Rückzugsort einzudringen.

Soziale Distanz

Für die Kommunikation zwischen einigermassen oder sehr gut sozialisierten Katzen ist die soziale Distanz die interessanteste. Obwohl es keine Daten zu diesem virtuellen Raum rund um die Katze gibt, wird er doch gut sichtbar, wenn man die Interaktionen im Alltag beobachtet. Ähnlich wie die anderen Grenzen wird auch die soziale Distanz von zahlreichen Faktoren wie Sozialisation, früheren Erfahrungen, persönlicher Toleranz für Nähe sowie

Tageszeit, Befindlichkeit und Gesundheitszustand beeinflusst. Für eine sozial flexible Katze, die sich körperlich und psychisch wohlfühlt, wird diese soziale Distanz geringer sein als für eine gestresste ängstliche Katze mit schlechten Sozialerfahrungen und körperlichem Unwohlsein.

Rein empirisch bewegt sich dieser Abstand so bei um die 80 bis 150 cm, das allerdings in asymmetrischer Form wie bei einem Ei. Der maximale Abstand ist vor dem Kopf der Katze, am hinteren Ende kann die soziale Distanz schon beinahe an den Körpergrenzen enden. Ähnliches ist für den Abstand nach oben zu beobachten, denn auch hier scheint die Grenze dieser virtuellen Blase oft schon bei 50 cm oder weniger erreicht. Somit kann ein Höhenunterschied zwischen den Katzen von einem halben Meter schon den gleichen Effekt haben wie eineinhalb Meter nebeneinander auf der gleichen Ebene.

Diese soziale Distanz ist sowohl für das Verstehen diverser Konflikte als auch für unzählige Maßnahmen im Mehrkatzen-Haushalt ausgesprochen wichtig!

Manche Katzen fühlen sich unwohl, wenn sie in den persönlichen Raum einer anderen Katze eindringen.

Interessant ist in dem Zusammenhang, dass sich die soziale Distanz in dem Moment, wo die Katze innerhalb einer Begrenzung wie einer Höhle oder Box sitzt, auf diese materielle Begrenzung reduziert.

Sitzt eine Katze also in einer Wohn-Transportbox, beginnt die soziale Distanz ziemlich genau am Eingang dieser Wohnbox und nicht schon einen Meter davor.

Mit Wohn-Transportboxen kann der persönliche Raum auf die Boxbegrenzung reduziert werden.

In einer bedrohlichen Situation wird die soziale Distanz gleich zur kritischen Distanz und die Katze geht in den Angriff, wenn die Bedrohung zu intensiv ist oder zu lange andauert.

Freundlich oder zumindest höflich zusammenlebende Katzen respektieren die jeweiligen sozialen Distanzen so gut es geht. Für Situationen, wo eine Katze in den sozialen Raum einer anderen eindringen will – oder muss, weil es die Räumlichkeit erfordert – gibt es verschiedene Lösungen:

- In der Annäherung eine kurze Pause einlegen – sozusagen *nachfragen*, ob das Weitergehen okay ist, blinzeln, Kopf abwenden,

Schwanz aufstellen – und dann am äussersten Rand der Blase vorbeigehen.
• Beide Katzen kommen überein so zu tun als existiere die andere nicht. Damit gibt es natürlich auch den persönlichen Raum nicht: Problem gelöst!
• Die andere Katze ignorieren und mehr oder weniger direkt unhöflich in deren Raum eindringen, was oft eine defensive Reaktion mit Fauchen und Schlagen mit der Pfote zur Folge hat.

Das Spiel mit der persönlichen Distanz bekommt eine noch viel grössere Dimension, wenn Katzen beginnen, sie für die aktive Blockade von Raum und Wegen einzusetzen. Dann wird aus einer *einfach nur sitzenden* Katze eine, die ganz bewusst mit ihrem – für naive menschliche Augen unsichtbaren – persönlichen Raum eine andere unter Druck setzt und sogar bedroht.

Besetzt werden auf diese Art strategisch günstig Durchgänge, Türen oder andere Passagen, die ziemlich genau der persönlichen Distanz oder weniger entsprechen. Objektiv gesehen wäre noch ausreichend Platz zum Durchgehen, aber die Partnerkatze *sieht* den auch virtuell blockierten Raum. Sie hat zu den bereits oben erwähnten Möglichkeiten noch drei weitere:

• Unmittelbar abwarten, entweder indem sie im passenden Abstand sitzenbleibt und hofft, dass der Durchgang von der anderen Katze freigegeben wird. Das kann sie versuchen, mit höflichem Blinzeln, Wegschauen und Freundlichkeit oder aber direktem Anstarren und Drohen zu erreichen.
Oder sie geht einstweilen weg, sucht – sofern möglich – einen gänzlich anderen Weg oder verschiebt ihr Vorhaben auf später.

• Schon von vornherein die andere Katze bedrohen und sie attackieren, um sich den Durchgang mit Aggression zu erzwingen.

• Eine elegante Lösung ist die gesamte Stimmung zu verändern und auf den angetragenen Konflikt mit einer Spielaufforderung zu antworten. So wird aus einer – wenn auch milden – Aggression eine freundliche spielerische Interaktion. Diesen Weg werden wohl nur sozial sehr kompetente selbstbewusste Katzen ihren Freunden gegenüber wählen.

Je nach Qualität der Beziehung können solche Durchgangsverbote und deren Auflösung nie, nur gelegentlich oder häufig beobachtet werden. Werden sie allerdings zum bestimmenden Element in einem Mehrkatzen-Haushalt, täglich oder sogar mehrmals täglich, dann sind weitergehende Probleme wie Unsauberkeit, dauernde Konflikte oder gesundheitliche Störungen gewiss.

Nicht zu unterschätzen ist, dass solche Sitzblockaden und absichtlich initiierte Konflikte einen gewissen Unterhaltungswert für die gelangweilte, aber selbstbewusste Katze haben können. Für die blockierte Katze sind diese Geplänkel im besten Fall lästig, im schlimmsten Fall ein unerträglicher sozialer Stress, der im völligen Rückzug endet.

Für die Therapie von problematischen Beziehungen ist daher das Erkennen und Verändern dieser potenziellen Konfliktzonen von ganz entscheidender Bedeutung.

Praktische Hinweise im Zusammenhang mit der sozialen Distanz:

• Futterplätze sollten in jedem Fall so gestaltet sein, dass die Katzen nicht in den sozialen Raum einer anderen Katze eindringen müssen. Schon mit einfachen Maßnahmen wie entgegengesetzter Blickrichtung oder einer Zwischenwand reduziert sich der allgemeine Stress schlagartig – auch, wenn dieser während der Fütterung bislang wie der Unterwasseranteil des Eisbergs nicht recht erkennbar war.

• Katzen, die gemeinsam in einer Box transportiert werden, sollten zumindest beim Einsteigen gegengleich platziert werden, sodass sie in entgegengesetzte Richtungen schauen. Obwohl es Katzen gibt, die sogar lieber gemeinsam als allein in einer Box sitzen (s.u. intime Freundschaften), erhöht sich der Stress durch die erzwungene und andauernde Nähe. Dem Wunsch einer Katze nach mehr

Abstand kann die Partnerkatze in der Box beim besten Willen nicht nachkommen.

Intime Distanz

Sehr innig befreundete Katzen reduzieren ihre persönlichen Distanzen so sehr, dass sie in häufigem Körperkontakt liegen. Katzenmütter mit ihren Kitten leben innerhalb der intimen Distanz und Jungkatzen pflegen oft bis zur Pubertät sehr innigen Kontakt innerhalb der intimen Distanz. Erst mit dem Erwachsenwerden etabliert sich die soziale Distanz und der direkte Körperkontakt reduziert sich, erkennbar am selteneren Kontaktliegen. Ob zwei Katzen also aus der Jugendfreundschaft eine intime Erwachsenenfreundschaft entwickeln, sieht man erst nach der Pubertät und mit dem Erwachsenwerden.

Vergangenheit

Da Katzen ausgesprochen schnell lernen und ein sehr gutes Gedächtnis haben, wirken sich natürlich frühere Erfahrungen auf die Kommunikation aus. Neben den Erfahrungen mit einer Partnerkatze werden auch Ort, Zeit, Stimmungslage in der Situation und Bezug zu anderen Ereignissen abgespeichert. Auf diese Art entwickeln und automatisieren sich Konflikte oder Meidestrategien, selbst wenn der ursprüngliche Auslöser für den Konflikt schon lange nicht mehr vorhanden ist. Für die Katze als Gewohnheitstier bedeutet eine negative Erfahrung im äussersten Fall: *Das ist mir einmal an dem Ort passiert und das wird mir keinesfalls ein zweites Mal mehr passieren.*

So können Einmalereignisse wie der nächtliche Besuch einer fremden Katze an der Balkontür, einmal Auflauern am Weg vom Katzenklo oder ein bestimmter Geruch einen Dauerkonflikt verursachen, weil eine oder mehrere beteiligte Katzen sich an dieses Ereignis erinnern und danach handeln. Je nach Reaktion kann schon diese für sich allein zur Aufrechterhaltung oder Verstärkung des Kommunikationsproblems führen.

Für die Analyse eines Konflikts oder hartnäckigen Verhaltenssymptoms wie Unsauberkeit oder Harnmarkieren kann also auch vergangenes Geschehen wichtig sein. Dieses Geschehen kann zwar nicht mehr geändert werden, hilft aber trotzdem die Gesamtheit und Dynamik einer Beziehungkrise besser zu verstehen.

Beziehungsstatus

Katzen, die sich sehr gut im Sinne einer *innigen Freundschaft* verstehen

- suchen den gegenseitigen Kontakt.
- begrüssen sich bei Begegnungen mit erhobenem Schwanz, durch Nasenkontakt oder Beschnuppern, sie belecken sich kurz am Kopf oder putzen sich sogar ausgiebig.
- suchen sich, wenn eine Katze abwesend ist und trauern im Todesfall.
- liegen in Körperkontakt oder mit geringem Abstand beisammen, haben kein Problem, wenn sie sich innerhalb der persönlichen Distanz der anderen Katze befinden.
- spielen miteinander und auch wenn es einmal etwas heftiger einhergeht, bleibt die Stimmungslage und Beziehung ausgeglichen, die Rollen im Spiel wechseln und die Katzen suchen nach einer Pause wieder den Kontakt zueinander.
- finden im Alltag geschmeidige Lösungen im Sinne eines *time sharing*s oder der gemeinsamen Nutzung von Ressourcen.

Katzen, die sich gut im Sinne einer *Wohngemeinschaft* verstehen

- begrüssen sich bei Begegnungen nach längerer Abwesenheit durch direkten Nasen- oder Blickkontakt.
- liegen im Abstand der persönlichen Distanz (1-2 m) aber nicht unbedingt im engen Körperkontakt.
- belecken sich gelegentlich, aber ohne ausdauerndes gegenseitiges Putzen.

- halten überwiegend höfliche Distanz ohne sich permanent zwanghaft zu vermeiden, d.h. die Plätze und Gewohnheiten der anderen Katze werden respektiert.
- Annäherungen finden höflich und unter Einhaltung persönlicher Distanzen sowie freundlicher bis neutraler Kommunikation statt.
- können miteinander spielen, tun dies aber meist nicht regelmässig.
- beziehen sich aufeinander in Alltags- und stressigen Situationen ohne dauerhaft innigen Kontakt zu suchen.

Neben offensichtlichen körperlichen Auseinandersetzungen mit entsprechenden Lautäusserungen wie Fauchen, Knurren oder sogar Kreischen und Jaulen, fliegenden Haaren und – im schlimmsten Fall auch emotional bedingtem Harn- und Kotabsatz – gibt es noch andere Anzeichen für eine gestörte Beziehung zwischen den Katzen.

Die defensive, unsichere Katze

- zieht sich immer mehr zurück, verliert zunehmend an Bewegungsfreiheit und lebt unter Umständen nurmehr in ihrer kleinen Rückzugszone.
- wenn eine gute Beziehung zum Menschen besteht, gewinnt die Katze durch den sozialen Kontakt an Sicherheit und beginnt ihren Lebensraum mehr zu nützen, wenn ihre vertrauten Menschen anwesend sind.
- bei Annäherungen oder Begegnungen mit der anderen Katze zeigt sie Fauchen, Knurren und abwehrende Aggression, sofortige Flucht oder ängstlich-gehemmtes Erstarren.
- entwickelt durch die chronische Stressbelastung oftmals körperliche Symptome wie Abmagerung oder Übergewicht, häufiges Erbrechen, wiederkehrende Blasenentzündungen (Feline interstitielle Cystitis), Hauterkrankungen oder chronische Infektionen.
- zeigt psychische Symptome chronischer Angst, oftmals auch Unsauberkeit, gesteigertes Putzverhalten bis hin zum Haarverlust, erhöhte Reizbarkeit, extreme Anhänglichkeit an den Menschen.

- spielt nicht, bewegt sich nicht unbefangen oder nur dann, wenn sie sicher weiss, dass sie alleine oder mit freundlichen Katzen im Raum ist, ist nicht neugierig.

Die proaktive Katze

- sitzt an strategisch günstigen Positionen und blockiert Zugangswege zu wichtigen Ressourcen mit ihrem Körper und ihrer persönlichen Distanz.
- starrt die andere Katze an, mitunter auch auf grössere Distanzen quer durch einen Raum.
- respektiert die defensiven Signale zur Distanzvergrösserung der Partnerkatze nicht, sondern reagiert im Sinne einer symmetrischen Eskalation und steigert die Bedrohung sogar bis zum Angriff.
- nähert sich langsam an und vertreibt die andere Katze von ihren Sitz- und Ruheplätzen, dringt in persönliche Rückzugszonen ein und attackiert sie in Sackgassen.
- trägt den Schwanz bei Begegnungen nicht aufrecht, sondern unter der Rückenlinie oder als verkehrtes U mit der Schwanzspitze nach unten, wedelt sehr viel mit dem Schwanz.
- markiert unter Umständen mit Harn.
- ist eine dem Menschen gegenüber oft ausgesprochen freundliche und aufgeschlossene Katze.

Chemische Kommunikation

Für Katzen hat die Welt der Gerüche und chemischen Botenstoffe – Pheromone – eine enorme Bedeutung. Ein noch bei Weitem nicht völlig aufgeklärter Teil der Kommunikation findet auf diesem chemischen Wege statt, der für uns Menschen ein Buch mit sieben Siegeln bleibt. Allein – das Markierverhalten und die dadurch verursachten Schäden gehören zu den am häufigsten beklagten Verhaltensproblemen. Neben der Kommunikation miteinander nützen Katzen Pheromone auch, um sich ihren Lebensraum und ihre

Stimmungslage zu organisieren. Ein erster Schritt in der Behandlung – oder vielmehr im Management – aller Arten von Markierverhalten ist das Verständnis: **Eine Katze zu halten, bedeutet ein Tier zu haben, das mit Gerüchen kommuniziert.** Das liegt grundsätzlich in der Natur der Katze und könnte möglicherweise durch gezielte Selektion etwas gemindert werden. Für die aktuelle Katze in ihrer Familie bleibt nur der Weg, dieses Ausdrucksverhalten in die richtigen, erwünschten Bahnen zu lenken oder mit verschiedenen Therapien, darunter auch psychoaktiven Medikamenten, die Stimmung so zu stabilisieren, dass ein übertriebenes Markierbedürfnis geringer wird, bestenfalls sogar verschwindet. Für den Mehrkatzen-Haushalt gilt noch ganz besonders, den Stress und allfällige subtile Konflikte zu reduzieren.

Ein besonderes Verhalten ist zu beobachten, wenn Katzen Pheromone wahrnehmen – das Flehmen. Dabei beschnuppert die Katze die Stelle mit den Pheromonen eingehend, bewegt die Zungenspitze und hält anschliessend mit leicht geöffnetem Mund, nach hinten gedrehten Ohren und in sich gekehrtem Ausdruck inne. Im Anschluss leckt sich die Katze über die Nase und beginnt unter Umständen mit derselben Sequenz noch ein zweites Mal von vorne. Für Katzen, die das Flehmen bei einer Partnerkatze beobachten, ist das oft ein Signal, sich ebenfalls für die beschnupperte Stelle zu interessieren. Die eigenen Pheromone lösen in aller Regel keine solche Reaktion aus, sie sind der Katze ja ohnehin geläufig.

Pheromone dienen der indirekten Kommunikation, mit der Katzen den direkten Kontakt vermeiden und sich aus dem Weg gehen oder aber im Sexualverhalten gezielt den Kontakt suchen können. Für den therapeutischen Einsatz stehen inzwischen zahlreiche synthetische Analoge von Katzenpheromonen zur Verfügung.

*Beim Nasenkontakt werden Pheromone wahrgenommen und
anschliessend mit leicht geöffnetem Mund geflehmt.*

Kratzmarkieren

Das sogenannte *Krallenschärfen* dient in erster Linie der Kommunikation mit sicht-, hör- und riechbaren Signalen. Das Abblättern der seitlichen Krallenblättchen ist eher ein Nebeneffekt, mit dem die nachwachsende scharfe Krallenspitze wieder freigelegt wird. Schon ganz junge Katzen beginnen spielerisch an diversen Oberflächen zu kratzen. Interessant sind senkrechte, waagrechte wie auch schräge Objekte mit kaputtbarer Oberfläche. Die individuellen Vorlieben reichen von grober Rinde, Weichholz, über alle Arten von textilen Naturmaterialien wie Sisal und Kokosmatten bis hin zu Wellpappe. Entscheidend ist, dass die beim Kratzen hinterlassenen sichtbaren Spuren die Wirkung der chemischen Signale unterstützen.

Kratzmarkierungen werden bevorzugt in der Nähe von Ruhe- und Rückzugsorten angebracht, vor und nach dem Ruhen wird hier gekratzt.

Für soziale Interaktionen sind aber auch alle jene Kratzzonen wichtig, an denen Katzen ihre innere Anspannung, Erregung und Frustration abbauen. Selbstbewusste Katzen kratzen ganz demonstrativ, oft auch als Spieleinladung gegenüber anderen Katzen oder Menschen. Kratzen weniger selbstbewusste Katzen sehr auffällig, kann es sein, dass sie von proaktiven selbstbewussten Katzen angegriffen werden.

Gesichtspheromone

Wenn Katzen ihr Gesicht an Ecken und Kanten, an Händen, Beinen oder anderen Katzen reiben, dann verteilen sie damit ihre Gesichtspheromone. Mit einigen dieser Duftstoffe schafft die Katze für sich selbst eine Atmosphäre von Vertrautheit. Für uns Menschen nur anhand der schwarzen Ränder an den Kanten wahrnehmbar, entsteht für die Katze ein geruchlicher Raum von bekannten Ecken, Objekten und Strukturen, in dem sie sich zu Hause, sicher und entspannt fühlt.

Sozialpartner – andere Katzen, Menschen, Hunde und andere Tierfreunde – werden auch durch Körperkontakt und aneinander entlangreiben markiert. Über dieses sogenannte Allomarkieren entsteht ein gemeinsamer Gruppengeruch, der immer wieder aufgefrischt wird. Jeder, der diesen Geruch trägt ist Teil der Gruppe und wird als solcher erkannt. Durch das gemeinsame Nutzen von Liegeplätzen – auch zu unterschiedlichen – Zeiten und das Reiben an denselben Kanten oder menschlichen Händen beim Streicheln verteilen sich Pheromone innerhalb einer Gruppe auch ohne direkten Kontakt. Durch Abwesenheit geht der Gruppengeruch teilweise verloren und wird durch andere Fremdgerüche überdeckt. Je nach sozialer Kompetenz wird die heimkehrende Katze intensiv allomarkiert, distanziert bis sie wieder heimischen Geruch angenommen hat oder als fremder Eindringling attackiert.

Bei Zusammenführungen hat die geruchliche Komponente von Katzenkommunikation und -beziehungen eine sehr grosse Bedeutung. Das muss wenigstens gedanklich in die geruchsblinde menschliche Wahrnehmung aufgenommen werden, wenn es schon nicht direkt nachvollziehbar ist.

Harnmarkieren

Das Markieren mit Harn ist ein weiteres Verhalten, das zum einen missverstanden wird und zum anderen natürlich ausgesprochen problematisch ist, wenn es in den Wohnräumen geschieht. Sowohl Kater als auch Kätzinnnen können mit Harn markieren. Die Kastration reduziert jedoch das Auftreten deutlich, weil die wichtige sexuelle Motivation damit weitgehend entfällt.

Es bleibt der soziale Aspekt der Kommunikation mit Harn, der umso wichtiger wird, je mehr Spannungen es in einer Gruppe gibt. Damit ist das Risiko für Harnmarkieren im Mehrkatzen-Haushalt erhöht, weil es ein katzentypischer Weg ist, Konflikte auf diplomatischem Weg und ohne offenen Kampf auszutragen. Aber auch das Gefühl einer Bedrohung durch fremde Katzen motiviert unter Umständen zum Harnmarkieren.

Harnmarkieren ist in diesem Zusammenhang vor allem ein Ausdruck innerer Anspannung und Erregung, auch Ärger oder Frustration können eine Katze dazu veranlassen. Vermutlich ist es nicht so wichtig, was eine Katze in dieses emotionale Ungleichgewicht bringt. Es ist eher eine Frage der Persönlichkeit, ob und wie intensiv eine Katze aus dieser Emotion heraus markiert.

Als eindeutig produktive Symptomatik werden vorrangig die reaktiven, unruhigen, schon von vornherein angespannten, schnell unzufriedenen, leicht frustrierten Katzen mit Harn markieren. Die zurückgezogene, ängstliche und eher passive Katze markiert in aller Regel nicht mit Harn – sie kann aber natürlich unsauber sein.

Wichtig: Harnmarkieren kann auch gesundheitliche Gründe haben – mehr als ein Drittel der harnmarkierenden Katzen hat ein körperliches Problem, das von Harnwegserkrankungen über orthopädische und Schmerzprobleme bis hin zu Zahnerkrankungen reichen kann.

Markierorte sind vielfältig und bei der Katze nicht zwingend nur die Aussengrenzen des Territoriums. Typische mit Harn markierte Stellen sind

- senkrechte Strukturen und Linien wie Ecken, Kanten, Sesselbeine, Schirmständer, Bodenvasen etc.
- optische Spots, vor allem auf Augenhöhe der Katze wie Steckdosen, Farbveränderungen, Flecken und andere kontrastierende Stellen.
- Grenzbereiche zwischen drinnen und draussen wie Fenster, Türen, Türstöcke, Vorhänge etc.
- Orte, von denen aus fremde Katzen beobachtet werden können, wie die Wand hinter der Sofarückenlehne mit Blickrichtung Garten etc.
- Elektro- und Küchengeräte – warum ist ungeklärt, aber möglicherweise aufgrund sich verändernder Gerüche beim Warmwerden und Abkühlen oder knisternd-knacksender Geräusche.

- alle Arten von fremden Gerüchen und Objekten, die plötzlich im Lebensraum auftauchen wie Sporttaschen, Koffer, Verpackungen, fremde Schuhe, Kartons, verschwitzte Kleidung, Kinderwagen etc.

Eine Anleitung zur praktischen Analyse, Suche nach den Ursachen sowie zur Unterscheidung des Harnmarkierens von Unsauberkeit gibt es im zweiten Teil dieses Buches.

Andere Pheromone

Wo sie geht und steht hinterlässt jede Katze Spuren von Pheromonen, die von den Schweissdrüsen an den Pfotenballen produziert werden. Man kann immer wieder beobachten, dass der soeben verlassene Sitzplatz oder die Spur einer Katze von einer anderen eingehend beschnuppert und untersucht wird.

Ähnliches gilt für die an Sitzplätzen von den Analbeuteln und Drüsen rund um den After und Schwanzansatz abgegebenen, quasi wie ein Stempelabdruck hinterlassenen Pheromone, die vielfach sogar Flehmen auslösen.

In höchster Angst und Panik entleeren Katzen unwillkürlich das äusserst intensiv riechende Sekret ihrer Analbeutel. Die dabei freigesetzten, von Katzen noch in höchster Verdünnung wahrnehmbaren Geruchsstoffe versetzen alle anderen Katzen ebenfalls in höchste Alarmbereitschaft und bewirken, dass der betreffende, offensichtlich gefährliche Ort gemieden wird.

Diese Alarmpheromone akut entleerter Analbeutel – zum Beispiel, weil eine Katze draussen von einer fremden Katze überfallen wurde – können bei der heimischen Partnerkatze sofortige heftige Aggression auslösen. Für eine Opferkatze können solche Erfahrungen höchst traumatisch sein, weil sie nicht nur draussen überraschend angegriffen wurden, sondern anschliessend auch noch in ihrem vermeintlich sicheren Heim.

Der Katzenalltag – ein 5-D-System

Um Katzen und vor allem ihr Zusammenleben besser zu verstehen oder gar positiv zu beeinflussen, muss man wissen, wie sie ihren Alltag organisieren. Katzen sind ja, was ihre Lebensgestaltung betrifft, immer noch weitgehend sich selbst überlassen und sie können noch oft tun, was sie wollen und wann sie es wollen. Vom Menschen abhängige Fixpunkte sind natürlich Fütterungszeiten, Verlassen und Rückkehr vom Arbeitstag und – falls es Freigang ohne Katzenklappe gibt – das Öffnen der Tür ins Freie. Prinzipiell haben Katzen abwechselnde Aktivitäts- und Ruhephasen über Tag und Nacht verteilt. Unter natürlichen Lebensbedingungen wären diese Phasen vor allem durch die Jagd – und damit durch das tages- und jahreszeitliche Aktivitätsmuster der potenziellen Beutetiere – geprägt. Einer Ruhe- und Schlafphase folgt eine muntere Phase, in der die Katze Körperpflege betreibt, exploriert, jagt, spielt und frisst. Wie ausgeprägt sich dieses Grundmuster zeigt, hängt selbstverständlich von der individuellen Persönlichkeit, dem Alter, den Jahreszeiten und dem Unterhaltungsangebot im Lebensraum der Katze ab.

Neben den Aktivitäten als solche ist es für die Katze auch noch wichtig, *wann* sie etwas tut, *wo* und mit *wem*.

Für eine Katze ist es wichtig, zur *richtigen* Zeit am *richtigen* Ort, das *Richtige* zu tun, alleine oder mit einem Sozialpartner Katze, Hund oder Mensch.

Daraus ergibt sich ein gleichsam fünfdimensionales Raum-Zeit-Sozial-Muster: die drei Dimensionen des Raums kombiniert mit der vierten Dimension der Zeit und einer fünften Dimension der sozialen Beziehung. Kombiniert man diese fünf Dimensionen (5D) noch mit Gewohnheit, entsteht daraus eine ziemlich stabile Alltagsstruktur, die einer Katze Wohlbefinden, Vorhersehbarkeit und damit Sicherheit im Leben gibt.

In einem gemeinsam genutzten Lebensraum ergeben sich demnach für jede Katze bestimmte *slots* – Zeitfenster, in denen sie an bestimmten Orten bestimmte Dinge tut, alleine oder mit anderen, ähnlich wie im Flugverkehr, wo jede Maschine ein bestimmtes zugeteiltes Zeitfenster hat, in dem sie starten oder landen darf. Je mehr Betrieb herrscht, desto genauer müssen die *slots* eingehalten werden, damit es keine Zusammenstösse gibt.

Jeder, der aufmerksam mit seinen Katzen zusammenlebt, weiss, dass seine Katze ziemlich gut vorhersersehbar zu unterschiedlichen Zeiten an unterschiedlichen Plätzen zu finden ist. Es bedeutet aber vor allem, dass es für eine Katze einen wesentlichen Unterschied machen kann, ob sie zum Beispiel eine spezielle Katzentoilette oder einen Schlafplatz am Vormittag oder am Nachmittag benutzt. Für uns Menschen mag es lächerlich klingen, wo es doch genug Ausweichmöglichkeiten gibt, wenn eine Toilettenkiste gerade einmal besetzt ist. Doch für sehr viele Katzen hängt die Lebensqualität an dieser straffen 5-D-Struktur, denn sie gibt ihnen ein gutes Gefühl von Vorhersehbarkeit. Einmal etabliert, soll diese Ordnung vor bösen Überraschungen schützen – oder wenigstens das Gefühl von Kontrolle über das eigene Leben geben.

Neben den sozialen Distanzen und den in einem der kommenden Abschnitte behandelten Ressourcen, ist das Konzept der 5-D-Struktur die dritte wichtige Säule, um einen Mehrkatzen-Haushalt besser zu verstehen und die Beziehungen der Katzen aktiv zu verbessern.

Es gibt verschiedene Zeitfenster (*slots*):
- aktiv
- ruhend
- allein
- gemeinsam
- exklusiv

Jede Katze hat ihr eigenes Muster, von dem sie je nach Saison, Alter und persönlicher Neigung auch einmal abweichen kann oder Variationen wählt. Flexible Katzen finden sich rasch, manchmal sogar begeistert, in einem neuen 4-D- oder 5-D-System zurecht. Sie bringen die Resilienz mit, sich schnell mit wenig vertrauten Elementen wie einer Wohn-Transportbox und vor allem einer guten Beziehung zum Menschen ein neues System von Zeitfenstern aufzubauen. Unsichere, weniger flexible und insbesondere ängstliche Katzen leiden sehr, wenn sich ihre stabilisierende Struktur auch nur geringfügig verändert.

Auf den Neuzugang einer Katze im Mehrkatzen-Haushalt bezogen heisst das jedoch fast immer: **Unordnung im Alltag und ein gestörtes 5-D-System.** Jedes Schliessen einer Tür, verhinderter Zugang zu einem Zimmer oder veränderte Kontaktzeiten zum Menschen, die sich mit einer neuen Katze ergeben, werden zur emotionalen, ja existentiellen Krise.

Als Grundregel gilt also: die bestehende 5-D-Struktur der ansässige(n) Katze(n) so wenig wie möglich zu stören; eine neue Katze muss sich in die jeweiligen freien Zeitfenster einfügen. Oftmals wird es notwendig sein, aktiv neue Zeitfenster zu erschaffen, sei es durch zusätzliche Ressourcen oder vor allem neue Rituale.

Wie die praktische Anwendung und Umsetzung dieses Konzepts aussehen kann, ist im zweiten Teil beschrieben.

Was tun Katzen miteinander?

Eine sehr typische Motivation für die Zweitkatze – und damit den Start in den Mehrkatzen-Haushalt – ist die Vorstellung, die beiden Katzen hätten ab nun Spass beim Spielen und Beisammensein. Diese Grundannahme ist aus rein menschlicher Perspektive zwar prinzipiell verständlich, aber naiv.

Katzen sind zwar sozial, aber dann doch nicht so sozial, dass sie jede einfach so hereingeschneite fremde Katze gleich als Bereicherung ihres bisher so fein strukturierten Alltags empfinden. Auch die sicher in den weitaus meisten dieser Fälle, vorhandene Langeweile ist kein ausreichender Grund, ab sofort eine unterhaltsame Beziehung mit jemandem zu pflegen, der einem ungefragt vor die Nase gesetzt wurde.

Ganz generell kann man sagen: Katzen *tun* nicht viel miteinander, sie *sind* eher miteinander.

Natürlich gibt es auch hier eine grosse Bandbreite von völlig fehlendem Kontakt und Vermeiden bis zur intensiven Freundschaft, bei der es im Alltag sehr viele gemeinsame Aktivitäten gibt. Doch im grossen Durchschnitt der Mehrkatzen-Haushalte gibt es nur das mehr oder weniger harmonische Nebeneinander einer Wohngemeinschaft.

Direkte Interaktionen

Gut zueinander passende Katzenfreunde pflegen tatsächlich gemeinsame Aktivitäten. Dazu gehören alle affiliativen Verhaltensweisen, die auch zu einer intensiveren Bindung beitragen:

- Begrüssen und Kontaktaufnahme
- Miteinander spielen
- Gegenseitige Körperpflege
- Nebeneinander ruhen und schlafen
- Zusammen explorieren
- Gemeinschaftliche Jagdausflüge
- Gemeinsamer Kontakt mit dem Menschen

Je inniger die Katzen befreundet sind, desto mehr machen sie miteinander. Bei Kitten und Jungkatzen ist das noch so gut wie immer der Fall. Vor allem soziales Spiel ist eine der wichtigsten Aktivitäten in dieser Lebensphase. Erwachsene Katzen wechseln dann in ihrem Alltag zwischen Kontakten und Alleinsein. Sehr soziale Katzen suchen ganz aktiv den Kontakt zueinander, fordern zum Spiel oder gemeinschaftlicher Körperpflege auf. Weniger soziale Katzen beschränken die Interaktionen auf gelegentliche kurze Begrüssungen wie einen Nasenkontakt oder Kontaktliegen im sozialen Abstand in ganz speziellen Zeitfenstern.

Indirekte Interaktionen

Für erwachsene Katzen bestehen sehr viele Gemeinsamkeiten nicht mehr so sehr im Miteinander-Tun, sondern eher im Miteinander-Sein. Dazu gehört vor allem

- sich sehen;
- sich aktiv beobachten;
- wissen, wo die andere ist.

Für die weitaus meisten erwachsenen Katzen hat es schon einen gewissen Unterhaltungswert, eine Partnerkatze bei ihrer Aktivität nur zu beobachten. Neben diesem Unterhaltungswert ist das anfangs auch ein guter Weg, sich besser kennenzulernen. Für Katzen, die noch nicht miteinander bekannt sind, ist das gegenseitige Beobachten ein Weg sich besser kennenzulernen. Mit etwas Abstand gibt die indirekte Interaktion – *Ich beobachte dich und ich weiss, du beobachtest mich* – ein Gefühl von Sicherheit und Kontrolle ohne Risiko unerwünschter Kontakte.

Bei einer Katzenzusammenführung ist es daher ausserordentlich wichtig, ganz gezielt Situationen zu schaffen, in denen sich die Katzen auf diesem indirekten Weg kennenlernen können.

Keine Kontakte

Es gibt Mehrkatzen-Haushalte, in denen wenig soziale Katzen praktisch überhaupt keine Kontakte miteinander pflegen. Im besten Fall gibt es keine Aggression, aber auch gar keine freundlichen sozialen Kontakte – man ignoriert sich geflissentlich und das konsequent. Bei ausreichend gut verteilten Ressourcen und Raum kann das tatsächlich eine interessante Form der wohlorganisierten toleranten Koexistenz sein. Entscheidend für diese Art des Zusammenlebens ist eine stabile 5-D-Struktur, um immer zu wissen, wo die sich jeweilige andere Katze aufhält.

Es gibt aber Fälle, wo schon alleine die Tatsache der unbedingten aktiven Kontaktvermeidung ein deutlicher Hinweis ist, dass die Katzen in Wirklichkeit eher angespannt nebeneinander leben. Hätten sie die freie Wahl, würden sie sich vermutlich noch viel weiter aus dem Weg gehen.

Zusammenleben im Alltag

Soziale Strukturen von Katzen sind einigermassen flexibel und damit auch die Regeln, nach denen sie ihren Alltag organisieren. Eine der Schwächen im Zusammenleben ist aber das Fehlen von versierten Regeln, wie in einem Konfliktfall eine Lösung zu finden ist oder eine Wiederversöhnung erreicht werden kann. Obwohl sie grundlegend soziale Tiere sind, fehlt den Katzen dennoch ein ausgereiftes ritualisiertes System der Konfliktbewältigung, Beschwichtigung und Versöhnung. Katzen haben eher eine Tendenz, sich in solch einem Fall aus einer Gruppe zurückzuziehen. Die Stabilität der Beziehungen kann daher schon unter den geringsten Konflikten leiden.

Präsenz

Ein ausgesprochen wichtiger Einflussfaktor auf das Zusammenleben ist die Präsenz im Lebensraum.

Selbstbewusste Katzen, die sich wohlfühlen, nützen ihr 5-D-System mit allen seinen Ressourcen ganz selbstverständlich – sie sind präsent im Raum. Unsichere und ängstliche Katzen verschlechtern ihre Präsenz durch ihre Neigung, sich bei zu viel Nähe, sozialem Druck, Konflikten eher zurückzuziehen. Neben dem psychischen Unwohlsein führen auch körperliche Befindlichkeitsstörungen und Krankheiten zum Rückzug. Egal, welchen Grund eine Katze für den Rückzug hat, das Ergebnis ist in jedem Fall weniger Präsenz im Lebensraum. Genau dieser Rückzug führt jedoch in sehr vielen Fällen dazu, dass der soziale Druck durch Partnerkatze(n) noch weiter steigt und den Rückzug noch intensiviert. Je nach Ursache, sozialer Kompetenz und Bedingungen im Lebensraum verfestigt sich die ungleiche Nutzung von Zeitfenstern. Oder sie endet beim völligen Verlust der Bewegungsfreiheit einer Katze, weil sie die ganze Zeit nur noch auf dem Küchenkasten sitzt.

Als Grundproblem kann man annehmen: Weniger Präsenz führt zu noch weniger Präsenz.

Zur richtigen Zeit am richtigen Ort sein

Zur richtigen Zeit am richtigen Ort das Richtige zu tun gibt einer Katze ein gutes Gefühl von Sicherheit und Kontrolle über ihr Leben. Diese pragmatische Regel ergibt sich aus den diversen Zeitfenstern und der Präsenz: Befindet sich eine Katze ausserhalb ihres normalen Zeitfensters an einem Ort, kann allein diese zeitliche Veränderung zur Verunsicherung führen – eben das Gefühl zur falschen Zeit am falschen Ort oder irgendwie im falschen Film zu sein. Hat sie einen angenehmen Grund für die irreguläre Anwesenheit, wird das subjektive Gefühl besser und die Katze bleibt präsent. Sozialer Druck oder – noch schlimmer – Drohung und Angriff beeinträchtigen das Gefühl dieser Katze. Davonlaufen führt unweigerlich zu Verfolgungsjagden und einer weiteren Verschlechterung der Präsenz an diesem Ort.

Bei einer Zusammenführung oder Therapie von Beziehungsproblemen kommt es sehr darauf an, jeder Katze einen guten Grund, ein gutes Gefühl der Richtigkeit für ihre Anwesenheit an diesem Ort zu geben.

Wer zuerst kommt, ist – manchmal – in der besseren Position

In enger Verbindung zu Präsenz und dem Gefühl der Richtigkeit steht das schon Da-Sein. Wer zuerst an einer Ressource wie Futter, einem warmen Ruheplatz oder in einem engen Durchgang ist, hat im Allgemeinen die bessere Position und den Vorrang. Sozial kompetente und gut sozialisierte Katzen, die gut zusammenpassen, respektieren diesen Vorrang. Dementgegen stehen unterschiedlich ausgeprägte Motivationen für diese Ressource, Selbstbewusstsein und bisherige Erfahrungen in einem ähnlichen Kontext. Sehr verfressene Katzen werden sich am Futterplatz immer einfach vordrängen, insbesondere dann, wenn der Partnerkatze Futter nicht ganz so wichtig ist. Um besonders attraktive Ruheplätze kann es Konflikte geben, auch wenn sie schon besetzt sind. Im offenen Konflikt wird die ruhende Katze mit den Vorderpfoten angesprungen, um sie zu vertreiben. Der subtilere Weg ist das Sitzen direkt an der Grenze der sozialen Distanz oder sogar etwas innerhalb, bis die sozial schwächere Katze den Druck der Nähe nicht mehr aushält und geht.

Wer höher sitzt, ist sicherer

Mit einem nur leicht erhöhten Sitzplatz fühlen sich Katzen besser.

Im 5-D-Lebensraum der Katze ist die Vertikale ein wichtiger Faktor. Die Fluchtwege vieler Katzen führen – wenn es geht – nach oben und in dieser erhöhten Position fühlen sie sich sicher. In Alltagsbegnungen, beim Spiel und vor allem beim Kennenlernen vermittelt ein etwas erhöhter Sitzplatz einen emotionalen Vorteil. Schon mit dem Sprung auf einen Sessel einen halben Meter höher entzieht sich eine Katze einer Konfliktsituation oder einem zu heftigen Spiel.

Keine dieser Spielregeln ist immer, unter allen Umständen und in allen Katzengruppen gültig. Es gibt es Katzengruppen, für die keinerlei Regeln erkennbar sind oder die sich, je nach Situation und Umstand, mit allen diesen Regeln organisieren.

Je mehr soziale Kompetenz die Katzen mitbringen, desto flexibler werden sie ihr Zusammenleben im Alltag gestalten können.

Faktor Mensch

Der Mensch ist ein ganz wesentlicher Faktor für das Scheitern – aber natürlich vor allem das Gelingen – eines Mehrkatzen-Haushalts. In sehr vielen Fällen kann daher über den Menschen die Auswahl und schliesslich die Beziehung der Katzen sehr gut positiv beeinflusst werden. Die Hoffnung *Das regeln die schon alleine* wäre nur in einer offenen Gruppe denkbar, wo sich die Katzen frei entscheiden können, ob sie bleiben, am Rande der Gruppe vegetieren oder sich woanders einen neuen Lebensraum suchen können. Für alle anderen Fälle begrenzter Lebensräume ist die menschliche Unterstützung für harmonische Beziehungen sehr oft entscheidend.

Der erste menschliche Einfluss ist schon die Vorbeuge durch kluge Entscheidungen und Auswahl der Katzen – also noch bevor es ein Mehrkatzen-Haushalt ist oder ein solcher vergrössert wird.

Einige menschliche Elemente sind hierbei gut beeinflussbar, andere etwas weniger oder gar nicht mehr:

• Wissen über Katzen
• verfügbare Zeit
• Wahrnehmung und Beobachtungsgabe
• Wille und Toleranz
• Motivation
• Geduld, Ausdauer und innere Ruhe

Wissen über Katzen

Das vielfach immer noch magere Wissen über Katzen, ihre Bedürfnisse, ihr Ausdrucksverhalten und Interaktionen ist einer der wichtigsten Gründe für unharmonische Beziehungen. Zahlreiche Probleme wären mit mehr Wissen vermeidbar gewesen. Manche Vorurteile und Glaubenssätze rund um die Katze verschwinden nur langsam und damit gibt es auch die eher ungünstigen Motivationen für die Anschaffung einer Zweitkatze oder die Entscheidung für einen Mehrkatzen-Haushalt.

Die gute Nachricht ist jedoch, dass man nie auslernt und immer noch etwas Neues über seine Katzen dazulernen kann!

Verfügbare Zeit

Einer der häufigsten Irrtümer ist die Hoffnung, dass eine neue Katze den Zeitbedarf für die Katzen generell reduziert, frei nach dem Motto: *Dann ist es nicht mehr so langweilig, weil sie zusammen spielen, sich miteinander beschäftigen können und nicht mehr allein sind.*

Während diese Idee auf den ersten Blick logisch und ziemlich gut klingt, ist sie meistens nicht ganz zu Ende gedacht. Wie bereits erwähnt, *tun* die meisten Katzen nicht so viel miteinander wie sie miteinander *sind*. Und die Katzen werden so gut wie nie befragt, ob sie tatsächlich das Unterhaltungsprogramm füreinander sein wollen – und können.

Vielmehr läuft die Überlegung für eine zweite Katze nur allzu oft auf die Beseitigung des eigenen schlechten Gewissens hinaus. Und der allem zugrunde liegende Irrtum ist immer noch:

*Ich habe keine Zeit für **eine** Katze, deshalb nehme ich mir **zwei** Katzen.*

Katzen sind nicht so unabhängig von uns Menschen, wie es gerne behauptet – oder vielleicht gewünscht – wird. Diese nicht nur körperliche, sondern vor allem auch emotionale Abhängigkeit intensiviert sich noch einmal, wenn eine Katze ausschliesslich in der Wohnung lebt.

Bedürfnisse und Zeitanspruch, die eine Katze an den Menschen hat, lassen sich nicht – oder nur in sehr minimalem Umfang – an eine andere Katze delegieren. Katzen machen mit Partnerkatzen, was für Katzen wichtig ist und mit Menschen ganz andere Dinge, zu denen eine andere Katze nicht fähig und für die sie vor allem nicht zuständig ist.

Man kann sich als Mensch nicht durch eine andere Katze wegrationalisieren!

Im gut funktionierenden Mehrkatzen-Haushalt bekommen die Katzen das Beste aus beiden Freundschaften – der mit dem Menschen und der mit einer anderen Katze. Und im nicht ganz so optimal passenden oder sogar angespannten Mehrkatzen-Haushalt wird der Zeitaufwand für Beobachtung, Beschäftigung, Training und exklusive Zeitfenster für jede Katze sogar noch viel grösser, denn es müssen nunmehr statt einer zwei oder noch mehr Katzen in allen ihren Bedürfnissen zufriedengestellt werden, damit es überhaupt einigermassen konfliktfrei läuft.

Das Resultat ist also das genaue Gegenteil vom Erhofften – *für zwei Katzen braucht es nun beinahe doppelt so viel Zeit wie für eine, die sich alleine langweilt.*

Wahrnehmung und Beobachtungsgabe

Eine Aufgabe, die sowohl in der Vorbereitung als auch im Alltag Zeit erfordert, ist die bewusste Beobachtung. Katzen leben oft so unauffällig neben uns her, dass viele ihrer leisen und subtilen Äusserungen nicht weiter auffallen. Sie werden nur gesehen, aber nicht wirklich oberhalb der Bewusstseinsschwelle wahrgenommen. Es liegt in der Natur der Katze, die tatsächlich perfekt darin ist, sich unauffällig zu machen. Erst wenn sie sich so unauffällig verhält, dass es schon auffällt, wird sie bewusst wahrgenommen. Es gilt also die eigene Wahrnehmung zu schulen und die Katzen manchmal einfach nur zu beobachten – was sie wann wo und mit wem tun, ihre Gewohnheiten, Vorlieben und Abneigungen. Je besser man die jeweiligen Katzen kennt und weiss, was sie mögen und was nicht, desto leichter kann man sie zufriedener machen. Diese Herausforderung ist gross und kann sich durch ein ganzes Katzenleben hinziehen, weil sich die Bedürfnisse mit dem Alter natürlich ändern können. Das Fehlen offener Aggression und Konflikte bedeutet ja nicht, dass eine Katzenbeziehung perfekt ist. Aktive Beobachtung ohne vorschnelle Interpretation ist oft schon Teil einer Therapie – es geht darum, die Katzen bewusst und analytisch zu betrachten. Das kann zugegebenermassen langweilig sein, weil sich scheinbar auf den ersten Blick nicht so viel tut. Wenn man aber das grosse Ganze der 5-D-Zeitfenster – wer sich wann wo im Lebensraum aufhält und was tut – beobachtet und dann in die Details der Körpersprache hineinzoomt, dann werden die Teile des unterirdischen Eisbergs klarer sichtbar .

In der therapeutischen Intervention hilft den Katzen auch das frühzeitige Wahrnehmen und gezielte positive Bestätigen von freundlichem – oder zumindest nicht aggressivem – Ausdrucksverhalten. Durch diese Gabe wird der Mensch zum Regisseur im Zusammenleben und greift dort helfend ein, wo die Katzen ihre Konfikte – noch – nicht alleine lösen können.

Auch der Wille, den eigenen Lebensraum mit den Katzen *wirklich zu teilen* und den Katzen mit einem echten Überfluss an Ressourcen und Raum das Zusammenleben zu erleichtern, kann über die Harmonie im Mehrkatzen-Haushalt entscheiden.

Wille und Toleranz

Mehr Katzen brauchen mehr Platz und vor allem mehr Ressourcen. Der Wille, den eigenen Wohnraum so zu teilen oder katzengerecht zu erweitern, dass die Katzen ihn auch vollständig nutzen können, trägt massgeblich zur Lebensqualität der Katzen bei. Nun ist es natürlich eine Frage der Toleranz, des individuellen Wohnstils, ob und wie weit man bereit ist, eine Wohnung zum Katzenlebensraum zu gestalten. Das Vorurteil, die Katze wäre *quadratisch, praktisch, klein* und von daher ein einfaches unkompliziertes Haustier, gilt eben nicht uneingeschränkt. Für den Mehrkatzen-Haushalt und besonders anspruchsvolle, schlecht sozialisierte oder sehr aktive und reaktive Katzen gilt das umso mehr. Somit ist die Frage der Toleranz für manche Unannehmlichkeiten im Zusammenleben mit Katzen ein Teil der Verantwortung und persönlichen Lebensentscheidung: *Entweder-oder.*

Motivation

Gründe für mehr als eine Katze gibt es vermutlich so viele wie es Menschen gibt. Während es nicht grundsätzlich schlechte Motivationen für mehr als eine Katze gibt, so sind doch manche Wünsche naiv und viel zu weit weg von der Realität, um zu gelingen.

Zunächst ist es sehr sinnvoll, zwischen zwei grundlegenden Motivationen zu unterscheiden:

• Der ansässigen Katze wird der Wunsch nach einer Partnerkatze mehr oder weniger *unterstellt.* Eine weitere Katze soll ein bestehendes Problem lösen – egal, ob das auch wirklich auf diese Art möglich ist. Das Risiko dieser Motivation ist, dass die neue Katze vor allem *wegen* der ansässigen angeschafft wird. Die Enttäuschung ist gross, wenn die beiden sich nicht so mögen wie erhofft. Und sogar noch schlimmer – die bisherigen Probleme intensivieren sich noch oder neue kommen hinzu.

• Es ist vorrangig ein menschliches Bedürfnis, mehr als eine oder noch eine weitere Katze zu haben, weil es Platz, Zeit, Energie und Geld dafür gibt. Das ist nun auch keine Garantie für das Gelingen der Beziehung und kann die ansässige(n) Katze(n) überfordern. Aber ähnlich wie in einer Familie noch Geschwister hinzukommen, weil die Eltern das wollen, kann auch ein Mehrkatzen-Haushalt sich entwickeln, weil Katzeneltern noch einmal *Nachwuchs* haben wollen. Der Vorteil dieser Motivation ist jedenfalls, dass die eigene Verantwortung bewusst(er) ist und wenigstens einer mit grosser Freude in die Beziehung geht, wennschon die

Partnerkatze(n) im Haushalt nicht gleich in haltlose Begeisterung ausbrechen ...

Daneben gibt es natürlich zahllose Situationen, wo man zur weiteren Katze eher wie die Jungfrau zum Kind kommt. Patchworkfamilien, Erbschaften, zugelaufen oder *Musste unbedingt gerettet* werden sind alltäglich und das Leben ist tatsächlich nicht immer planbar. Dennoch ist auch hier die Motivation zu überlegen und welchen Preis alle Beteiligten dafür werden zahlen müssen.

Letztendlich läuft es immer auf einen *Trade off* hinaus: Welche Vorteile und welche Nachteile hat ein jeder aufgrund einer Entscheidung zu tragen? Und manchmal kann es nach dieser Abwägung doch sinnvoller sein, diese Katzen zu trennen und sie nicht zum Zusammenleben zu zwingen.

Von Tierschutzseite gibt es mancherorts die Vorgabe, dass Katzen grundsätzlich nicht alleine gehalten werden dürfen. Obwohl die Idee bestimmt gut gemeint ist, wird aus dieser pauschalen Verpflichtung deshalb noch keine gute Motivation. Innerhalb der Art Katze gibt es domestikationsbedingt eine sehr grosse Bandbreite von sozialen Bedürfnissen und Fähigkeiten. Für ein zufriedenes Katzenleben braucht es mehr als nur die Vorschrift *Auf jeden Fall mit Partnerkatze zusammen zu halten.*

Katzen werden nicht krank, weil sie alleine leben, aber dass sie durch chronischen sozialen Stress krank werden, ist erwiesen.

Alternativ gibt es die flexible Vorgabe, dass Katzen *entweder* mit Partnerkatzen leben sollen *oder* zumindest Sichtkontakt zu anderen Katzen haben sollen *und* auf jeden Fall täglichen Umgang mit Menschen haben müssen. Für manche Katzen könnte allerdings schon der Sichtkontakt zu viel Stress sein und zu Harnmarkieren führen ...

Zur Motivation gehört in einem gewissen Sinne auch die Erwartung an den neuen Mehrkatzen-Haushalt und wie er sich entwickeln wird. Es macht doch einen Unterschied, ob man davon ausgeht, dass sich die neue Katze nach einigen Tagen geschmeidig in den

Katzen- und Familienalltag einlebt oder das Zusammengewöhnen eine mehrjährige Anstrengung sein wird.

Zum menschlichen Einflussfaktor gehört daher auch, sich die eigene Vorstellung und Erwartung klarzumachen:

- Soll – oder muss – aus den verschiedensten Gründen wie Zeit- und Platzmangel eine Zusammenführung innerhalb von Tagen abgeschlossen sein?
- Darf eine Zusammenführung auch über Monate oder Jahre zusätzlichen Zeit- und logistischen Aufwand wie (zeitweilige) Trennung erfordern?

Kurz zusammengefasst soll es ein einfach sein oder darf ein Projekt daraus werden: *Is it a pet or a project?*

Geduld, Ausdauer und innere Ruhe

Einfach nur geduldig abwarten reicht bei vielen Zusammenführungen und Mehrkatzen-Haushalten nicht aus. Dennoch sind Geduld und Ausdauer extrem wichtig, denn ohne diese Eigenschaften funktioniert bei der Katze gar nichts. Im Umgang mit Katzen zahlt es sich aus, *alle Zeit der Welt zu haben – oder zumindest so zu tun, als ob man sie hätte,* und zwar überzeugend.

Eine komplexe Zusammenführung oder Wieder-Zusammenführung von nicht gut passenden Katzen kann Wochen, Monate, Jahre – oder ein ganzes Katzenleben dauern. Die Erwartung, dass die Katzen schon innerhalb von ein paar Tagen oder Wochen unkompliziert und harmonisch zusammenleben werden und alles wieder so ist wie zuvor, aber jetzt eben mit zwei Katzen, ist oft unrealistisch.

Besser ist es davon auszugehen, dass diverse Maßnahmen wie Überfluss an Ressourcen, zeitweiliges Trennen und intensive Beschäftigung mit den Katzen für immer so bleiben werden. Mit dieser inneren Haltung entwickelt sich eine Beziehung unter Umständen besser. Hoher Erwartungsdruck und Ungeduld verführen zu leichtsinnigem Verhalten, das einer aufkeimenden Katzenbeziehung schadet. Herbe Rückschläge sind dann unvermeidlich. Verbesserungen sind im Allgemeinen sprunghaft. Das heisst, es verändert sich scheinbar über lange Wochen und Monate nichts, aber dann plötzlich ist der nächste Level erreicht, nur um hier wieder für lange Zeit ohne sichtbare Verbesserung zu bleiben.

Faktor Kontext und Umstände

Diese Faktoren sind verglichen mit den anderen eher wenig bis gar nicht (mehr) veränderlich. Nichtsdestotrotz hilft das Wissen um diese wenig beeinflussbaren Faktoren beim Verstehen und wenn es auch nur im Nachhinein ist. Verständnis – das analytische Betrachten der Beziehungslage – erleichtert und entspannt spätestens dann, wenn die Lage *so wie sie nun einmal ist* akzeptiert werden kann. Zu Kontext und Umständen zählt im Grossen und Ganzen wie es überhaupt zum Mehrkatzen-Haushalt kommt und wie sich die Zusammenführung konkret gestaltet (hat).

Unveränderbar sind diese Faktoren vor allem deshalb, weil es darum geht, ob ein Mehrkatzen-Haushalt wohl überlegt oder unüberlegt, geplant oder sehr plötzlich entsteht.

Unterm Strich kommt es hinaus auf
- fehlende Vorbereitung
- gute Vorbereitung

Ein katastrophaler Zusammenstoss mit Jaulen, Singen und Attacke bei der ersten Begegnung lässt sich nur mit viel Glück und noch viel mehr vertrauensbildender Beziehungsarbeit wieder ausbügeln. Aber – der erste Eindruck zählt auch bei Katzen und ein solcher Beziehungsstart steht unter ganz schlechten Vorzeichen. Wenn der Kampf einmal passiert ist, lässt er sich nicht mehr ungeschehen machen und daher ist dieser Faktor unveränderlich. Es bleiben immer Spuren zurück.

Mit einer besseren Planung und Vorbereitung hätte es hingegen eine gute Katzenbeziehung werden können ...

Neben der Vorbereitung sind die drei grossen Kontextfaktoren:

- Eine Katze kommt in einen bestehenden Haushalt dazu.
- Die Katzen-Patchworkfamilie
- Katzen nach einer Trennung wieder zusammenführen

Eine Katze kommt in einen Haushalt dazu

Wie schon bei den Motivationen erwähnt, gibt es viele Wege zu einem Katzenzuwachs zu kommen. Problematisch sind hier vor allem die Umstände, die zum plötzlichen, ungeplanten oder unplanbaren Zuzug einer Katze führen:

- Zugelaufen: Eine Katze sitzt plötzlich vor der Tür, wurde gefunden oder gerettet und soll nun einziehen.
- Jahreszeitlich bedingt: Über den Sommer im Garten gefütterte, herrenlose Katzen sollen nun, weil es kalt wird, auch nach drinnen dürfen.
- Krankheitsbedingt oder Erbschaft: Wenn eine Katze umstandshalber ihren Platz verliert, muss sie fast immer schnell umplatziert werden.

Auch in den meisten dieser Situationen ist ein Mindestmass an Vorbereitung möglich und es besteht keine Notwendigkeit, die Katzen ohne jegliche Planung miteinander zu konfrontieren.

In den weitaus meisten Fällen ist – oder vielmehr wäre – ausreichend Zeit für einen soliden Partnercheck, Ressourcenüberfluss, 5-D-Struktur und Beobachtung des bestehenden Katzenhaushalts vorhanden. Menschliche Faktoren wie Ungeduld, schlechtes Gewissen oder emotionales Bedürfnis sind zwar vollkommen verständlich, aber unüberlegte Aktionen sind trotzdem kein guter Start in einen harmonischen Mehrkatzen-Haushalt.

- Ersetzen einer verstorbenen Partnerkatze

Diese Situation muss besonders gut überlegt sein! Übereilte Entscheidungen, um die eigene Trauer und die der verbliebenen Katze mit einer neuen Partnerkatze zu mildern, führen in aller Regel zu noch viel mehr Leid.

Katzen-Patchworkfamilie

Eine typische Konstellation für das Entstehen einer Katzen-Patchworkfamilie ist: Single mit Katze(n) trifft Single mit Katze(n). Früher oder später besteht der Wunsch einen gemeinsamen Haushalt zu begründen und während sich die Menschen weitgehend einig und mit sich selbst beschäftigt sind, haben die Katzen meist keine grosse Wahl. Für die Planung von Bedeutung und auch eher wenig beeinflussbar ist, wo der gemeinsame Haushalt begründet wird:

- In einem völlig neuen Haushalt: Für die Menschen und *alle Katzen* gibt es einen neuen Lebensraum, in dem sich jede Katze eine neue 5-D-Struktur aufbauen muss. Die Planbarkeit ist gut, weil von Anfang an passende 5-D-Fenster vorbereitet werden können.

- In einem der bestehenden Haushalte: Je nach Lage kann es die kleinere, billigere Wohnung sein oder die grössere mit mehr Platz. Ähnlich wie beim Zuwachs einer Katze kommen eine oder sogar mehrere Katzen in einen Haushalt dazu. Die ansässige(n) Katze(n) verlieren ihre 5-D-Struktur, meistens auch einiges an Zeit und Aufmerksamkeit ihres Menschen. Nicht selten führen die unbedachten und unerwarteten Konflikte zwischen den Katzen dann zu menschlichen Beziehungsproblemen. Geradezu katastrophal sind die Auswirkungen für die Katzen, wenn menschliche Faktoren wie Toleranz, Erziehungsstil und Wissen über die Katzen sehr weit auseinanderliegen. Schnell gibt es dann Katzen, die an allem *schuld* sind oder zwischenartliche Eifersucht auslösen.

Entscheidend für das Gelingen einer Katzen-Patchworkfamilie ist eine gute Planung und vor allem die Einsicht, wie dramatisch sich eine solche Lebensveränderung für die Katzen anfühlt.

Katzen nach einer Trennung
wieder zusammenführen

Bei besonders dramatischen Beziehungskrisen ist das Trennen der Katzen die vorrangigste Maßnahme. Irgendwann sollen diese Katzen aber wieder zusammenleben – zumindest ist das der Plan A.

Im Gegensatz zu einer neuen Katze, die ins Haus kommt, spielt bei einer Wiederzusammenführung die Vorgeschichte der Katzen eine zusätzliche Rolle. Die Fronten sind verhärtet – denn sonst hätten sie ja nicht getrennt werden müssen – und schon die kleinsten Verdachtsmomente triggern einen neuen Konflikt. Die Wiederzusammenführung spielt sich also nicht vor neutralem, sondern vor emotional schwer belastetem Hintergrund ab. Damit gehört diese Situation mit zum Anspruchsvollsten, was man in einem Mehrkatzen-Haushalt erleben kann.

Prinzipiell bleibt das praktische Vorgehen zwar gleich wie in allen anderen Fällen. Aber zum einen kann sich der zeitliche Plan über Monate, Jahre, wenn nicht lebenslänglich hinziehen und zum anderen ist für solche Fälle Hilfe durch erfahrene Spezialisten von aussen unabdingbar. Die Dynamik eines konfliktbeladenen Mehrkatzen-Haushalts ist nicht unbeeinflusst vom Menschen. Missverständnisse, die zum Entstehen des Streits beigetragen oder ihn unterhalten haben, können nur von jemandem ausserhalb dieses familiären Systems erkannt werden.

Faktor Infrastruktur

Auch der Faktor Infrastruktur – also alles, was sich aus der Wohnsituation ergibt und damit zusammenhängt – ist weitgehend unveränderlich. Ohne Übersiedlung kann nicht mehr Wohnfläche geschaffen werden – oder vielleicht doch?

Wohnfläche

Eine der häufigsten Fragen im Zusammenhang mit dem Mehrkatzen-Haushalt ist, wie viele Katzen pro einer bestimmten Wohnfläche gehalten werden können. Ganz besonders für Nutztiere, aber auch für institutionell gehaltene Tiere wie im Labor gibt es gesetzliche Vorschriften, wie viel Platz ein Tier bekommt. Wohlgemerkt sind das immer absolute Mindestmaße und damit in keiner Weise ein Maß für eine perfekte Haltung in Wohlbefinden. Für die Katze gibt es eine Studie, wonach in einer Gruppenhaltung mehr Aktivität und solitäres Spiel zu beobachten ist, wenn **pro Katze 4 m²** statt nur 1 m² oder 2 m² zur Verfügung stehen. Im Grunde nicht wirklich erstaunlich und eher unter *Wer hätte das gedacht?* einzuordnen, aber nunmehr auch solide bewiesen. Spiel gibt es nur in einer Stimmung von Sorglosigkeit, denn ohne dieses grundlegende Wohlsein fehlt auch die Leichtigkeit, um nicht zu sagen Heiterkeit, die es braucht. Wenn man unbedingt eine Zahl braucht, kann in diesem Sinne wohl die Fläche von **4 m²** pro Katze als erwiesener, wirklich **minimaler Platzbedarf** für Wohlbefinden betrachtet werden.

Nun ist die Lage für die Katze ein klein wenig komplexer, denn es zählt nicht nur die reine Grundfläche eines Lebensraums. Für ein Tier, das sehr stark den vertikalen Aspekt zu einem 3-D-Lebensraum vernetzt, gibt es noch weitere Kriterien.

Raumstruktur

Die Anzahl von Räumen oder Bereichen, die eine Wohnung strukturieren, sind mindestens genauso wichtig wie das reine Flächenmaß. So kann eine kleine, wohlstrukturierte Wohnung mehr Lebensraum für die Katzen bieten als eine doppelt so grosse Wohnfläche ohne jegliche Struktur. In manchen Haushalten stünden zwar prinzipiell mehr Zimmer zur Verfügung, die Katze(n) dürfen aber trotzdem manche Räume wie Schlafzimmer, Wohnzimmer oder Küche gar nicht oder nur gemeinsam mit Menschen benützen. Für einen Mehrkatzen-Haushalt kann die Lage dann unter Umständen prekär werden.

In ihrem 5-D-Alltag bewegen sich Katzen für verschiedene Aktivitäten in und zwischen unterschiedlichen Zonen. Diese Wege müssen nicht weit sein, aber es sind Wege, um zwischen den Zeitfenstern hin- und herzuwechseln.

Mehr Räume oder sogar Etagen, die durch Türen auch abgegrenzt werden können, machen eine Zusammenführung einfacher als ein modernes Haus, in dem es vor allem offene Wohnräume, aber kaum Türen gibt. Dadurch werden vor allem die Art und Weise, wie eine neue Katzenbeziehung aufgebaut werden kann, entscheidend beeinflusst.

In einem Haus oder Wohnung, wo einer neuen Katze ein eigenes Zimmer zum langsamen Eingewöhnen zur Verfügung steht, wird eine Zusammenführung zwangsläufig anders ablaufen als in der zwar ausreichend grossen, aber türlosen Einzimmerwohnung.

Von der vorhandenen Infrastruktur wird auch abhängen, ob nicht nur eine vorübergehende Trennung der Katzen über einige Wochen oder Monate möglich und erwünscht ist oder ob – im Fall des Falles – diese Trennung auch langfristig bestehen bleiben kann.

In aller Regel ist das Ziel einer Zusammenführung ja, dass die Katzen sich den Wohnraum teilen und gemeinsam nützen. Exklusive Zimmer für einzelne Katzen, die schlecht in eine Gruppe passen, sind ein gewisser Luxus, der nicht in jedem Heim zur Verfügung steht. Problematisch wird es weiterhin, wenn aus einem bislang exklusiven Katzenzimmer ein Kinderzimmer werden soll und innerhalb eines Mehrkatzen-Haushalts die 5-D-Struktur zerstört wird. Das wäre gleichsam wie eine neue Zusammenführung einer bestehenden Gruppe durch veränderte Raumaufteilung.

Entscheidende Fragen zur Raumstruktur sind:
- Kann ein katzengerechter Raum tatsächlich abgetrennt werden?
- Ist diese Trennung nur vorübergehend und muss danach aufgehoben werden?
- Kann diese Trennung auch langfristig erhalten bleiben, wenn es sein muss?

Als Faustregel kann gelten:

Es soll so viele Räume oder Raumbereiche geben, wie es Katzen in einem Haushalt gibt.

Das wird nicht in allen Wohnungen genau so möglich sein, aber es schärft das Bewusstsein für katzenwichtige Strukturen. Je besser sich die Katzen verstehen, desto eher werden sie in der Lage sein, mit weniger Räumen auszukommen.

Neben den tatsächlich vorhandenen Räumen werden aber die **Engstellen**, die sich in Durchgängen wie Türen, Vorraum, Küche und Stiegenhaus ergeben, viel zu oft unterschätzt. Selbst in grosszügigen Wohnungen gibt es vor allem an den Zugängen zu Ressourcen wie Katzenklo, Futter, Schlafplatz oder Katzenklappe Punkte, an denen der Weg strategisch günstig blockiert werden kann. Es hilft daher in konfliktreichen Mehrkatzen-Haushalten nichts, wenn zwar viel Wohnraum aufgeteilt auf mehrere Zimmer und Etagen zur Verfügung steht, die an einem Punkt konzentrierten Katzenressourcen jedoch nur über diese Engstelle erreicht werden können.

3-D-Strukturen

Die dreidimensionale Raumstruktur verfügbar zu machen ist der elegante Weg, einen Lebensraum für die Katzen zu vergrössern. Alles, was den Zugang nach oben ermöglicht, verbessert die Infrastruktur für die Katzen:

- Kletterbaum
- Klettersäule
- Regale
- Hängematte
- Tisch
- Sessel
- Laufstege
- Sitzbretter

Mit einer vernetzten Struktur können sich Katzen auch in kleinen Wohnungen aus dem Weg gehen.

Ganz entscheidend ist im Mehrkatzen-Haushalt dabei, diese einzelnen 3-D-Strukturen mit **Wegen** zu verbinden und dabei jegliche

Sackgassen zu vermeiden. Mit einem einzelnen Kratzbaum – und sei er noch so gross – steht der Weg nach oben zwar offen, aber sobald eine Katze von diesem sicheren Rückzugsplatz weg möchte, sitzt sie in der Falle, wenn es nur einen Abstieg gibt.

Sitzbretter, Cat's Trapez und einfache Kratzsäulen sind platzsparende Elemente einer 3-D-Struktur.

Ein wirklicher 3-D-Lebensraum entsteht also erst, wenn diese Elemente und Möbel so miteinander vernetzt werden, dass sie alternative Wege oder sogar ein ganzes Netz von Wegen bilden.

Der einzelne **Kratzbaum** ist zwar schon ein schönes Strukturelement für die Katzen, aber zum wertvollen Lebensraum wird er erst, wenn der Raum – vergleichbar mit dem eines Eichhörnchens – vom Kratzbaum aus durchquert werden könnte, ohne den Boden zu berühren. Dafür können alle körperlichen Fähigkeiten von Katzen wie Gehen, Laufen, Klettern und Springen kombiniert werden.

Die dritte Dimension eröffnet sich nicht nur mit einem Kratzbaum, für den in kleinen Wohnungen oft nicht genug Platz zur Verfügung steht. Für Katzen spielt es gar keine Rolle, ob sie einen Platz im Bücherregal, einen Schreibtisch oder einen Hocker im Vorraum mitbenützen oder ein spezielles Katzenmöbel zur Verfügung haben.

Sitzt eine Katze in einer **Höhle**, reduziert sich ihre soziale Distanz auf die Begrenzungen dieser Höhle. Dieses Phänomen kann benützt werden, um mit Regalen, Raumteilern oder ähnlichen Möbeln so etwas wie einen *Cat Organizer* einzurichten. Auch Katzen, die ansonsten den Kontakt vermeiden, können wenige Zentimeter nebeneinander liegen, wenn nur eine Zwischenwand oder ein Vorhang sie trennt. Der Sichtschutz und das sichere Gefühl, in einer gut zu verteidigenden Höhle zu sein, erschafft neuen virtuellen Abstand zwischen den Katzen, der in der Realität so nicht existiert.

Schon der einfache Sitzschutz durch eine Decke ermöglicht ausreichend trennenden Abstand zwischen den Katzen, weil eine unsichtbar wird.

Freilaufmöglichkeit

Ein weiterer Teil der Infrastruktur ist die Möglichkeit zum Freigang nach draussen. Im Grund ist schon jeder Zugang ins Freie, egal ob am Fensterbalkon, Terrasse oder Garten eine sinnliche Bereicherung für Katzen. Beim tatsächlichen Freigang ist zu unterscheiden:

- **Zeitlich und räumlich unbegrenzt:** Das bedeutet, die Katzen können in der Regel über eine Katzenklappe kommen und gehen, wann und wohin sie wollen.
- **Zeitlich unbegrenzt und räumlich begrenzt:** Die Katzen können über eine Katzenklappe jederzeit nach draussen, haben aber nur einen katzensicher begrenzten Auslauf zur Verfügung.
- **Zeitlich begrenzt und räumlich unbegrenzt:** Die Katzen dürfen nur zu bestimmten Zeiten hinaus – entweder über eine chip-kontrollierte Katzenklappe oder menschlichen Türöffner – und gehen, wohin sie wollen.
- **Zeitlich und räumlich begrenzt:** Die Katzen dürfen nur zeitlich begrenzt in einen katzensicheren Garten.
- **Zeitlich und räumlich begrenzt:** Ausflüge und Spaziergänge finden mit Brustgeschirr und Leine statt oder ganz frei in sicherer Umgebung.

Der Auslauf nach draussen erweitert die Möglichkeiten einer Katze, sich selbst an ihrem Leben etwas zu verbessern. Das beginnt bei der freien Wahl eines Ausscheidungsorts über jagdliche Aktivität zur Unterhaltung und endet beim Umzug in einen anderen Haushalt.

Neu hinzukommende Katzen sollten sich für drei bis sechs Wochen in ihrem neuen Heim etablieren, bevor sie hinaus dürfen. Für Jungkatzen ist der unkontrollierte Freigang erst nach der Pubertät und Kastration zu empfehlen.

Ansässige Katzen, die mit einer neuen Katze konfrontiert werden, versuchen sehr oft jeglichen Kontakt zu vermeiden. Nach einer ersten Begegnung leben sie überwiegend draussen und kommen nur zum Fressen heim, um dann fluchtartig das Haus wieder zu verlassen.

Unbegrenzter Auslauf birgt also das Risiko, dass sich die Katzen von Anfang an vermeiden und im schlimmsten Fall eine der Katzen (meistens die ansässige) auszieht. Emotional stark an ihre Menschen gebundene Katzen befinden sich in einem emotionalen Konflikt, weil sie den Kontakt zum Menschen nur um den Preis unerwünschter Begegnungen mit der anderen Katze haben können. Unbegrenzter Freilauf kann also die Zusammenführung von Katzen erheblich behindern, wenn nicht sogar unmöglich machen. Für eine geplante Zusammenführung ist zu klären, ob der ansässigen Katze für die Zeit der Eingewöhnung der Freigang gestrichen werden kann. Allerdings muss dabei bedacht werden, dass deren 5-D-Struktur massiv gestört wird und die Lebensqualität leidet. Die Entscheidung, ob und wie intensiv die ansässige Katze gehindert wird, sich dem Kontakt mit der neuen Katze zu entziehen, ist ausgesprochen schwierig.

Für Katzen, die Freilauf gewohnt sind, kann die Beschränkung von Freilauf frustrierend sein und Stress verursachen. Der Katzennatur folgend, kann diese Frustration auf Partnerkatzen umgerichtet werden und zu Unfrieden in einer Gruppe führen.

Auch wenn bei Wind, Regen und Schnee der Freilauf theoretisch immer noch möglich ist, wollen nicht alle Katzen bei Schlechtwetter ins Freie. Gerade am Ende des Winters, bevor die Temperaturen wieder angenehm werden, gibt es in Mehrkatzen-Haushalten Krisenstimmung und Lagerkoller. Sobald die Katzen ihren Lebensraum draußen wieder nützen und in der Sonne sein können, lösen sich die Konflikte auf.

Nicht immer löst der Freilauf die Probleme im Mehrkatzen-Haushalt. Manchmal passiert das genaue Gegenteil und die Streitereien beginnen überhaupt erst, weil fremde Katzen – in persönlicher Begegnung, Sichtkontakt oder indirekt über Gerüche – den Stress erhöhen. In einigen Fällen ist die Anwesenheit fremder Katzen Auslöser für Harnmarkieren. In anderen Fällen triggert die erhöhte Anspannung Aggression zwischen bislang gut befreundeten Katzen.

Grundsätzlich gilt jedoch für die meisten Katzen, dass mit irgendeiner Art von Freigang das Zusammenleben leichter wird, weil alle zufriedener sind und mehr Kontrolle über ihren Alltag haben.

Ausflüge mit Brustgeschirr und Leine, gemeinsam mit dem Familienhund oder – in sicherer Umgebung und bei guter Erziehung – auch in völliger Freiheit, sind ein schöner Weg zumindest zeitweilig die grosse freie Natur und Katzenabenteuer zu erleben. Nach einem Outdoor-Abenteuer sind die Katzen zufrieden, geradezu glücklich und schlafen entspannt nach dem interessanten Input.

Erlebnisspaziergänge sind somit eine interessante Option, die Infrastruktur auch für Wohnungskatzen zu erweitern und Katzen zufriedener zu machen.

Gemeinsame Ausflüge wirken verbindend und sind eine anregende Beschäftigung für aktive Katzen.

Faktor Ressourcen

Der Faktor Ressourcen ist nun der am einfachsten und schnellsten beeinflussbare im Mehrkatzen-Haushalt. Für das unmittelbare Wohlbefinden der Katzen ist ständiger freier Zugang zu allen lebenswichtigen Ressourcen von grösster Bedeutung. Der erste und wichtigste Schritt in **jedem Mehrkatzen-Haushalt**, egal ob bei Konflikten im bestehenden, in Hinblick auf den geplanten Neuzugang oder die Gründung einer Patchworkfamilie, ist immer das Optimieren von Ressourcen. Zufriedene Katzen, die alles haben, was und wann sie es brauchen, haben nur wenig bis keine Gründe miteinander zu streiten. Probleme im Mehrkatzen-Haushalt lassen sich mit einem **Überfluss an attraktiven Ressourcen** zu einem guten Teil vermeiden.

Als Grundregel gilt hier die „Reise nach Jerusalem" mit umgekehrten Vorzeichen: *Nicht einen Sessel weniger, sondern immer* **mindestens eine Ressource mehr als Katzen** *zur Verfügung stellen.* Neben der Quantität ist natürlich auch die jeweilige Qualität einer Ressource wichtig. Zusätzlich verhindert eine grosszüge Verteilung der Ressourcen über den Lebensraum Zugangsblockaden durch andere Katzen.

Die grossen Vier sind:
- Futter
- Wasser
- Katzenklo
- Versteck und Rückzug

Futter

Obwohl die gesamte Futtermenge im Prinzip ausreichen könnte, entsteht gerade rund um die Fütterung ein riesiges Spannungsfeld im Mehrkatzen-Haushalt. Hunger ist einer der wichtigsten Auslöser für Frustration, Unzufriedenheit und Reizbarkeit bis hin zur offenen Aggression. Deshalb ist eine **katzengerechte Fütterungsstrategie**, die alle Katzen zufrieden und satt macht, von allergrösster Bedeutung – und dabei oft vergleichsweise einfach. Besondere Herausforderungen ergeben sich durch unterschiedlichen Appetit und unterschiedliche Fressgeschwindigkeiten sowie alters-, gewichts- und krankheitsspezifische Bedürfnisse für Diäten.

Folgende Faktoren sind für die Ressource Fütterung von Bedeutung:
• Fütterungsfrequenz
• Standort
• Zeitaufwand
• Individuelle Bedürfnisse

Fütterungsfrequenz

Katzen sind ausgesprochene Snackfresser, die zwischen fünf und zehn oder mehr Mahlzeiten zu sich nehmen. Dabei bewegt sich die Portionsgrösse bei Katzen mit korrektem Sättigungssignal um die 10 bis 30 Gramm, entsprechend einer kleinen Maus. Somit sind Fütterungstrategien mit zweimal täglich zugeteilten, viel zu grossen Portionen nicht nur im Mehrkatzen-Haushalt problematisch. Zu lange Hungerphasen von mehreren Stunden machen nicht nur unzufrieden, sondern vor allem heisshungrig. Das dann angebotene Futter wird viel zu schnell gefressen und oftmals innerhalb weniger Minuten wieder zurück hinausbefördert. Katzen mit einem stabilen Sättigungssignal hören nach ihrer typischen Futtermenge von rund 25 Gramm zu fressen auf und würden dafür gerne in zwei Stunden eine weitere Portion fressen, die dann jedoch nicht mehr da ist, weil die verfressene Partnerkatze keine leeren Schüsseln hinterlässt. Im Endeffekt wird eine Katze gestresst, weil hungrig und die andere übergewichtig, weil sie in Summe zu viel frisst.

Standort

Noch viel mehr Stress ergibt sich, wenn eine Katze die andere vom Futternapf verdrängt. Dabei muss sie noch nicht einmal die Nase tatsächlich in den fremden Teller stecken. Für sensible Katzen reicht es schon, wenn die persönliche Distanz unterschritten wird, damit sie sich von ihrer Mahlzeit zurückziehen. Sie hören lieber auf zu fressen als die Nähe zur anderen Katze zu ertragen.

Andererseits ist die Tatsache, dass die Katzen scheinbar friedlich nebeneinander fressen, kein Beweis dafür, dass sie sich wirklich mögen. Wer hungrig ist, hat in dem Fall keine Wahl und erträgt die Nähe der anderen Katze, weil es ausser Hungern keine Alternative dazu gibt.

Beiden Katzen ist das Unbehagen deutlich anzusehen, weil sie für das Foodpuzzle die persönliche Distanz unterschreiten müssen.

Schon mit einer ganz einfachen Veränderung am Futterplatz haben beide Katzen freien Raum vor ihren Gesichtern.

Sogar gut befreundete Katzen finden es nicht immer akzeptabel, dass eine andere nach ihrem Napf giert. Auch das Spielchen, den Napf mit den Pfoten hin und her zu ziehen sieht in Internetvideos lustiger aus als es für die Katzen ist.

Zeitaufwand

Die an sich gute Lösung, Trockenfutter als immer frei zugängliche Zwischenmahlzeit bereitzustellen birgt jedoch das grosse Risiko für Übergewicht. Die Katze kann ohne jegliche Mühe sehr energiedichtes Futter fressen und davon auch noch so viel sie will. Ohne den natürlichen Ablauf wie Suchen nach Beute, Auflauern und Erjagen reduziert sich die Verhaltenssequenz der Futteraufnahme – sie wird insgesamt weniger zufriedenstellend und die Katze nimmt in kurzer Zeit zu viel Energie zu sich. Schon ein paar Kroketten zu viel, das dafür jeden Tag, machen übers Jahr ein halbes Kilo Übergewicht.

Mit Foodpuzzles haben Katzen immer freien Zugang zum Futter, anregende Beschäftigung und ein deutlich reduziertes Risiko für Übergewicht.

Um den Katzen trotzdem den artgerechten freien Zugang zu Futter zu ermöglichen, gestaltet man es als *Activity Feeding* oder Arbeitsessen. Alleine indem sich der Zeit- und Arbeitsaufwand für das Futter erhöht, frisst die Katze langsamer und damit meistens auch weniger. Mit *Activity Feeding* werden Katzen generell zufriedener und bekommen das gute Gefühl von mehr Kontrolle über ihr Leben. Katzenfummelbretter oder Foodpuzzles werden am besten an unterschiedlichen Standorten angeboten. Katzen finden es zwar manchmal spannend, sich gegenseitig beim Fressen zuzusehen, sollen aber trotzdem Auswege haben, wenn eines der Foodpuzzles gerade blockiert ist. Regelmässige Abwechslung erhöht den Unterhaltungswert eines Foodpuzzles.

Individuelle Bedürfnisse

Eine Fütterungsstrategie, die alle Katzen eines Haushalts zufriedenstellt, ist manchmal die Quadratur des Kreises. Heranwachsende Katzen sollen nicht das Diätfutter der übergewichtigen älteren Katze fressen; wegen einer futtersensitiven Katze bekommt der restliche Haushalt dieselbe Allergiediät, einer mag nur Feuchtfutter, andere mögen nur Trockenfutter etc. Auch die generelle Futtermotivation – zwischen super verfressen und extra heikel – kann die artgerechte Fütterung aller Katzen zur echten Herausforderung machen. In jedem Mehrkatzen-Haushalt braucht es daher Überlegungen, wie die jeweiligen Bedürfnisse möglichst gut abgedeckt werden können. Futterzeiten oder Fütterung im Rahmen des Trainings sind typische Fenster in der 5-D-Struktur, die bei Bedarf auch recht leicht neu geschaffen werden können.

Anleitung, konkrete Maßnahmen und Ideen, wie die Ressource Futter im Mehrkatzen-Haushalt vorbeugend und therapeutisch gestaltet werden kann, gibt es im praktischen Teil.

Der Überfluss an Futterressourcen ist nicht die Menge an Futter, sondern vor allem die Anzahl der Mahlzeiten, der Standorte und Beschäftigungsmöglichkeiten mit Futter.

Wasser

Wasser ist eine lebensnotwendige Ressource, auch wenn es oft so aussieht, als würden Katzen nicht trinken. Das Durstgefühl von Katzen ist tatsächlich nicht besonders ausgeprägt und ausschliesslich mit Feuchtfutter gefütterte Katzen trinken nur wenig. Dennoch sollte es im Mehrkatzen-Haushalt immer freie Zugangswege und alternative Wasserstellen geben. Katzen hängen sehr an ihren Gewohnheiten und der Weg zur Wasserstelle, Trinken und Weggehen sind ein typisches Zeitfenster im 5-D-System. Extrem wasserfreudigen Katzen kann das Spiel mit Wasser durchaus als Belohnung angeboten werden.

- Stehendes Wasser: in verschiedenen Näpfen an mehreren Standorten anbieten.
- Bewegtes Wasser: Trinkbrunnen für Katzen gibt es in unterschiedlichen Versionen mit frei fliessendem Wasser (wie vom Wasserhahn), einem dünnem Wasserfilm auf einer Oberfläche (wie Quellsteine) oder einer Kombination. Für sehr wasserinteressierte Katzen kann ein Trinkbrunnen zur Mangelressource werden, deren Zugang verteidigt und blockiert wird.

Je nachdem wie experimentierfreudig und neugierig die Katzen sind, kann es einige Wochen brauchen, bis eine neue Wasserstelle entdeckt, akzeptiert und in das 5-D-System eingebaut ist.

Katzentoilette

Für Katzen, die überwiegend oder ausschliesslich im Haus leben, ist das Katzenklo eine essenzielle Ressource. Unsauberkeit gehört schon generell – nicht nur im Mehrkatzen-Haushalt – zu den häufigsten Verhaltensproblemen. Im Mehrkatzen-Haushalt zeigen sich jegliche Defizite aber gleich noch viel deutlicher und dramatischer. Während ein minimalistisches Angebot bei flexiblen gesunden Katzen noch durchgehen mag, so werden diverse Mängel rund um die

Katzentoilette im Mehrkatzen-Haushalt viel schneller offensichtlich. Im Gegensatz zum Futterplatz, der fix vorgegeben ist, haben Katzen auf der Suche nach einem neuen Ausscheidungsort die freie Wahl, ob sie Badematte, Sofa oder doch lieber das Bett nehmen.

Rund um das Ausscheidungsverhalten – vor allem den Kotabsatz – sind viele Katzen sehr sensibel. Sie sind sich in der Situation sehr wahrscheinlich auch ihrer Verletzlichkeit und des Kontrollverlusts bewusst. Hinzu kommt, dass Katzen nach dem Besuch der Katzentoilette sehr gerne losrennen und erleichtert herumspringen. Partnerkatzen können das als Spielaufforderung und als tolle Abwechslung ihres ansonsten eintönigen Alltags missverstehen. Auflauern und Nachlaufen oder auch nur das Wissen, dass es passieren könnte, ja schon einmal passiert ist, hält entsprechend sensible Katzen davon ab, sich dem auszusetzen. Sie suchen sich einen neuen Ausscheidungsort, der mehr Fluchtwege bietet.

Auch für das Katzenklo gilt, dass es ein wichtiger Teil der 5-D-Struktur ist und bestimmte Kisten zu bestimmten Zeiten aufgesucht werden. Unsauberkeit kann bei unflexiblen Katzen insofern auch dann auftreten, wenn zwar eigentlich ein Katzenklo frei ist, aber ein anderes für diesen Zeitpunkt gefühlt *richtigeres* gerade blockiert wäre.

Die Gründe für Unsauberkeit sind zahllos, aber fast immer ist neben körperlichen Gründen zumindest ein suboptimales Katzenklo-Management beteiligt. Beurteilungskriterien für die Qualität der Katzentoiletten sind:

- Anzahl
- Standorte
- Grösse und Typ
- Einstreu
- Sauberkeit

Anzahl

Als allgemeine Faustregel für die Zahl der Katzentoiletten wird die Anzahl der Katzen plus eins angesehen, also zum Beispiel fünf

Katzentoiletten für vier Katzen. Mit dieser Regel kann tatsächlich ein Überfluss an Ausscheidungsorten angeboten werden. Dabei geht es gar nicht so sehr darum, dass jede Katze ihr eigenes höchstpersönliches Katzenklo hat, sondern nur um mehrere Standorte zur Auswahl an sich. Abhängig von der gesamten Infrastruktur und Raumaufteilung sollten auf jeder Wohnetage mindestens zwei unabhängig voneinander erreichbare Katzentoiletten verfügbar sein.

Standort

Katzentoiletten werden üblicherweise in wenig hochwertigen Wohnbereichen wie Toträumen im WC, Bad, Abstellraum oder Vorraum aufgestellt. Winkel, die für sonst nichts gut sind, erscheinen praktisch, um wenigstens das Katzenklo aufzustellen und aus dem Blickfeld zu entfernen. In der Begründung *Abseits des Trubels hat die Katze Ruhe für ihr Geschäft* liegt oft ein Missverständnis. An einem guten Ausscheidungsort soll die Katze vor Überraschungen – insbesondere durch andere Katzen – sicher sein, aber auch der Zu- und Abgang muss ungehindert möglich sein.

Zwischen Standorten und der Anzahl besteht auch insofern ein Zusammenhang, als dass zwei an einem Ort direkt nebeneinander gestellte Katzentoiletten nur als eine zählen. Es hilft also nichts, wenn man für eine konfliktreiche Dreiergruppe zwei Toiletten im Bad und zwei unmittelbar davor im Vorraum stehen hat, weil der Weg zu allen diesen vier Kisten von einem Platz im Vorraum überschaut und fallweise auch blockiert werden kann. Einer Katze, die sich einem Spiessrutenlauf entziehen möchte, bliebe dann, einen neuen Platz im Wohnzimmer zu suchen, wo sie freie Sicht nach vorne und Rückendeckung hat.

Grösse und Typ

Handelsübliche Katzentoiletten sind vielfach zu klein und orientieren sich vorrangig an den Bedürfnissen von Menschen und nicht unbedingt am Ausscheidungsverhalten der Katze. Auch wenn Katzen grundsätzlich in der Lage sind, sich an sehr kleine Kisten anzupassen, so ist es doch eine Frage, ob sie diesen mangelnden Komfort auf Dauer und noch dazu gemeinsam mit anderen Katzen zu ertragen wollen.

Eine ausreichend grosse Katzentoilette – 50 mal 70 cm (das sind nur 0,35m² Wohnfläche) sind hierfür ein guter Richtwert – bietet nicht nur mehr Komfort für die einzelne Katze, sondern auch mehr Sauberkeit. Auf einer grösseren Fläche bleibt auch bei Vorbenutzung durch andere Katzen immer noch genug saubere Einstreu übrig. Im Übrigen spielt es keine Rolle, welche andere Katze das Katzenklo zuvor benutzt hat, es kommt nur auf die allgemeine freie Grabbarkeit in sauberer Streu an.

Die Grösse von Katzentoiletten ist wichtiger als die Anzahl: Qualität geht immer vor Quantität. Denn es bringt für die Katzen genau gar keine Verbesserung, wenn drei zu kleine Kisten durch zwei weitere Kisten ergänzt werden, wenn diese auch zu klein sind und womöglich noch nebeneinander stehen.

Zur Grösse zählt auch die Freiheit nach oben, das heisst ein **Katzenklo soll offen und ohne Abdeckung** sein. Abdeckhauben auf Katzentoiletten verschlechtern die Luftqualität und bringen die Katze in eine unübersichtliche Situation, wenn der Ausgang durch eine andere Katze blockiert wird.

Einstreu

Der Zweck einer guten Katzenstreu ist ein möglichst rasches Binden der Flüssigkeit und die Geruchsreduktion von Kot und Harn bei hoher Attraktivität für die Katzen. Klumpende Streusorten erfüllen diesen Zweck am besten und werden von den weitaus meisten Katzen bevorzugt. Je kompakter die Streu bindet, desto besser ist die Reinigung möglich. Fein granulierte Betonitstreus (eventuell mit Aktivkohlezusatz) funktionieren hervorragend für den Mehrkatzen-Haushalt. Auf nachwachsenden Rohstoffen wie Holz, Mais, Weizenfaser etc. basierende Streusorten sind nicht bei allen Katzen beliebt und eine häufige Ursache für Unsauberkeit, vor allem, wenn sie auch noch grobkörnig sind. Mit langsamer Gewöhnung oder Zumischungen kann man versuchen, die Attraktivität für die Katzen bei erwünschter Umweltfreundlichkeit zu verbessern.

Sauberkeit

Katzen sind in ihrem Anspruch an Sauberkeit sehr individuell. Im Mehrkatzen-Haushalt kann das zum Problem werden, wenn ein Katzenklo von einer der Katzen schon als zu schmutzig angesehen wird, wenn es einmal benutzt wurde. Für die Sauberkeit ist es hilfreich, die Ausscheidungsfrequenzen zu betrachten: Die gesunde erwachsene Katze setzt zwischen zwei- und dreimal pro Tag (im Schnitt 2,5 x) Harn und einmal pro Tag Kot ab. Es muss also zwischen den Reinigungen immer noch genug sauber grabbare Streu in einer Kiste zur Verfügung sein, damit auch die letzte Katze noch das Gefühl von Sauberkeit hat. **Dass die Katzen ein Katzenklo bislang benützen, bedeutet nicht unbedingt, dass sie damit glücklich und zufrieden sind!** Möglicherweise gab es bisher nur noch keinen Auslöser, der eine Katze kreativ werden liess.

Es ist immer erheblich einfacher, das Katzenklo-Management von vornherein so katzengerecht und attraktiv wie möglich zu machen als eine bestehende Unsauberkeit im Nachhinein zu behandeln. Die Erkenntnis, die eine Katze aus der freien Entscheidung für einen anderen Ausscheidungsort gewonnen hat, nimmt ihr niemand mehr weg.

Versteck und Rückzug

Die vierte der grossen Ressourcen sind alle Arten von Rückzugsmöglichkeiten. Ruhen und Schlafen sind wichtiger Bestandteil im Katzenalltag, bei manchen Katzen könnte man meinen, der wichtigste überhaupt. Katzen nützen die unterschiedlichsten Orte um zu ruhen, zu schlafen, sich zu verstecken oder bei Bedarf völlig unsichtbar zu werden. Naturgemäss haben unsichere und ängstliche Katzen ein stärkeres Bedürfnis nach sicheren Orten für diese Erholungsphasen. Sehr selbstbewusste Katzen fühlen sich unter Umständen im Alltag so sicher, dass sie an offenen Plätzen oder mitten im Zimmer am Boden liegen. Nur wenn es bedrohlich wird oder sie sich sehr unwohl fühlen, verschwinden sie von der Bildfläche.

Als Bedürfnis für die meisten Katzen kann man ansehen: *Sehen, aber nicht gesehen werden.* Katzen mögen die Lage gerne beobachten ohne gleich selbst im Mittelpunkt der Aufmerksamkeit zu stehen.

Daraus ergibt sich für die Katze ein Gefühl von Kontrolle und Sicherheit. Katzen haben zudem die Gabe, sich sogar vor menschlichen Augen unsichtbar machen, weil sie – bewegungslos – optisch mit einem farblich passenden Hintergrund verschmelzen können.

Rückzugsräume, die Sichtschutz bieten und gerade an die Katzengrösse angepasst sind, können gut verteidigt werden.

Im Lauf eines Tages wechseln die Ruhe- und Schlafplätze ab, woraus sich die jeweiligen Zeitfenster der 5-D-Struktur ergeben. Für eine Katze kann es einen grossen Unterschied machen, ob sie in der Nacht auf dem Bett im Schlafzimmer schläft oder tagsüber.

Die weitaus meisten Katzen bevorzugen zum Schlafen kleine Höhlen und Schlupfwinkel, in die sie gerade so hineinpassen. Das mag auch mit den Umgebungstemperaturen zu tun haben, denn in kleinen Höhlen heizen sie mit ihrer Körperwärme. Als Rückzugsort eignet sich alles, was die Katze mag, vom Papiersack über Kartons bis zu allen Arten handelsüblicher Katzenhöhlen. Der wichtigste Rückzugsraum einer Katze sollte ihre **Wohn-Transportbox** sein. Üblicherweise werden Transportboxen nur für den Tierarztbesuch ein-, zweimal im Jahr hervorgeräumt und verbreiten so schon aufgrund ihrer Ungewohntheit Unruhe. Lernt eine Katze hingegen von Anfang an, dass ihre Transportbox 99 Prozent der Zeit zu Hause ihr sicherer Rückzugsort ist, dann hat sie diesen sicheren Ort auch dabei, wenn sie ein Prozent der Zeit darin unterwegs ist.

Für den Mehrkatzen-Haushalt gilt es, die individuellen Wünsche und Vorlieben jeder Katze zu bestimmten Zeiten zu beobachten: Zieht sie sich lieber in die Höhe zurück oder eher bodennah, mag sie enge Höhlen oder doch nach oben offene Körbchen, braucht sie völligen Sichtschutz oder reicht ihr ein subjektives Gefühl von Unsichtbarkeit, weil sie selbst grau ist und auf der grauen Decke schläft?

Ausgenommen Intimfreunde, die immer aneinander kleben, brauchen die meisten Katzen, selbst wenn sie befreundet sind, Zeiten der Isolation. Der Katzengrösse gerade so angepasste Höhlen vermitteln ein angenehmes Gefühl von begrenzender Anlehnung und können sehr gut gegen andere Katzen verteidigt werden.

Eher aus Verzweiflung und vor allem Mangel an passenden sicheren Orten aufgesuchte Verstecke wie unter dem Bett oder der letzte Winkel hinter dem Sofa können durch ihre relative Offenheit nicht gut verteidigt werden. Gerade an diesen Orten kommt es oft zu Konflikten, Belagerungen und Attacken. Die 4 m² unter einem Doppelbett werden dann zur ausweglosen Falle, während dieselbe Katze in ihrer Wohn-Transportbox in einer deutlich besseren Situation wäre.

Ganz katzentypisch ist auch, dass die in einer Wohnung erstmals aufgesuchten Fluchtpunkte fast immer auf Dauer oder lebenslänglich beibehalten werden. Flüchtet sich die neue Katze als Erstes unter das Bett oder in den Spalt hinter den Kühlschrank, dann wird das immer ihr wichtigster erster Fluchtpunkt bleiben, auch wenn es dort höchst unkomfortabel und kühl und damit gar keine rechte Entspannung möglich ist. Für ängstliche Katzen, die sich durch ihre Umwelt oder andere Katzen rasch bedroht fühlen, werden damit die Zeiten im Notversteck noch mehr zur Belastung. Beim Neuzugang einer Katze, insbesondere erwachsener sowie ängstlicher Katzen, muss von vornherein mit sicheren und katzenfreundlichen Verstecken vorgesorgt werden. Praktische Anleitungen gibt es im zweiten Teil dieses Buches.

In sehr vielen angespannten Mehrkatzen-Haushalten herrscht ein Mangel an attraktiven und komfortablen Rückzugsorten für die Katzen. Neben dem absoluten Mangel, weil es überhaupt kaum Sichtschutz gibt, gibt es manchmal auch einen relativen Mangel. Es gäbe zwar einige beliebte Plätze, aber insgesamt immer noch zu wenige. Ein weiterer wesentlicher Faktor für die Qualität von Rückzugsorten nach dem Sichtschutz ist – wie im nächsten Abschnitt besprochen – Wärme.

Die unterschätzten Drei
Neben den offensichtlichen grossen Vier der Basisversorgung gibt es noch drei weitere Ressourcen, die für das Wohlsein von Katzen ausserordentlich wichtig sind, aber leider allzu oft unterschätzt oder ganz vergessen werden:

• Wärme
• Beschäftigung
• Bewegung

Wärme

Katzen sind ausgesprochen wärmeliebende Tiere – also zumindest die meisten unter ihnen. Bei lang und dicht behaarten Katzen, die viel Zeit draussen verbringen, wird die Suche nach Wärme vielleicht nicht ganz so offensichtlich sein. Für Katzen mit dünnem Fell, für gesundheitlich beeinträchtigte, kranke oder alte Katzen mit wenig Muskulatur ist eine zusätzliche Wärmequelle pure Lebensqualität.

Das Optimum der Katze liegt so um die 26° C und diese Temperaturen werden wohl nur in wenigen Haushalten dauerhaft erreicht. Katzen sind schon immer bekannt dafür, dass sie sich die besten Plätze auf der Ofenbank aussuchen. Das ist auch heute noch so, obwohl nun oft die Abdeckung von Aquarium oder Terrarium, Heizkörper oder die Lüftung vom Computer gesuchte Wärmequellen sind.

Wärme ist im Mehrkatzen-Haushalt praktisch immer eine Mangelressource.

Eine Heizmatte kann von sozialen Katzen gemeinsam benutzt werden.

Das Bedürfnis nach Wärme kann einigermassen soziale Katzen, die die Nähe von Artgenossen ertragen können, zu mehr Gemeinsamkeit und Kontaktliegen bewegen. Weniger soziale Katzen verjagen Partnerkatzen von warmen Lieblingsplätzen oder sind immer im Nachteil, wenn sie ihren Wunsch nicht durchsetzen können und sich lieber zurückziehen. Ähnlich wie beim Futter kann das

Zusammensein an bestimmten Orten mehr auf den Mangel an Wärme als auf den tatsächlichen Wunsch nach Kontakt zurückzuführen sein.

Eine Mangelressource wie warme Schlaf- und Sonnenplätze kann zu einer gewissen Einigkeit zwischen den Katzen beitragen. Allerdings muss immer sehr genau beobachtet werden, ob sich das für alle zum entspannten Beisammensein entwickelt oder ein unnötiger Stressfaktor ist.

Neben dem fehlenden Freigang sind vermehrte Streitereien im Winter oft auch auf zu wenig Sonne und zu wenig Wärme zurückzuführen. Sobald die Katzen eine Wärmequelle haben oder in der Frühlingssonne sitzen können, werden sie wieder zufrieden und damit auch friedlich.

Beschäftigung

Langeweile und fehlende Beschäftigungsmöglichkeiten können einzelne Katzen unzufrieden machen und dadurch eine Gruppe destabilisieren. Paradoxerweise ist gerade die Idee, dass einer Katze langweilig ist und eine Partnerkatze das Problem lösen würde, der Anfang aller Probleme.

Eine Partnerkatze kann aber selbst im besten Fall nur einen geringen Teil des Beschäftigungs- und Aktivitätsbedürfnisses abdecken. Im ungünstigen Fall besteht das Unterhaltungsprogramm eher darin, dass eine gelangweilte Katze die andere ärgert, bedroht und drangsaliert. Damit ist das Unterhaltungsbedürfnis nur einseitig gedeckt. Für die andere Katze wird das Leben schlechter, wenn nicht sogar zur Qual.

Im Alltag einer Katze wechseln sich aktive mit ruhigen Phasen ab. Eine zeitaufwendige Hauptbeschäftigung erwachsener Katzen ist das Jagen und das tun sie alleine. Fällt die Möglichkeit der Jagd mitsamt aller zugehörigen Aktivitäten wie Beobachten, Suchen, Abwarten, Belauern weg, dann bleibt sehr viel Tagesfreizeit übrig. Je nach individueller Veranlagung gibt es Katzen, die mit einem

nichtstuerischen Luxusleben vor vollen Futternäpfen gut zurecht-
kommen, andere ertragen es nicht und werden verhaltensauffällig.
Neben der Jagd gibt es ruhigere Wachzeiten, wo sich Katzen der
Fellpflege widmen, sich sonnen oder einfach nur herumsitzen und
den Raum dekorieren. Den dritten grossen Teil im Alltag verbringen sie mit Ruhen, Schlafen und Träumen.
    Steht keine Beute zur Verfügung, können Katzen Jagd spielen,
indem sie mit diversen Beuteattrappen einfach *so tun als ob*. Das ist
bei jungen Katzen sozusagen der Normalzustand, denn sie sind noch
mitten im Lernprozess für die Jagd und sehr aktiv. Auch wenn es
Katzen gibt, die sich bis ins hohe Alter auf diese Art sehr gut selbst
unterhalten können, so kann man das trotzdem nicht als selbstverständlich voraussetzen.

**Grundsätzlich gilt, dass alle Katzen irgendwelche Beschäftigungs-
möglichkeiten brauchen.**

**Katzen nur zu *haben* reicht nicht aus, man muss auch etwas mit
ihnen *tun*.**

Katzen mit Zugang nach draussen haben so gut wie alle Freiheiten,
sich auf Katzenart zu beschäftigen. Für reine Wohnungskatzen liegt
die Verantwortung für einigermassen katzengerechte Beschäftigung
beim Menschen – und nicht bei anderen Katzen.
    Besonders auffällig wird ein Mangel an Beschäftigung bei aktiven,
lebhaften Katzen, die nicht so anspruchslos und einfach sind, wie es
Katzen angeblich sein sollen.
    Dieser Unterhaltungsbedarf kann nicht ohne Weiteres an eine
andere Katze delegiert werden. Zudem fragt niemand die Partnerkatze, ob sie überhaupt das Unterhaltungsprogramm für eine andere
sein will und kann.
    Aktive Katzen mit Langeweile finden oft kreative Wege sich Ab-
wechslung zu verschaffen, indem sie Partnerkatzen auf dem Weg
zum Katzenklo auflauern, sie von ihren Plätzen verjagen, verfolgen und in die Ecke gedrängt bedrohen oder andere „rote Knöpfe"
drücken, die eine vorhersehbare Reaktion auslösen. Mit der Zeit

entwickelt sich aus dieser anfänglich eher aus Frustration kommenden, noch nicht einmal persönlich gemeinten Aggression ein Automatismus bis in die chronische Beziehungskrise.

Es gibt zwei Arten von Beschäftigung:
- Autonom
- Interaktiv

Autonom

Duftkissen mit Baldrian oder Katzenminze bereichern die Umwelt und sind ein autonomes Unterhaltungsprogramm.

Dass sich die Katze mit sich selbst und alleine beschäftigt, wird in aller Regel erwartet und als Normalzustand angesehen. Ganz ohne jeglichen Anreiz aus der Umwelt ist die autonome Beschäftigung aber nur für sehr dynamische und fantasiebegabte Katzen eine Option. Herumliegendes Spielzeug reicht im Allgemeinen dafür nicht aus.

Eine der einfachsten und auch artgerechten Möglichkeiten der autonomen Beschäftigung ist die Fütterung als *Activity Feeding* oder

Arbeitsessen möglichst zeit- und arbeitsaufwendig zu gestalten. Fressen müssen Katzen auf jeden Fall – warum also nicht hieraus eine befriedigende Beschäftigung machen?

Im Prinzip ist alles, was neue Informationen und Abwechslung bringt, für die (Wohnungs)-Katze eine Art von autonomer Beschäftigung: interessante und neue Gerüche von draussen oder diverse Duftpflanzen beschnuppern, ein Vogelfutterhaus vor dem Fenster beobachten etc. Vor allem der Geruchssinn wird als Unterhaltungsfaktor viel zu oft vergessen und lässt sich doch so leicht anregen und als Nasenarbeit in die interaktive Beschäftigung einbauen.

Interaktiv

Interaktive Beschäftigung ist alles, was Katzen mit Menschen gemeinsam tun können und im besten Fall beiden, aber zumindest der Katze Spass machen soll.

Dazu gehören Körperkontakt wie Streicheln, Kraulen, Nebeneinanderliegen oder Herumtragen. Auch Fellpflege wie Kämmen und Bürsten, Massage, ja sogar Zähneputzen kann zu einer positiven gemeinsamen Aktivität werden. Entscheidend ist immer, dass diese gemeinsamen Aktionen für die jeweilige Katze einen angenehmen und bereichernden Aspekt ihres Alltags darstellen. Viele Katzen mögen diese Art von Kontakt *noch* nicht und genau das kann dann der Ausgangspunkt für eine interaktive Beschäftigung im Sinne eines gezielten Trainings werden. Dabei muss es eben nicht unbedingt auf ein sensationelles Endergebnis hinauskommen – die Katze toleriert Kämmen statt gar nicht nunmehr für 15 Minuten – sondern auf die positiv verknüpfte Beschäftigung. Die Katze lernt, dass sie mit ihrem Menschen eine gute Zeit haben kann und dabei noch Leckerbissen bekommt.

Die einzelnen 5-D-Zeitfenster für interaktive Beschäftigung können und sollen eher kurz sein. Die kleinste Einheit von Interaktion ist das bewusste Wahrnehmen einer Katze, sie direkt und mit einem freundlichen Blinzeln anzusehen: *Ich sehe und wertschätze dich.*

Fünfmal täglich fünf Minuten ist für die Katzen fast immer besser als einmal täglich 25 Minuten Beschäftigung.

Für die Beschäftigung mit Katzen gilt besser eine hohe Frequenz bei niedriger Intensität.

Interaktives Spiel

Mit Katzen zu spielen ist eine der wichtigsten Beschäftigungsmöglichkeiten, gleichwohl eine der im Mehrkatzen-Haushalt häufig vernachlässigte. Dafür hätte man ja eigentlich die zweite Katze ins Haus geholt ...

Meine Katze spielt nicht oder nicht mehr ist eine typische Begründung dafür, das interaktive Spiel wegzulassen.

Gleich vorweg: mit Katzen spielen ist für Menschen eine äusserst langweilige Angelegenheit.

Interaktives Jagdspiel mit erwachsenen Katzen ist eine Kunst, die es zu erlernen und zu üben gilt.

Beim interaktiven Spiel geht es grosso modo um die Simulation von Jagd und jagen ist für Katzen eine Solo-Aktivität. Die Nähe und manchmal schon die Anwesenheit einer weiteren Katze im Raum, die mitspielen *könnte*, reicht aus, um das freie Spiel zu hemmen.

Jede Katze bringt ihren eigenen Jagdstil und Beutevorlieben mit. Es gibt:

- impulsive Katzen, die schnell von Entschluss sind und sehr bewegungsfreudig spielen.
- überlegte Katzen, die lieber planen und lauern anstatt ungestüm loszuspringen.
- Bewegungsaktivitäten wie nachlaufen, verstecken, in die Luft springen.
- Beutegeneralisten, die mit allem spielen, was sich bietet und Beutespezialisten, die nur mit einem besonderen Beutetyp spielen.

Langsam und überlegt spielende Katzen werden in ihrem Spiel immer von den schnelleren aktiven Katzen beeinträchtigt, weil sie nicht zum Zug kommen. Frustration und noch weniger Bereitschaft mitzuspielen, steigern sich weiter – sie werden schliesslich als *Spielt nicht* abgetan und auch nicht weiter individuell beschäftigt.

Katzen, die eine spezielle Beute besonders lieben, können oft auch ohne Trennung von den anderen Katzen beschäftigt werden.

Gemeinsames Jagdspiel ist für die meisten Katzen frustrierend, weil sie eigentlich Solojäger sind.

Im Mehrkatzen-Haushalt müssen interaktive Jagdspiele immer getrennt angeboten werden!

Beim Trennen geht es allerdings nur darum, dass die spielende Katze sicher sein kann, dass sie alleine Zugriff auf die Beute hat und diese auch nicht versehentlich in den persönlichen Raum einer anderen Katze fliegt. Auch versehentliche Zusammenstösse im Eifer der Jagd sind für die Katzen unangenehm und manchmal schmerzhaft. Es gibt mehrere Möglichkeiten für getrenntes Spiel:

- Eine Katze sitzt als Zuschauer in der Wohn-Transportbox.
- Eine Katze wird auf den Arm genommen, während die andere spielt.
- Es wird gleichzeitig mit zwei Spielbeuten in ausreichendem Abstand gespielt.
- Zwei Menschen spielen mit zwei Katzen.
- Es werden unterschiedliche Beutetypen für ausgeprägte Beutespezialisten gewählt.
- Man spielt abwechselnd, wenn die Katzen eher ausgeglichen im Spieltypus sind und die eigene Pause respektieren.
- Eine Katze hat gelernt, auf ihrem Sitzplatz-Target zu warten, bis sie drankommt.

Dynamische und leicht motivierbare Katzen kommen zuerst dran, während die zurückhaltende Katze noch zuschaut. Nach der ersten aktiven Spielphase werden die Rollen getauscht und zum Abschluss bekommt die aktive Katze noch einmal eine Spielrunde als Belohnung für das Warten. Hat sich eine solche Spielreihenfolge einmal als Gewohnheit etabliert, funktioniert die Trennung unter Umständen ohne Hilfsmittel.

Sich beim Jagdspiel zu beobachten, hat für Katzen nicht nur einen Unterhaltungswert, sondern hilft auch sich gegenseitig kennenzulernen und zu wissen, wie die andere Katze sich bewegt, sich in bestimmten Situationen verhält.

Training

Katzen trainieren bedeutet einfach, ihnen etwas beizubringen und diese Übungen in den Alltag als Beschäftigung einzubauen. Die ungeteilte Aufmerksamkeit, die gemeinsame Zeit, das Erfolgserlebnis, etwas zu können und natürlich die Leckerbissen machen diese Art von Interaktion zur wertvollsten Beschäftigung für Katzen. Neue Verhaltensweisen über positives Feedback zu erlernen, ist ein gemeinsames Tun, mit dem das enorme kognitive Potenzial einer Katze sichtbar wird.

Diese Erfahrung, etwas zu können, zu wissen wie es geht, mit bestimmten Handlungen Einfluss auf das eigene Leben nehmen zu können und sich als selbstwirksam zu erleben, wirkt sich auf ausnahmslos alle Katzen positiv aus.

Für die Zusammenführung, die Gewöhnung und das friedliche Zusammenleben reichen ganz einfache Übungen wie ein Nasen-Target und ein Sitzplatz-Target schon aus. Wenn es im 5-D-Katzenalltag noch keine Beschäftigungszeitfenster gibt, können sie über Training oder interaktives Spiel innerhalb weniger Wochen neu erschaffen werden.

Im Training erlernte Übungen und Tricks können – wann immer Entspannung, positive Stimmung und Fröhlichkeit nötig sind – als Hüttenspiele eingesetzt werden.

Hüttenspiele sind heitere, aber unverbindliche Spiele, die zum Beispiel in der Erwachsenenbildung eingesetzt werden, um die Dynamik einer Gruppe positiv zu beeinflussen. Auf Katzen angewendet bedeutet dieses Konzept, dass mit einem Hüttenspiel eine positive Grundstimmung entsteht und jede Katze etwas zu tun hat.

Alles, was die Katzen gerne tun und sie davon abhält, sich angespannt auf die jeweils andere zu fokussieren, kann ein Hüttenspiel sein.

Mit Hüttenspielen wird ein neues – in dem Fall soziales – Zeitfenster geschaffen, von dem ausgehend sich eine weitere 5-D-Struktur entwickeln kann.

Bewegung

Bewegung ist ein weithin unterschätztes Bedürfnis von Katzen. Denn obwohl Katzen viel herumsitzen, ruhen und schlafen, legen sie zumindest einige hundert Meter bis mehrere Kilometer pro Tag zurück, wenn sie Freilauf haben. Katzen sind eher Sprinter als Dauerläufer. Sie können aus lang dauernder Bewegungslosigkeit schlagartig hohe Geschwindigkeiten erreichen, aber nur über kurze Strecken. Gute Gründe für solche Sprints sind Flucht vor oder Verfolgen einer anderen Katze. Für manche Katzen sind es auch einfach spontane Ausbrüche an Bewegungsfreude, wie sie vor allem bei Wohnungskatzen zu Dämmerungszeiten als die „wilden fünf Minuten" bekannt sind.

Mit einem Laufrad haben Katzen unendliche Bewegungsfreiheit.

Sehr bewegungsfreudige Katzen bleiben in der reinen Wohnungshaltung viel zu oft unausgelastet; ruhige Katzen reduzieren ihren Alltag auf die kurzen Wege zwischen den Ressourcen und Zeitfenstern.

Bewegung ist besonders für lebhafte Katzen eine gute Möglichkeit, innere Anspannung, Frustration und Ärger abzubauen. Im besten Fall lernen sie sogar ihre Aggression in Bewegung zu entladen anstatt sie gegen eine Partnerkatze umzurichten. Umgelegt auf das tatsächliche Bewegungspensum einer Katze bieten auch grosse Wohnungen zu wenig Platz. Von bewegungsfreudigen Katzen werden Laufräder sehr gut angenommen. Sie brauchen nur wenig Platz und bieten unendliche Bewegungsmöglichkeit in allen Geschwindigkeiten unabhängig von der Wohnfläche.

Mangelressourcen

Von den meisten Ressourcen wie Futter- und Wasserstellen, Katzentoiletten, Rückzugs- und Schlafplätzen kann vergleichsweise einfach und rasch ein Überfluss angeboten werden. Es bleiben jedoch einige Ressourcen, die immer im Mangel bleiben. Je nach Persönlichkeit und Bedürfnissen der Katzen kann das unproblematisch sein oder zum Dauerkonflikt beitragen. Diese begrenzten Ressourcen lassen sich ihrer Natur nach nicht vermehren oder ergänzen:

- **Mensch**: Die wichtigste Mangelressource ist der Kontakt zum Menschen. Gerade für sehr menschenbezogene Katzen kann dieser Mangel Stress verursachen. Soziale Katzen, die Nähe gut ertragen, können sich den Menschen zur gleichen Zeit teilen. Schwieriger wird es, wenn eine Katze die gemeinsame Zeit mit dem Menschen nur exklusiv haben will oder ertragen kann. **Als Regel kann helfen, dass die sensiblen, ängstlichen und unflexiblen Katzen ihre fixen Exklusivzeiten bekommen.** Für extrovertierte und selbstbewusste Katzen lassen sich wesentlich leichter andere Zeitfenster finden, in denen sie ihren Kontakt bekommen.

- **Zeit**: Die den Katzen gewidmete Zeit ist in aller Regel auch eine Mangelressource, die in einem gewissen Rahmen erweitert werden könnte. Je weniger die Katzen zusammenpassen und je unterschiedlicher ihre Bedürfnisse sind, desto mehr Zeit ist nötig, um sie alle zufriedenzustellen. So wird der Zeitaufwand im Mehrkatzen-Haushalt grösser und nicht wie erwartet geringer, weil die Katzen sich nicht so gut verstehen wie gedacht. Nur soziale Katzen, die Zeitfenster gerne gemeinsam nutzen, entsprechen eher der Erwartungshaltung, dass sie weniger menschliche Zeit fordern.

Mehrkatzen-Haushalt in der Praxis

Probleme vermeiden und lösen

Allgemeines

Nach der theoretischen Übersicht im ersten Teil geht es nun im zweiten Teil des Buches darum, wie dieses Wissen praktisch angewendet werden kann. Entstanden ist diese Aufteilung aus der Unmöglichkeit, folgende Fragen einfach so zu beantworten:

- *Wäre es gut, eine zweite/weitere Katze in meinen Haushalt aufzunehmen?*
- *Wie mache ich das, wenn die neue Katze einzieht?*
- *Was mache ich, wenn meine Katzen immer wieder streiten?*
- *Was mache ich, wenn sich meine Katzen plötzlich aus unerklärlichen Gründen attackieren?*

Aus den bisherigen Ausführungen sollte bereits klar sein, dass es darauf leider keine pauschalen Antworten geben kann. Die Idee ist also, eine Anleitung zu geben, welche Faktoren berücksichtigt werden sollen und wie das umgesetzt werden kann.

Völlig klar ist auch, dass sehr viele Mehrkatzen-Haushalte gar nicht mehr gegründet werden, wenn manche Information bereits bekannt ist und vorher berücksichtigt wird. Auch die Erkenntnis, dass es in der aktuellen Lage weder Zeit, Platz, Energie oder ausreichende soziale Kompetenz für eine weitere Katze gibt, ist therapeutisch wichtig!

Für bereits bestehende – problematische – Mehrkatzen-Haushalte liefert der erste Teil die Erklärungen, warum manches so und nicht anders läuft und was für diese Situation verbessert werden kann.

Nicht immer werden alle Maßnahmen für alle Katzen und Haushalte passend sein. Aber die Möglichkeiten sind so zahlreich, dass mit einer individuell angepassten Strategie und realistischen Erwartungshaltung noch das Beste für alle – ganz vorneweg natürlich für die Katzen – möglich ist.

Planung für eine weitere Katze

Für einen harmonischen Mehrkatzen-Haushalt beginnt im optimalen Fall alles mit einer guten Planung. Dazu gehört unter anderem den ersten Teil des Buches zu lesen. Aber dann kommt auch gleich die erste praktische Arbeit hinzu: beobachten.

Beobachtung

Bevor eine neue oder weitere Katze einzieht, hilft es die bestehende 5-D-Struktur einmal bewusst wahrzunehmen und den Alltag der Katze(n) analytisch zu beobachten. Auch für den bereits bestehenden Mehrkatzen-Haushalt können mit einer Bestandsaufnahme die Ressourcenverteilung verbessert und neue Zeitfenster erschaffen werden. Dazu gehören unter anderem die Fragestellungen:

- Wer macht was, wann, wo und mit wem?
- Wo kann eine weitere Katze in dieser 5-D-Struktur Platz finden?
- Wann und wo können neue Zeitfenster mit Spiel oder Training geschaffen werden?

Da die meisten Katzen von ihrem Tagesprogramm im Wochenverlauf kaum abweichen, reicht dafür schon ein freies Wochenende. Auch über mehrere Tage verteilte stundenweise Beobachtung genügt, um einen Zeit-Raum-Sozial-Plan seiner Katze(n) zu erstellen. Mit einem einfachen Protokoll, eingefügt in eine Skizze vom Wohnungsplan, wird die 5-D-Struktur deutlicher, selbst wenn es schon aufgrund der Mehrdimensionalität nicht möglich sein wird, jedes

Detail auf Papier perfekt darzustellen. Das Ziel ist vielmehr so etwas wie eine **Landkarte des Katzenalltags** zu zeichnen, so ähnlich wie auf einer Karte nicht die Realität von Bäumen, Kirchen oder Strassen vorhanden ist, sondern nur deren Symbole. Bei der Orientierung in der Realität kann eine solche Karte allemal helfen.

Eingezeichnet werden die wichtigsten Ressourcen wie:

- **Rückzugsräume:** Wo schläft, ruht und versteckt sich eine Katze? Sind ihre Fluchtpunkte oben oder bodennah unter Möbelstücken?
- **Sitzplätze:** Welches sind beliebte regelmässige Sitzplätze für Beobachtung, Fellpflege, „einfach nur" Herumsitzen?
- **Ressourcennutzung:** Wann benützt die Katze welches Katzenklo, geht fressen oder trinken?
- **Aktive und ruhige Zeiten:** Im natürlichen Tagesrhythmus von Katzen wechseln sich aktive und ruhige Phasen ungefähr alle zwei bis vier Stunden ab, mit Schwerpunkten zu den Dämmerungszeiten in der Früh und am Abend?
- **Spiel und Training:** Gibt es mehr oder weniger fixe Zeiten für Spiel und Training?
- **Kontakt und Schmusezeiten:** Welche Zeiten mit dem Menschen sind für die Katze besonders wichtig und gut ritualisiert?

Daraus ergibt sich, dass zum Beispiel ein Schlafzimmer nicht zum exklusiven Raum zur Eingewöhnung einer neuen Katze erklärt werden kann, wenn es für die ansässige Katze der wichtigste Rückzugsort, Schlafplatz einschliesslich abendlichem Schmuseritual und Versteck ist. Dem entgegen steht der – auf den ersten Blick praktische – Wert des Schlafzimmers, weil es der Raum ist, der gut abgetrennt werden kann. Ausgehend vom 5-D-Plan der ansässigen Katze könnte es dann tatsächlich sinnvoller sein, ihr vorerst die exklusiven Kontaktzeiten sowie Rückzug, Wärme und Sicherheit im Schlafzimmer zu belassen und die neue Katze – scheinbar ungerecht – im restlichen Wohnraum einzugewöhnen.

Diese Überlegungen sowie die Vor- und Nachteile jeglicher Maßnahme ergeben sich aus dieser Landkarte des Katzenalltags.

Der nächste Schritt ist die Suche nach möglichen Zeitfenstern, die der neuen Katze exklusiv zur Verfügung stehen werden – und zwar ohne diejenigen der ansässigen Katze zu beschneiden!

Neue Katzen müssen sich in neue Zeitfenster einfügen, die Zeitfenster der ansässigen Katze(n) bleiben dabei so gut wie möglich bestehen.

Eine abendliche Spiel- oder Schmusestunde – und genaugenommen handelt es sich ja eher um Minuten als Stunden – muss also um eine weitere davor oder danach für die neue Katze erschaffen werden, zumindest solange sich keine weitgehend gemeinsamen Zeiten etabliert haben – das kann in manchen Fällen niemals sein.

Wenn es aktuell noch keine etablierten Zeitfenster für gemeinsame Beschäftigung mit der ansässigen Katze gibt, dann ist jetzt der beste Zeitpunkt, welche zu etablieren, zum Beispiel regelmässig ein abendliches Spiel, Kämmen, Übungseinheiten mit Clickertraining oder ganz einfach interaktives Leckerlijagen.

Zu beachten ist, dass es Einzelzeitfenster gibt und gemeinsame Zeitfenster, in denen die Katzen zusammen sind. Ein gemeinsames Zeitfenster kann entstehen, wenn zum Beispiel zwei Einzelfenster mit Clickertraining zusammengelegt werden. Dann hat jede Katze ihre Übungen schon gelernt, ist in guter Stimmung und beide können ihre Übungen im gleichen Raum, zur gleichen Zeit, in ausreichendem Abstand nebeneinander machen.

Selbstverständlich müssen bei einer solchen gedanklichen Planung auch menschliche Bedürfnisse und Notwendigkeiten wie Beruf, Haushalt und andere Familienmitglieder bedacht werden. Letztlich kommt es aber darauf an, dass Katzen Zeit mit uns brauchen und mehr Katzen brauchen dementsprechend auch mehr Zeit.

Entscheidend für dieses Gedankenexperiment ist nicht so sehr, einen auf die Minute genauen perfektionierten Tagesplan zu haben, sondern überhaupt einen gemacht zu haben.

Was hat die Katze davon?

Eine weitere wichtige Frage, die viel zu selten aufkommt und wenn doch mitunter vorschnell mit „Spass" oder „Spielen" oder „Gesellschaft" beantwortet wird. Das bezieht sich dann doch vielmehr auf die menschliche Vorstellung und Erwartung als auf die Realität der Katze(n).

Die vorerst einzig richtige Antwort auf die Frage, was die Katze davon hat ist: nichts!

*Stellen Sie sich vor, es gäbe ein neues Gesetz, demzufolge Sie eine willkürlich zugeteilte Person in Ihrem Haushalt aufnehmen **müssen**. Sie kennen diesen Menschen nicht. Er wird in Ihrem Bett schlafen, sich am Kühlschrank bedienen und das Badezimmer benützen. Und übrigens – er wird für immer da wohnen bleiben.*

Ungefähr so könnte sich die Situation für die Katze(n) darstellen.

Selbst wenn sich zwischen den Katzen eine gute Beziehung oder gar Freundschaft entwickelt, braucht das in aller Regel eine gewisse Zeit, um sich kennenzulernen, aneinander zu gewöhnen und einen gemeinsamen Alltag zu finden. Das natürlich immer unter der Voraussetzung, dass sich wenigstens einige Gemeinsamkeiten und Sympathien finden lassen ...

Solange es noch keinen guten Grund gibt, die neue Katze als Vorteil und Bereicherung zu erkennen, müssen von uns Menschen proaktiv gute Gründe erschaffen werden. Aus der Sicht der Katze verliert sie – wie aus dem obigen Beispiel ersichtlich – ziemlich viel. Und sie hat keine Ahnung, warum sie einen unbekannten Eindringling in ihrem Heim toll finden soll.

Da es nicht möglich ist, seiner Katze die Vorteile – die vorerst nur in unserer Vorstellung existieren – zu erklären, müssen sie anders transportiert werden.

Die wichtigen Fragen in diesem Kontext sind:
- Was liebt meine Katze über alles, was begeistert sie, was macht ihr grosse Freude, was ist ihr besonders wichtig?

- Wie kann diese Vorliebe oder Freude zu einem guten Grund werden?
- Wie kann ein neuer guter Grund erschaffen werden?

Es hilft eine Liste zu erstellen, was die Katze besonders gerne mag. Das kann natürlich vorrangig Futter oder besondere Leckerbissen sein, ein bestimmtes Spiel, Kämmen oder ganz individuelle Rituale. Je länger diese Liste ist, mit der man seiner Katze eine Freude bereiten kann, desto besser. Experimentieren zahlt sich aus! Für sehr viele Katzen sind gemeinsame Aktivitäten mit dem Menschen, einfach ungeteilte Aufmerksamkeit, exklusive *Me-Time* ausserordentlich wertvoll. Einfache Übungen und das Erlernen von simplen Tricks wie Nasen-Target und Sitzpatz-Target sind nicht nur ausserordentlich praktisch als Hüttenspiele, sondern auch genau das, was Katzen lieben und so oft vermissen: ungeteilte Aufmerksamkeit und geistige Anregung.

Wenn es bis jetzt noch keinen guten Grund gibt, mit dem der Vorteil einer Partnerkatze verknüpft und damit *verkauft* werden kann, dann sollte er nun erschaffen werden.

Mit zwei-, dreimal täglich einigen Minuten Clickertraining entsteht ein neues Zeitfenster mit einer ausserordentlich positiven Emotion. Für die ansässige Katze wird diese Interaktion zum Mehrwert, den sie *nur* bekommt, *weil* die neue Katze da ist. Oder zumindest soll sie das Gefühl haben und glauben, dass es so wäre und sich ihr Leben nicht nur zum Nachteil verändert hat. Wenn sich die Ressource Mensch – also Kontakt, Zeit, Interaktion und Aufmerksamkeit – plötzlich auf zwei oder mehr Katzen verteilt, ist es in der Tat sehr oft eher ein Verlust als ein Gewinn, denn paradoxerweise ist dieses *Mehr* an gemeinsamer Aktivität und menschlicher Aufmerksamkeit oft genau das Gegenteil vom ursprünglichen Wunsch – nämlich dass die Katzen miteinander tun sollen, wofür man als Mensch keine Zeit hat oder aufbringen will.

Letzten Endes spielt es keine Rolle, was genau der Gewinn für die Katze ist – er hängt immer von ihren individuellen Vorlieben ab und muss als der Mehrwert für die Anwesenheit der neuen Katze vermittelt werden.

Je besser man die Leidenschaften der eigenen Katze kennt und diese auch gezielt befriedigen kann, desto leichter ist die Erkenntnis zu verknüpfen, dass dies ihr Gewinn ist.

Jede Katze hat ihre eigenen Vorlieben – eine neue volle Spielzeugkiste kann tatsächlich ein Grund sein, die neue Katze nicht ganz so übel zu finden.

Plan B

Selbst bei der besten Planung, perfekt abgestimmter Partnerwahl und solider Vorbereitung kann es sein, dass sich die Katzen nicht mögen. Als Menschen können wir nur objektive Werte beurteilen, haben aber keinen Einfluss auf individuelle Sympathien und Antipathien.

Daher gehört zur Vorbereitung des Mehrkatzen-Haushalts immer auch ein Plan B:

- Was passiert, wenn sich die Katzen nicht vertragen?
- In welchem Zeitraum muss das Zusammenleben entschieden sein?

Auch wenn es unanständig erscheint und einem das Herz bricht, die neue Katze wieder abzugeben, so kann es doch die beste Lösung für alle Beteiligten sein. Egal welche der Katzen leidet und mit der anderen nicht zurechtkommt: sie zahlt den höchsten Preis für ein erzwungenes Zusammenleben. Es ist unfair gegenüber der ansässigen Katze, ihr Leben durch die Anwesenheit einer weiteren Katze zu beeinträchtigen, wenn sie sich nicht daran gewöhnen kann und vor allem nicht den erhofften Gewinn aus der Beziehung hat.

Es ist gleichermassen unfair gegenüber einer neuen Katze, wenn sie keinen Platz im bestehenden Haushalt findet, weil die ansässige Katze sie nicht duldet.

Wann immer eine problematische Beziehung absehbar ist, muss in einer Bestandsaufnahme geklärt werden, wer welchen Preis zahlt. Und mit Preis ist natürlich der jeweilige Verlust an Lebensqualität, an Einschränkungen und Aufwand gemeint:

- Fehlende oder begrenzte Bewegungsfreiheit der Katzen
- Sozialer Stress durch Angst und Aggression
- Gesundheitliche Probleme der Katze, die sich aus dem chronischen Stress ergeben
- Menschlicher Stress, weil die Katzen streiten, unsauber sind, mit Harn markieren, Räume deshalb geschlossen bleiben müssen
- Aufwand, die Katzen getrennt zu halten
- Zeitaufwand, die getrennten Katzen zu betreuen und gemeinsame Zeitfenster einzurichten
- Innere Zerissenheit, weil man den Katzen ehrlicherweise nicht gerecht werden kann.

Verliert die neue Katze ihren Platz ein weiteres Mal, ist das natürlich auch ein Preis, den sie zahlen muss. Je intensiver sich die Bindung an ihre neuen menschlichen Gefährten entwickelt hat, desto traumatischer ist der neuerliche Verlust dieser Bindung. Gut sozialisierte und aufgeschlossene Katzen haben naturgemäss weniger Probleme mit einer neuen Beziehung als ängstliche zurückhaltende Katzen, die sich erst nach langer Zeit, dann aber sehr innig, nur an einzelne Menschen binden.

Wann die Entscheidung für ein Trennen der Katzen fällt, ist unterschiedlich und hängt naturgemäss von diversen Faktoren wie Raumangebot, Motivation, Erwartung und verfügbarer Zeit ab. Es gibt Katzenbeziehungen, die sich erst nach einem oder zwei Jahren so entwickelt haben, dass sie nicht mehr getrennt sein müssen. Es gibt Mehrkatzen-Haushalte, die immer vollständig oder zeitweilig getrennt bleiben müssen. Wenn dies nicht möglich ist, muss Plan B zum Einsatz kommen. Als ersten Zeithorizont für eine Entscheidung kann man **sechs Wochen** anvisieren. Für Katzen, die sich bis dahin nicht aneinander gewöhnen, eine 5-D-Struktur aufgebaut haben oder sich die neue Beziehung nach anfänglichem Gelingen in eine Schieflage entwickelt, kann hier ein Endpunkt gesetzt werden. Das bedeutet nicht, dass sich ein solcher Mehrkatzen-Haushalt nie stabilisieren wird, aber er wird zum aufwendigen Projekt. Je nach Kontext und Umständen, wie einer Katzen-Patchworkfamilie, wird dieser Aufwand selbstverständlich sein, weil keine der Katzen ihren Platz verlieren kann. In anderen Fällen ist es der bessere Weg anzuerkennen, dass diese Katzen nicht miteinander glücklich werden.

Für den Plan B ist auch entscheidend, ob die neue Katze wieder an ihren alten Platz, wo sie ursprünglich herkommt, zurückgehen kann. In anderen Fällen wird für sie ein weiterer Platz gesucht werden müssen.

In Zusammenarbeit mit Tierschutzorganisationen oder Züchtern müssen die Bedingungen für einen Plan B zuvor besprochen und festgelegt werden. Auch wenn es Stress für die betreffende Katze bedeuten kann, ist der kurzfristige Trennungsstress immer noch milder zu bewerten als eine lebenslängliche unerträgliche Stresssituation im Mehrkatzen-Haushalt.

Ressourcen schaffen

Mehr Katzen benötigen auch mehr Ressourcen. Dabei geht es nicht nur um die offensichtlichen wie einen eigenen Futternapf. Schon beim Katzenklo können erste Missverständnisse auftauchen, weil davon ausgegangen wird, dass sich ja zwei Katzen ohne Weiteres eine Toilettenkiste teilen können.

Um Spannungen und im Moment gerade unerwünschte Begegnungen zu vermeiden, sollten die lebensnotwendigen Ressourcen so verteilt sein, dass es immer Alternativen gibt, wenn eine einmal blockiert sein sollte. Es gilt als Faustregel die „Reise nach Jerusalem" mit umgekehrten Vorzeichen – *immer mindestens eine Ressource mehr als es Katzen gibt.*

Jede Katze sollte zu jeder Zeit freien Zugang zu allen wichtigen Ressourcen haben.

Mit einem grosszügigen Überfluss an allem, was Katzen so brauchen, kann recht schnell unnötiges Konfliktpotenzial beseitigt werden.

Wichtig ist dabei vor allem das Vermeiden von engen Durchgängen und Sackgassen, an denen sich Katzen auflauern und mit ihrem persönlichen Raum Wege überwachen und versperren können.

Um einen gewissen Überblick über die Verteilung im Raum zu bekommen, kann das Einzeichnen der Ressourcen und der Wege dazwischen in eine Skizze vom Wohnungsplan sehr hilfreich sein.

Futter
Je nachdem, wie und womit – Feuchtfutter, Trockenfutter, Frischfütterung – die Katzen gefüttert werden, gibt es unzählige unterschiedliche Wege.

- Jede Katze muss ihren eigenen Napf und Futterplatz haben, an dem sie ungestört fressen kann. Auch der Zugangsweg zum Futterplatz soll nicht durch andere Katzen blockiert werden können.
- Die Futternäpfe sollen so angeordnet sein, dass die persönlichen Distanzen leicht einzuhalten sind, z.B. Blick in entgegengesetzte

Richtungen, kleine Zwischenwand als Sichtschutz oder eine Nische, erhöhter Futterplatz etc.

- Fütterungsfrequenz erhöhen: Feuchtfutter in mindestens fünf kleinen Mahlzeiten zu rund 25 Gramm zuteilen oder wann immer eine Katze danach fragt.
- Trockenfutter im Sinne eines Arbeitsessens oder *Activity Feeding* ausschliesslich in Fummelbrettern und Foodpuzzles anbieten. Da Katzen unterschiedliche Vorlieben und Talente beim *Activity Feeding* haben, kann über die Auswahl verschiedener Foodpuzzles die Fütterung beeinflusst werden.

Katzenfreundliche Anordnung von Futternäpfen.

- Mehr als ein Foodpuzzle reduziert sozialen Druck beim *Activity Feeding* und bringt Abwechslung in den Katzenalltag.
- Microchipgesteuerte Futternäpfe ermöglichen den exklusiven Zugang nur für die gespeicherte Katze. Auf diese Weise bleibt auch langsam fressenden Katzen genug Futter und medizinische Diäten können gezielt gefüttert werden.
- Microchipgesteuerte Katzenklappen im Haus ermöglichen den exklusiven Zugang nur für die gespeicherte Katze in einen getrennten Raum oder eine Box, in der das Futter steht.

- Interaktive Fütterung im Rahmen von (Jagd)-Spiel oder Training – zum Beispiel Clickertraining oder Erjagen von Trockenfutter und Leckerbissen.
- Mit einigen festgelegten Fütterungszeiten entstehen Zeitfenster, die mit einer positiven Erwartungshaltung verbunden sind. Diese positive Emotion kann im Rahmen einer Zusammenführung helfen, sich an die Anwesenheit einer anderen Katze zu gewöhnen, has heisst das besonders tolle Futter gibt es nur *wegen* der Partnerkatze.

Katzentoilette
Da Unsauberkeit eines der häufigsten Probleme ist, zahlt es sich aus, von Anfang an unwiderstehliche Erlebnisklos anzubieten.

- Eine gängige Faustregel für die Gesamtzahl der Katzentoiletten ist die Zahl der Katzen plus eins. Die Qualität hat aber immer Vorrang gegenüber der Quantität. Zwei grosszügige Kisten an zwei unterschiedlichen Standorten sind damit immer besser als vier handelsübliche Standardtoiletten.
- Stehen mehrere Katzenkisten nebeneinander, zählen sie nur für einen Standort. Somit sind drei kleine Toiletten nebeneinander aus Katzensicht nur eine mit unnötigen Trennwänden dazwischen.
- Abmessungen von 50 x 70 cm oder mehr bieten auch grossen Katzen ausreichend Komfort. Am besten misst man den maximal verfügbaren Platz aus und sucht mit diesen Abmessungen die grösstmögliche Plastikbox oder Katzentoilette aus.
- Optimale Katzentoiletten sind offen, weil sie damit sowohl mehr Bewegungsspielraum als auch freie Belüftung bieten.
- Für Katzen, die in der Kiste markieren, eignen sich Kisten mit ausreichend hohen Wänden besser als Katzentoiletten mit Haube.
- Nicht nur der Standort an sich, sondern vor allem die Zu- und Abgangswege sind im Mehrkatzen-Haushalt wichtig. Alternative Fluchtwege können auch nach oben gehen.
- Standorte in engen Räumen wie Bad, WC, Abstellraum oder Vorraum sind möglicherweise problematisch, weil der Zugang sehr leicht von einem Punkt aus blockiert werden kann.

- Sehr fein granulierte, kompakt klumpende Einstreu ist für die meisten Katzen ausserordentlich attraktiv und bleibt durch stabile Klumpenbildung gefühlt lange sauber.
- Diverse Ökostreusorten aus nachwachsenden Rohstoffen sind bei den Katzen nicht ganz so beliebt – vor allem, wenn sie grobkörnig sind – und brauchen eventuell längere Gewöhnungsphasen.
- Um die Vorliebe für eine bestimmte Streusorte zu erkennen, bietet man Kisten mit verschiedenen Streutypen nebeneinander an und lässt die Katzen über das bevorzugte Material „abstimmen".

Interaktives Spiel

Spielen als Ersatz für jagdliche Aktivitäten ist in sehr vielen Fällen eine Mangelressource im Mehrkatzen-Haushalt. So zu spielen, dass es für die Katzen zur befriedigenden Aktivität wird, ist eine Kunst.

- Jede Katze soll die Möglichkeit für Einzelspiel haben, wie es ihrem natürlichem Jagdverhalten entspricht.
- Einzelspiel kann erreicht werden über Sitzen in der geschlossenen Wohn-Transportbox, auf den Arm nehmen, unterschiedliche Beutevorlieben, gleichzeitiges Spielangebot in ausreichendem Abstand, abwechselndes Spiel, sofern die Katzen das gelernt haben und respektieren.
- Katzen haben Vorlieben für unterschiedliche Beutetypen. Mit einem breiten Sortiment an diverser Spielbeute kann jede Katze ihren Vorlieben entsprechende Beute bespielen. **Spielbeute ist** – mit wenigen Ausnahmen – ein **Verbrauchsartikel** wie Katzenstreu und muss regelmässig abgewechselt und ersetzt werden.
- Mit fixen Spielzeiten können wichtige Zeitfenster in der 5-D-Struktur entstehen, die zur allgemein positiven Stimmung beitragen. Dämmerungszeiten sind Aktivitätsphasen und die Katzen sind leichter motivierbar.
- Jagdspiele unterstützen das Selbstbewusstsein unsicherer Katzen und sind ein Weg, die überschüssige Energie aktiver Katzen sinnvoll zu kanalisieren.
- Katzen spielen bereits, wenn sie eine Spielbeute beobachten und

lauern. Erwachsene Katzen spielen meistens nicht mehr so bewegungsaktiv wie Jungkatzen.

- Eine gute Spielatmosphäre entsteht durch ausreichend Versteckmöglichkeiten für Beute und Katze, zum Beispiel Kartons, Wohn-Transportboxen, Tunnel, Papiersäcke mit durchtrennten Griffen, zusammengeschobene Teppiche, Polster und Decken etc.
- Katzen, die schon lange nicht mehr gespielt haben, brauchen unter Umständen einige Wochen, um auf ein Spielangebot einzusteigen. Das Gleiche gilt für Katzen, die bisher immer nur passive Zuschauer waren, weil sie bei Anwesenheit einer anderen Katze zu langsam entscheiden und damit im Nachteil waren.
- Sich gegenseitig beim Spiel zu beobachten – aber nicht zu stören – hilft Katzen, sich auf indirektem Weg besser kennenzulernen.

Raum erschaffen

Einer der elegantesten Wege, einen Mehrkatzen-Haushalt zu organisieren, ist neuen Raum zu erschaffen. Während die Wohnung oder ein Haus als solches nicht vergrössert werden können, ist es doch relativ einfach, den für die Katzen verfügbaren Raum zu erweitern.

Für die Katzen nutzbaren Raum zu erschaffen, ist vor allem mit zwei Maßnahmen möglich:

- Wohnboxen
- Zugang zur dritten Dimension

Wohnboxen

Katzen benötigen Rückzugsräume, in denen sie schlafen und sich sicher fühlen können. Diese Räume könnten ein ganzes Zimmer sein, aber für diesen Zweck reicht einer Katze im Prinzip schon eine grosse Box. Für Ruhe- und Schlafphasen sowie als Versteck braucht eine Katze kein ganzes Zimmer, sondern nur eine Box, die ihr sichtgeschützten Rückzugsraum bietet. Auch in einem eigenen Zimmer würde sich die Katze in ihren Isolationsphasen ohnehin auch nur an einen kuscheligen, warmen Platz zurückziehen – der Rest des Raums spielt hierfür keine grosse Rolle und bleibt ungenutzt.

In weitläufigen Haushalten mit wenig Türen und grossen offenen Wohnräumen entsteht mit einer Box ein strukturierter, katzengerecht klein begrenzter Raum. Mit mehr als einer Box entstehen aus Katzensicht neue Räume, quasi mehrere Katzenzimmer. Selbst wenn für eine der Katzen ein eigenes Zimmer eingerichtet werden könnte, ist der Vorteil der Box, dass alle Katzen im Wohnraum zwar vorübergehend unsichtbar, aber doch präsent bleiben können.

Auch in kleinen Wohnungen ohne freie Zimmer, in denen Katzen getrennt werden können, kann eine Box genau diesen Mittelweg ermöglichen – nämlich im Wohnraum präsent bleiben bei trotzdem zeitweiliger Isolation und Sichtschutz.

Im Rahmen einer Zusammenführung kann **die Box** also **eine Notlösung** sein, wenn es keine andere Möglichkeit gibt, Katzen in getrennten Räumen zu halten, weil es die gar nicht gibt.

Als Wohnboxen eignen sich sowohl die üblichen kleinen Transportboxen wie auch grössere textile Faltboxen. Eine reine Wohn-Transportbox zum Schlafen kann gerade so an die Körpergrösse angepasst sein, weil Katzen sehr gerne mit begrenzender Anlehnung schlafen. **Jede Katze sollte im Sinne des Ressourcenüberflusses ihre eigene Wohn-Transportbox haben.**

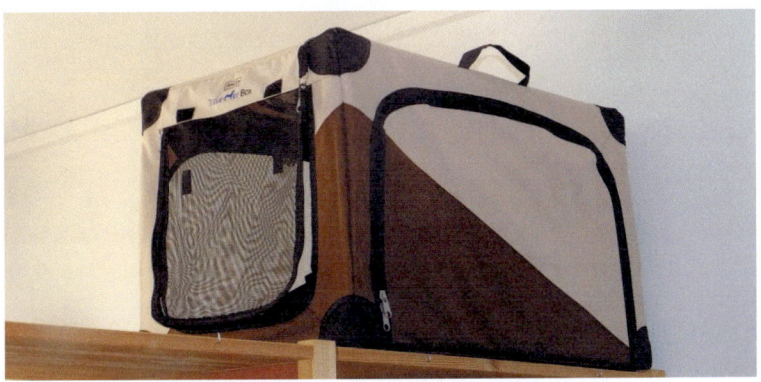

Mit grossen Faltboxen kann zusätzlicher Raum für die Katzen neu erschaffen werden.

Sind längere Aufenthaltszeiten in der Box geplant oder nötig, wie zum Beispiel bei der Eingewöhnung einer ängstlichen Katze, einer komplizierten Zusammenführung oder aus medizinischen Gründen, muss eine Wohnbox natürlich entsprechend grösser sein. Es müssen auf jeden Fall ein Katzenklo, Futter, Wasser und ein Liegeplatz verfügbar sein. Als Orientierung können hier die Käfige für den stationären Aufenthalt in einer Klinik helfen, oder ein Richtmass von mindestens 50 x 80 cm. Mit Decken als vorhangähnlichem Raumteiler innerhalb der Box oder Kartons wird auch ein so kleiner Raum nochmals strukturiert und bietet unterschiedliche Zonen.

Zur Eingewöhnung können Faltboxen vollständig eingerichtet werden.

Textile Faltboxen können mit Reissverschlüssen an mehreren Seiten geöffnet werden, dämpfen Geräusche und sind von aussen weitgehend blickdicht, während die Katze von innen hinaussieht. Dies erfüllt das Katzenbedürfnis *Sehen, aber nicht gesehen werden* perfekt.

Als Rückzugsräume können alle Wohnboxen natürlich offen bleiben. Soll eine Wohnbox als Trennung und Teil einer Zusammenführung – vorübergehend oder für einige Wochen – funktionieren, muss sie sicher verschliessbar sein.

Im Rahmen von Selbstbaulösungen kann der Raum unter einem Tisch mit Holzplatten und einem Katzennetz abgeschlossen werden. Auch alte Kindergehschulen aus Holz können in eine Wohnbox umgebaut werden.

Wichtig: Die Käfighaltung von Katzen ist verboten!

Boxentraining
Die weitaus meisten Katzen lieben kleine Boxen als sicheren Rückzugsraum und steigen spontan ein. Kleine dämmerige und gut begrenzte Orte vermitteln Sicherheit und lassen sich gegenüber anderen Katzen sehr gut verteidigen.

Dennoch ist es grundsätzlich sinnvoll, eine Wohn-Transportbox positiv zu verknüpfen – für Katze und Mensch.

Für Katzen, die bereits unangenehme Erfahrungen wie Autofahrten und Tierarztbesuche mit der Transportbox gemacht haben, ist der beste Weg mit einer völlig neuen Box zu starten.

Attraktiv wird eine Box durch weiche Decken, interessante Gerüche oder darin versteckte Leckerbissen, aber auch durch einen Standort, den die Katze mag.

Bei gezieltem Training lernt die Katze in ganz kleinen Schritten mit Belohnungen selbstständig in die Box einzusteigen und sich bei geschlossener Tür ruhig zu verhalten:

• Box mit weicher Decke bereitstellen und die Tür öffnen, oder zunächst am besten vollständig entfernen, bei Faltboxen auch mehrere Türen öffnen.
• Wenn sich die Katze annähert oder die Box schon betritt, bekommt sie einen Leckerbissen.
• Sobald die Katze zuverlässig einsteigt, kann die Tür für einige Sekunden geschlossen werden.
• Die Aufenthaltszeiten in der Box nach und nach verlängern –

um die Zeit in der Box positiv zu verknüpfen, kann eine ganze Fütterung in die Box verlegt werden.

- Für längere Aufenthaltszeiten in der Box wählt man Ruhephasen, in denen die Katze ohnehin schläft.
- Die Katze soll lernen, dass sich die Tür nicht öffnet, wenn sie miaut oder kratzt, sondern nur, wenn sie sich ruhig verhält.
- Wird eine Katze in der Box unruhig, wartet man auf eine oder zwei Sekunden Pause und lässt sie aussteigen. Für die nächste Übungseinheit gilt: Mehr Geduld und wesentlich langsamerer Fortschritt führen schneller ans Ziel!

Junge Katzen lernen das Einsteigen und Warten in der Box im Rahmen des Katzen-Kindergartens ganz einfach und super schnell als lustiges Spiel.

Wird die Box Teil einer Zusammenführung, sollte die Katze zuvor gelernt haben, dass dies ein sicherer und angenehmer Ort ist. Auf gar keinen Fall soll für die Katze der Eindruck entstehen, dass sie ihre Freiheit *wegen* der anderen Katze verliert.

Gut eingerichtete Boxen, wie sie auch für mehrwöchige Käfigruhe nach Operationen zum Einsatz kommen, werden schon innerhalb weniger Tage zum bevorzugten Rückzugsort von Katzen. Nach einem kurzen Ausflug kehren sie freiwillig zurück in ihr höchstpersönliches Heim. *Einsperren* ist also für Katzen nicht unbedingt so negativ – wenige Ausnahmen bestätigen diese Regel – wie es für uns Menschen aussieht.

Katzen, die in einen neuen Haushalt kommen – ganz besonders erwachsenen und ängstlichen – hilft eine Wohnbox ganz entscheidend beim Eingewöhnen. Sie befinden sich dann schon in ihrem sicheren, überschaubaren Heim und müssen sich nicht verzweifelt in irgendwelche Schlupfwinkel verkriechen, wo sie oft tage- oder wochenlang versteckt bleiben. Je nach Persönlichkeit bleibt die Katze vorerst zwischen zwei und 24 Stunden in ihrer Box, um anzukommen. Erst dann wird die Tür für erste Ausflüge geöffnet. Sobald sich die Katze unsicher fühlt, wird sie mit allergrösster Wahrscheinlichkeit wieder in ihr persönliches sicheres Heim zurückkommen. Es ist ihr Basislager, von dem aus sie ihre Expeditionen zum Akklimatisieren unternimmt.

Auch für Übungseinheiten bei anspruchsvolleren Zusammenführungen ist die Wohnbox ein sicherer Ort, der vor Angriffen schützt, Flucht verhindert und die Gelegenheit bietet, sich zu beobachten und an die Präsenz der jeweils anderen Katze zu gewöhnen. Längerfristige Aufenthalte in der Box über mehrere Tage oder Wochen sind – wie es medizinisch erforderliche Käfigruhe zeigt – zwar gut möglich, müssen aber **fachlich sehr gut begründet** sein.

Oberstes Gebot und Ziel ist immer das Wohlbefinden der Katze!

Ist ein komplexer Mehrkatzen-Haushalt nur mit der Box als Extrazimmer möglich, kann medikamentelle Unterstützung einer oder beider Katzen helfen, die Situation besser zu ertragen und schneller ans Ziel zu kommen.

Zugang zur dritten Dimension

Für Katzen bleibt der nutzbare Raum einer Wohnung nicht auf die reine Bodenfläche begrenzt, sondern kann in die dritte Dimension erweitert werden. Mit Klettermöglichkeiten und durch Sprünge erreichbare erhöhte Plätze eröffnet die Vertikale einen Lebensraum, den die Katzen gerne nutzen und ihn somit vergrössern. Ähnlich wie bei allen anderen Ressourcen sollen Sackgassen, in denen eine Katze festgesetzt werden kann, vermieden werden. Alternative Wege in der Höhe sind eine elegante Möglichkeit, Engstellen am Boden zu entschärfen. Anstatt sich am Boden in Quere zu kommen, kann eine Katze die Engstelle über eine Umleitung in der Höhe umgehen.

Als Weg in die dritte Dimension eignet sich alles, was die Katzen durch Springen oder Klettern nutzen können. Damit daraus auch tatsächlich ein 3-D-Raum entsteht, müssen einzelne Elemente wie Kratzbaum oder Klettersäulen miteinander vernetzt werden. Laufstege und Sitzbretter können ebenso wie vorhandene Möbel zu Routen kreuz und quer durch die drei Dimensionen des Raums verbunden werden. Diese erweiterte Raumnutzung beginnt schon auf Sesselhöhe, sodass auch angebotene Hocker, Tisch, Regal und Wandschrank Teil davon sein können.

- Kratzbaum
- Kratztonne
- Kratzsäule
- Kratzteppich an der Wand montiert
- Cat's Trapeze
- Hängematten an der Heizung oder Wand oder am Fenster
- Faltboxen als erhöhte Sitzplätze

Fensterliegeplätze mit Sonne sind beliebte Ruheorte und Teil des 3-D-Systems.

Gerüche tauschen

Katzen kommunizieren ausgeprägt über Gerüche und haben eine sehr gute Wahrnehmung dafür. Mit Gerüchen und den nahe verwandten Pheromonen können sich Katzen ohne direkten Kontakt ein Bild und wahrscheinlich eine Meinung voneinander machen. Indirektes Kennenlernen über Gerüche ist also eine sehr gute Vorbereitung für den Mehrkatzen-Haushalt, ohne ein Gefühl von Bedrohung für die Katzen auszulösen.

Als Übermittler von Gerüchen eignen sich
- Decken und Handtücher, auf denen eine Katze liegt.
- Menschen und Kleidung, die in Kontakt mit einer Katze waren.
- die abwechselnde Nutzung von Räumen.

Diese neuen Gerüche einer fremden Katze werden so präsentiert, dass sie wahrnehmbar, aber trotzdem vermeidbar sind – also nicht direkt am Schlaf- und Rückzugsplatz einer Katze.

Die Reaktion auf den Geruch einer fremden Katze ist typischerweise Neugier und Interesse, manchmal kombiniert mit Flehmen. Weniger soziale, ängstliche und eher territoriale Katzen reagieren schon auf den Geruch einer fremden Katze in einer solchen indirekten Begegnung zurückhaltend, vermeidend oder aggressiv mit Fauchen und Knurren. Auch das Markieren fremder Gerüche mit Harn ist kein gutes Omen für eine einfache Zusammenführung, die sich in eine harmonische Beziehung entwickelt.

Pheromone

Neben den persönlichen Gerüchen der jeweiligen Katzen kann auch mit synthetischen Analogen von Pheromonen eine Zusammenführung gut vorbereitet werden. Mit diesen Pheromonen kann ein Ambiente von Vertrautheit unterstützt werden, in dem sich die Katzen sowohl in der Umgebung als auch sozial sicher fühlen. Aus diesem emotionalen Wohlbefinden heraus fällt die Kommunikation und der Beziehungsaufbau zu einer anderen Katze erheblich leichter. Details zur Pheromontherapie sind im Abschnitt „Lösungen für Probleme im Mehrkatzen-Haushalt" beschrieben.

Rituale einführen

Gut etablierte Rituale sind ein ganzes Katzenleben lang ein wirksames Mittel, um in Krisensituationen sofort Stress abzubauen. Als Ritual eignet sich alles, was die Katzen sehr schnell, zuverlässig und gerne machen. Mit so einfachen Übungen wie einem Nasen-Target, in einer Schachtel oder auf einem Hocker sitzen, kann die Spannung aus einer Begegnung in gegenseitiges Vertrauen umgewandelt werden.

Jede Katze weiss, dass sie für ihre Übung eine Belohnung, Aufmerksamkeit und Wertschätzung bekommt. Eine solche Übung ist damit ein **winzig kleines Zeitfenster**, das beinahe zu jedem Zeitpunkt geöffnet werden kann. Daraus entsteht unmittelbar wechselseitiges Vertrauen – jede Katze fühlt sich mit einem guten Ritual zum richtigen Zeitpunkt am richtigen Ort und tut das Richtige. Sogar Katzen, die ansonsten nichts miteinander tun, entwickeln so etwas wie einen Teamgeist, wenn ein Übungsritual immer wieder gemeinsam durchgeführt wird. Die eben noch gegen eine Partnerkatze gerichtete Spannung wird in eine gute Stimmung umgewandelt. Positive Rituale wirken wie ein OFF-Schalter – anstelle zu schimpfen ruft man einfach die Übung ab. Durch die Beobachtung und das Wissen, wie die Übung der Partnerkatze aussieht, sind solche Rituale für die Katzen **vertrauensbildende Maßnahmen**. Die Emotion der Katzen darf allerdings nicht zu intensiv oder ein Konflikt zum Angriff eskaliert sein – je früher also eine vertraute positiv belegte Übung abgerufen wird, desto eher wird sie gut funktionieren. Viele Wiederholungen machen ein Ritual immer wertvoller. Als Gewohnheitstiere führen Katzen ihre vertrauten Handlungen irgendwann vollautomatisch aus und denken nicht mehr darüber nach.

Was kann ein Ritual sein?

- **Sitzplatz-Target:** an einem definierten Platz wie in einer Schachtel, auf einer Decke, einem Sitzbrett oder Ballkissen etc. sitzen. Jede Katze hat dabei ihren eigenen exklusiven Platz. Es gibt *immer* eine Belohnung, wenn die Katze an ihren Platz gebeten wird und besonders hochwertige Belohnungen gibt es *nur noch* an diesem Platz. Die jeweiligen Sitzplätze sollten so nahe beisammen liegen, dass die fast gleichzeitige Belohnung der Katzen möglich ist und so weit voneinander entfernt, dass die Katzen sich wohlfühlen. Distanz kann zusätzlich auch durch unterschiedliche Höhe der

Sitzplätze oder Sichtschutz geschaffen werden: Zum Beispiel sitzt eine Katze am Boden und eine auf einem Sessel, eine Katze in einem Karton mit erhöhtem Rand oder in einer Box.

- In grossen Haushalten oder auf mehreren Wohnebenen gibt es pro Etage oder in sinnvoller Reichweite weitere Sitzplatz-Targets.
- **Nasen-Target** oder andere einfache Übungen wie ein Pfoten-Target, Sitzen und Blickkontakt, Rolle etc. sind sozusagen mobile Rituale, die immer dabei sind und überall wirksam sein können.

Gut ritualisierte Übungen wie ein Sitzplatz-Target schaffen Vorhersehbarkeit.

Ein solches Ritual wird am besten eingeführt, bevor eine neue Katze einzieht oder während einer Trennungsphase, jedenfalls bevor die beiden Katzen wieder zusammengeführt werden. Jede Katze lernt ihre Übung vorerst alleine, bis sie zuverlässig funktioniert und sie weiss, worum es geht. Noch getrennte Katzen machen ihre Übung dann nacheinander am geplanten Ort. Erst wenn jede Katze ihre Übung zuverlässig an ihrem Sitzplatz alleine macht, beginnt die Phase des gleichzeitigen Nebeneinanderübens.

Letztlich sieht das Ergebnis ungefähr wie eine Zirkusnummer mit Katzen aus: Jede sitzt an ihrem Podest und weiss, sie macht gerade alles richtig, fühlt sich sicher, bekommt Belohnung und Wertschätzung.

Brustgeschirr und Leine

Katzen mit einem Sitzplatz-Target an einem bestimmten Punkt *festzunageln* ist die Hohe Schule des Trainings und nicht mit allen Katzen – oder zumindest nicht im erhofften Zeitrahmen – möglich. Neben der völligen Begrenzung in einer Box ist ein Brustgeschirr mit Leine ein Kompromiss für grösstmögliche Bewegungsfreiheit bei ausreichender Bewegungskontrolle. Mit der Leine bleibt die Katze besser im menschlichen Einflussbereich; es werden Angriffe und – noch wichtiger – Verfolgungsjagden verhindert.

Unabdingbare Voraussetzung dafür ist, dass die Katze gut an Brustgeschirr und Leine gewöhnt ist. Ähnlich wie beim Aufenthalt in der Box soll niemals das Gefühl entstehen, dass dieser gelegentliche Verlust von Freiheiten mit der neuen Katze zusammenhängt.

Junge Katzen lernen am schnellsten Brustgeschirr und Leine zu tolerieren – es gehört zu den wichtigen Life Skills, die sie spielerisch schon im Katzen-Kindergarten lernen. Bei erwachsenen Katzen kann die Gewöhnung lange dauern und bei intoleranten Katzen ist sie mitunter unmöglich.

Viele Katzen bewegen sich ein klein wenig gehemmter, wenn sie ein Brustgeschirr tragen – für sehr selbstsichere Katzen, die bei Begegnungen proaktiv auftreten, kann diese geringfügige Beeinträchtigung ein Vorteil sein.

Brustgeschirr und Leine dürfen nur und *ausschliesslich unter Aufsicht* während der begrenzten Zeit einer Begegnung an der Katze sein!

Niemals darf eine Katze mit der Leine angebunden oder allein gelassen werden!

Brustgeschirr und Leine zu tolerieren ist auch ohne Spaziergänge eine praktische Fähigkeit.

Gittertür

Eine vergleichsweise einfache technische Lösung, um einen Mehr-katzen-Haushalt vorzubereiten, ist die Gittertür. Wenn ein eigener Raum für die neue Katze zur Verfügung steht, ermöglicht die Git-tertür eine langsame Gewöhnung ohne weitere aktive Maßnahmen wie Training oder Hüttenspiele. Der Zeitaufwand ist somit gering und es bleibt den Katzen überlassen, wann, wie oft und wie intensiv sie an diesem Sichtfenster Kontakt haben wollen.

Durch die Gittertür können sich die Katzen sehen, hören und riechen, Nasenkontakt haben, sich aber nicht direkt attackieren und vor allem nicht verfolgen.

Eine Gittertür muss nicht zur Gänze aus Netz oder Drahtgit-ter bestehen. Es reicht, bei einer billigen Tür auf Katzenhöhe ein

Fenster auszuschneiden und mit Katzenschutznetz oder Hasengitter zu versehen. Als Schutz vor sehr offensiven Katzen, die starrend davorsitzen oder an das Gitter springen, ist zeitweiliger Sichtschutz durch einen Vorhang oder eine Platte nötig. Die Trennung mit einer Gittertür entspricht annähernd einem natürlichen Gewöhnungsprozess, mit dem neue Katzen langsam von der Peripherie in eine Gruppe hineinwachsen. Dieser Prozess kann einige Wochen oder Monate dauern, manche Katzen bleiben jedoch immer am sozialen und räumlichen Rand beziehungsweise ausserhalb einer Gruppe.

Einfache Gittertür für langsame Gewöhnung.

Dem Vorteil der unabhängigen Gewöhnung nach Katzenbelieben steht ein potenzieller Nachteil gegenüber. Ängstliche, sozial unsichere Katzen etablieren sich in ihrem Zimmer, fühlen sich dort immer am richtigen Ort. Sie haben dann unter Umständen wenig Tendenz, diesen Raum zu verlassen. Und wenn sie es doch tun, kann es sein, dass sie sofort attackiert werden, weil sie dann auf fremdem Boden sind. Oder sie fühlen sich bei ihren Ausflügen so verunsichert, dass schon ihre niedrige Körperhaltung Drohung und Angriff auslöst. Dann gäbe es zwar prinzipiell eine Gewöhnung der Katzen aneinander, aber eine dauerhafte Demarkationslinie an der Gittertür, deren Überschreitung nicht toleriert wird.

Um dies zu vermeiden, braucht die durch ein Gitter abgetrennte Katze einen guten Grund, sich auch im Rest der Wohnung wohl, sicher und am richtigen Ort zu fühlen. Damit beginnt wieder die Phase des Trainings mit Hüttenspielen und Ritualen in dem Raum, der künftig gemeinsamer Wohnraum aller Katzen sein soll.

Zusammenführung

Nach einer mehr oder weniger umfassenden Vorbereitung müssen sich die Katzen irgendwann einmal auch tatsächlich treffen. Je besser die Planung und Vorbereitung war, desto weniger ist es ein Blind Date, weil sich die Katzen dann ja zumindest schon einmal über den Austausch von Gerüchen oder durch eine Gittertür bekannt machen konnten.

Je nach den Gegebenheiten kann eine Zusammenführung sehr schnell gestaltet werden oder sich über mehrere Wochen, ja sogar Jahre hinziehen. Aus den bisherigen Kapiteln ist schon klar – es gibt keine für alle Haushalte gültigen Rezepte. Die jeweiligen Faktoren geben jedoch vor, mit welcher Geschwindigkeit man in etwa vorgehen kann.

Unter freien Lebensbedingungen nähern sich sozial kompetente Katzen langsam vom Rand her einer sozialen Gruppe und irgendwann haben sich alle aneinander gewöhnt, können beisammen

sein und gehören zusammen. Es bleibt dennoch jeder Katze die Freiheit, jederzeit ihrer eigenen Wege zu gehen und den Kontakt zu vermeiden.

Die zwei entscheidenden Eckpunkte für eine Zusammenführung sind daher:
• soziale Kompetenz und Kompatibilität der Katzen
• zur Verfügung stehender Raum

Schnelle Zusammenführung

Bei einer schnellen Zusammenführung treffen sich die Katzen im gemeinsamen Wohnraum und müssen dann auch ab diesem Zeitpunkt dauernd zusammenleben.

Eine mögliche Variante der schnellen Zusammenführung bei begrenztem Wohnraum ist die grosse Wohnbox, die vorübergehend ein Extrazimmer wird und damit die zeitweilige Trennung der Katzen ermöglicht.

Schnelle Zusammenführungen können *nur* dann funktionieren, wenn die Katzen gut, um nicht zu sagen *perfekt*, zueinander passen und nicht nur hohe soziale Kompetenz, sondern auch Geselligkeit – das aktive Bedürfnis nach Kontakt – mitbringen.

Umgekehrt heisst das aber auch: Mit begrenztem Wohnraum und der Unmöglichkeit, ein Zimmer über einen längeren Zeitraum zur Trennung der Katzen zu reservieren, müssen die Katzen so gut zueinander passen, dass eine schnelle Zusammenführung realistisch machbar ist.

Einen Mehrkatzen-Haushalt mit unpassenden Katzen *und* eng begrenzten räumlichen Bedingungen zu begründen schliesst sich nahezu aus.

Fehlender Raum und weniger kompatible Katzen können – bis zu einem gewissen Grad – durch viel Zeit, Training und Katzenverständnis aufgewogen werden.

Im allerbesten Fall entwickelt sich eine Instantfreundschaft und der Mehrkatzen-Haushalt läuft innerhalb von ein bis zwei Tagen rund. Ein Beispiel:

- Eine perfekt sozialisierte, gesellige knapp zweijährige Kätzin, die nach dem Verlust ihrer Schwester vor sechs Wochen immer noch auf der Suche nach sozialem Kontakt ist.
- Eine ebenso perfekt sozialisierte Kätzin mit 14 Wochen.
- Beide kommen aus der gleichen Ursprungsfamilie und sind eng miteinander verwandt (z.B. Halbschwestern, Cousinen, Tante und Nichte).
- Beide haben die gleiche Farbe.
- Beide sind entspannte, aufgeschlossene Persönlichkeiten.
- Beide mögen gerne körperlichen Kontakt, Wärme und spielen.

Eine erste perfekte Begegnung könnte in diesem Fall so arrangiert werden:

Die neue Katze kommt in ihrer Transportbox an und bleibt noch, etwas erhöht abgestellt, für 10 bis 20 Minuten in derselben sitzen, um anzukommen. Die ansässige Katze bekommt damit gleichzeitig Gelegenheit zu registrieren, dass hier eine andere Katze ist. Anschliessend bekommt die neue Katze ungefähr eine halbe Stunde, um sich alleine und frei im Raum zu bewegen, damit sie sich orientieren kann, während die ansässige Katze in ihrer eigenen Wohn-Transportbox wartet. Anschliessend dürfen sich beide Katzen frei bewegen und im eigenen Tempo Kontakt miteinander aufnehmen.

Es folgt typischerweise ein Nasenkontakt, einander beschnuppern und sich auf Schritt und Tritt folgen. Manchmal setzt sich die ansässige Katze auch einfach hin und beobachtet, wie die neue Katze den Raum exploriert. Nach der ersten aufregenden Phase des Kennenlernens sind die Katzen wieder interessiert an Futter oder Leckerbissen und suchen sich schliesslich einen komfortablen Ruheplatz. Solcherart perfekt zueinander passende Katzen liegen nach zwei Stunden gemeinsam an einem warmen Kuschelplatz.

Das bedeutet nicht, dass es ab diesem Zeitpunkt niemals wieder Unstimmigkeiten, gelegentliches Fauchen, Knurren oder auch Pfotenhiebe geben wird. Aber diese Katzen werden in der Lage sein, ihre kleinen Konflikte entweder ganz alleine oder mit wenig menschlicher Unterstützung zu lösen.

Nicht alle – oder vielmehr nur die wenigsten – Katzenbeziehungen beginnen so perfekt harmonisch, obwohl die Katzen an sich gut zusammenpassen. Viel realistischer sind erste Begegnungen mit Fauchen, Knurren oder paradoxer *Geh weg zu mir*-Kommunikation. Erst durch das gegenseitige Beobachten, Geruchskontrolle, Annäherung und Distanzierung findet eine langsame Gewöhnung statt. Fauchen und dezent unfreundliches Maunzen sind also noch kein Grund, ein Treffen zu beenden. Menschenbezogene Katzen profitieren sehr davon, wenn sie leise mit ihrem Namen und anderen Freundlichkeiten beruhigt werden, indem man ihnen das Blaue vom Himmel herunter verspricht. Laute Geräusche wie Händeklatschen oder Schimpfen sind extrem kontraproduktiv, weil sie zu ohnehin schon angespannter Stimmung noch mehr Ungutes hinzufügen.

Die Phase der Distanzierung dauert je nach Persönlichkeit ein bis mehrere Tage, bis bei der ansässigen Katze langsam die Erkenntnis dämmert, dass die Neue tatsächlich bleiben wird.

Langsame Zusammenführung

Bei einer langsamen Zusammenführung begegnen sich die Katzen erst nach und nach. Sie müssen auch nicht sofort und dauerhaft zusammenleben, weil es die räumlichen Möglichkeiten gibt, sie immer wieder einmal zu trennen.

Langsame Zusammenführungen sind – unter der Voraussetzung, dass es den Platz dafür gibt – im Zweifel immer die bessere Wahl, wenn wenig oder gar nichts über die Katzen, ihre soziale Kompetenz und ihre Persönlichkeiten bekannt ist.

Es spricht ja nichts dagegen, das Vorgehen zu beschleunigen, wenn die Katzen schneller dazu bereit sind. Mit behutsamer und geduldiger Kontaktanbahnung werden traumatische Erfahrungen verhindert, die entweder gar nicht mehr oder nur mit erheblichem Aufwand zu therapieren sind.

Also lieber einmal zu vorsichtig sein als eine gute Beziehung schon von Anfang an zu belasten oder schlimmstenfalls unmöglich zu machen.

Eine langsame Annäherung kann zum Beispiel folgendermassen arrangiert werden:

- Trennung in einem Raum bei ganz verschlossener Tür
- Trennung in einem Raum mit Gittertür
- Öffnen der Tür für die neue Katze, während die ansässige in ihrer Wohn-Transportbox sitzt
- Öffnen der Tür für die neue Katze, während die ansässige auch frei ist
- Die Trennung wird anfangs nur für 10 bis 20 Minuten aufgehoben, aber eventuell mehrmals täglich
- Begegnungen verlaufen entspannter, wenn sie mit *Hüttenspielen* oder anderen angenehmen Aktivitäten kombiniert werden
- Die Kontaktzeiten nach und nach verlängern, solange die Katzen einigermassen entspannt bleiben
- Erhöht sich die Spannung, die Katzen wieder trennen
- Zeiten der Trennung, zum Beispiel nachts, können durchaus über einen langen Zeitraum oder für immer sinnvoll sein.

Jede Begegnung sollte in allgemein entspannter Stimmung, ohne Zeitdruck oder Hektik stattfinden. Wenn Futter als Belohnung gebraucht wird – Clickertraining, Leckerbissen verteilen – sollten die Katzen vor dem Treffen etwas hungrig, aber nicht völlig ausgehungert sein.

Das Beobachten von Ausdrucksverhalten und Körpersprache ist wichtig, um die emotionale Verfassung der Katzen und ihre Absichten frühzeitig zu erkennen.

Die Katzen dürfen
- sich beobachten, beschnuppern, langsam nachgehen, fauchen,

knurren, maunzen, Pfote erheben und eventuell mit Pfotenhieb distanzieren

Die Katzen sollen keinesfalls
• jaulen, singen, sich drohend anstarren, Angriffe starten, sich verjagen und verfolgen

Katzen, die sich aggressiv verhalten, werden auf jeden Fall so lange getrennt, bis sie bei Kontakten an der Gittertür neutral oder nur milde unfreundlich reagieren.

Es müssen derweil Gründe für freundliches Verhalten gefunden werden: *Was hat die Katze davon?*

Alles, was für die Planung einer weiteren Katze sinnvoll ist, kann und soll natürlich auch während der Trennung gestartet beziehungsweise fortgesetzt werden, wenn die neue Katze schon da ist.

Raumwechsel

In kleineren Wohnungen – und insbesondere, wenn längerfristig kein eigener Raum zur Trennung einer Katze verfügbar ist – sollten die Räume regelmässig alle 24 bis 48 Stunden getauscht werden. Auch wenn eine neue Wohnung für jede der Katzen unbekannt ist, kann der Raumwechsel sinnvoll sein. Mit der abwechselnden Benutzung gewöhnen sich die Katzen auch durch den permanenten Geruchsaustausch aneinander.

Der Vorteil dieser Technik ist, dass sich keine der Katze in einem Zimmer etabliert und sich die 5-D-Struktur gleichmässiger über den gesamten Wohnraum verteilen kann. Jede Katze hat dabei gute Chancen, in der ganzen Wohnung am richtigen Ort zu sein, wenn auch möglicherweise nicht zu jeder Zeit. Exklusive Raumnutzung ohne Tausch schafft zwar mehr Stabilität, verkleinert aber den Wohnraum jeder Katze.

Der Nachteil des täglichen Raumwechselns ist ein gewisser Stress, vor allem für die ansässige Katze, die dabei ihre 5-D-Struktur verliert. Hier müssen vor einem Raumwechsel tatsächlich die Vor- und

Nachteile von Infrastruktur und Wohlbefinden der Katzen abgewogen werden.

Wiederzusammenführung

Für Katzen, die schon zusammengelebt haben und nach einer Zeit der Trennung wieder gemeinsam leben sollen, geht es nicht ums Kennenlernen – die Katzen kennen sich ja gut – sondern vielmehr um neues Vertrauen.

Der ursprüngliche Auslöser eines Konflikts – sehr oft war es umgerichtete Aggression – ist klassisch konditioniert. Bestimmte Situationen, Zeiten, Orte, Geräusche, Gerüche oder Aktivitäten wirken wie Flashbacks und lösen völlig automatisiert eine Reaktion aus. Für manche Katzen ist es auch die Verhaltensreaktion selbst, wie Erschrecken oder Flucht, die sofort wieder ins alte Muster und damit in den Konflikt zurückführt. Das Verhalten einer Katze löst dann schlagartig eine neue Attacke aus, obwohl der ursprüngliche Auslöser eigentlich nichts mit der Beziehung zu tun hatte. Es ist jetzt die plötzliche Emotion, die zum Angriff führt und die sich klassisch konditioniert hat.

Je weniger Kämpfe es vor der Trennung gab, desto leichter lassen sich die Katzen wieder aneinander gewöhnen. Da sich die Katzen schon kennen, sich aber grundlegend oder in bestimmten Situationen misstrauen, sind vertrauensbildende Maßnahmen und neue Rituale entscheidend für den Aufbau einer neuen Beziehung. Gut gefestigte einfache Übungen wie Sitzplatz-Target oder Nasen-Target reichen schon aus, um eine angespannte Situation zu entschärfen.

Als kürzeste Trennungseinheit reichen oft schon 30 bis 90 Minuten, in denen die Katzen nach einem Streit in ihren Zimmern oder Wohnboxen Stillbeschäftigung haben. Zum Wiedereinstieg in den Alltag eignen sich erfreuliche Tagesordnungspunkte wie Fütterung, Spiel oder vor allem kurze Trainingseinheiten.

Nach einer mehrwöchigen Zeit der Trennung muss auch eine neue 5-D-Struktur aufgebaut werden. Zeiten des Beisammenseins werden mit neu erschaffenen Zeitfenstern wie Training, Spiel oder anderem attraktiven Zeitvertreib gestaltet und die Katzen anschliessend wieder getrennt.

Wenn ein bestimmter Auslöser wie Geräusche oder Gerüche bekannt, gut definier- und manipulierbar ist, können gezielte verhaltenstherapeutische Maßnahmen wie eine systematische Desensibilisierung vorsichtig in diese Begegnungsphasen eingebaut werden. Alleine diesen Auslöser für die Katzen mit einem (Fantasie)-Namen anzukündigen, macht die Lage für die Katzen vorhersehbarer und sie weniger reaktiv. Vor allem in der Anfangsphase dieser Begegnungen sind die Katzen auf menschliche Unterstützung in Form von Regieanweisungen angewiesen.

Neutraler Raum

Katzen, deren Konflikte sich schon über lange Zeit verfestigt haben, können von Begegnungen in einem neutralen Raum profitieren. Die ersten Treffen nach einer Trennung finden also an einem Ort statt, der beiden Katzen fremd ist. Die Interaktionen von Katzen an solchen neutralen Orten sind frei von Vergangenheit und ortsbezogenen Dramen; sie zeigen die sozialen Beziehungen gewissermassen pur.

Für Katzen, die sich auch an einem solchen neutralen Ort attackieren, ist die Prognose ausserordentlich schlecht und eine dauerhafte Scheidung sinnvoller. Im Allgemeinen sind einigermassen soziale Katzen, die noch irgendeine Beziehung haben, an einem neutralen Ort weitgehend friedlich miteinander. Unterschiedliche Ängste beeinflussen bei dieser Art der Zusammenführung, ob und welche Katze einen Vorteil hat:

- Katzen, die sozial unsicher, aber in fremder Umgebung neugierig sind, haben hier einen Vorteil in einer Begegnung.
- Katzen, die beide in fremder Umgebung unsicher sind, beziehen sich in dieser Situation aufeinander.
- Katzen, die beide in fremder Umgebung sehr aufgeschlossen sind, haben beide einen Vorteil und erleben diese Ausflüge gemeinsam in positiver Stimmung.

*Eine neutraler Raum oder ein Ausflug kann für manche Katzen
ein guter Ort zum Kennenlernen sein.*

Der unbekannte Raum gibt den Katzen etwas zu tun, fokussiert ihre Aufmerksamkeit, sodass sie nicht angespannt aufeinander fixiert bleiben. Das Explorieren ersetzt in diesem Sinne die Hüttenspiele; es spricht aber nichts dagegen auch hier einige einfache Übungen zu machen, sofern die Katzen motiviert genug sind.

Nach ein oder mehreren dieser Treffen auf neutralem Terrain werden die Katzen nicht mehr getrennt, sondern kommen gemeinsam zu Hause an. Je nachdem wie sich die Beziehung entwickelt, werden sie bei zunehmender Spannung wieder für einige Zeit oder über Nacht getrennt.

Katzen-Patchworkfamilie

Eine wirklich anspruchsvolle Situation ist es, eine oder mehrere Katzen miteinander bekannt zu machen. Die Konstellationen sind vielfältig:

- Mehrere Jungkatzen kommen zu einer oder mehreren erwachsenen Katzen.
- Eine oder mehrere Katzen sollen in einen Haushalt mit einer oder mehreren Katzen integriert werden.

Auch für eine sozial sehr kompetente Katze kann es überwältigend sein, mit mehreren Katzen auf einmal konfrontiert zu werden. Besser ist es daher, solche Treffen immer eins zu eins zu organisieren, sodass eine neue Katze sich zunächst mit den freundlicheren, sozial kompetenten Mitgliedern eines Mehrkatzen-Haushalts bekannt machen kann. Wenn alle individuellen Bekanntmachungen erledigt sind, weiss eine neue Katze, mit wem sie es zu tun hat und steht nicht plötzlich einer unbekannten Masse gegenüber.

Andererseits können Zusammenführungen in einem grösseren Mehrkatzen-Haushalt, in dem die einzelnen Katzen sozial erfahren sind, sehr viel einfacher sein. Ein neues Mitglied der Gruppe wird begrüsst, eventuell ein paar Tage mit etwas Fauchen distanziert, aber ansonsten einfach hingenommen.

Kommen Katzen aus unterschiedlichen Haushalten zusammen, weil ein gemeinsamer Haushalt gegründet wird, sind wiederum die Infrastruktur und Umstände entscheidend:

- Alle Katzen übersiedeln in einen völlig neuen Haushalt.
- Ein Katzen-Haushalt wird mit einem anderen bestehenden zusammengelegt.

In einem völlig neuen Wohnraum müssen sich alle Katzen mit dem Verlust ihrer 5-D-Struktur auseinandersetzen und zusätzlich noch neue Beziehungen aufbauen. Die Verteilung von Ressourcen kann jedoch von Anfang an sehr gut geplant werden. Je nachdem, wie gross Unsicherheit oder Angst sind, bleiben die Katzen zunächst so lange getrennt, bis sie sich räumlich-zeitlich gut eingewöhnt haben. Erst dann kommt die soziale Dimension hinzu. In jeder Hinsicht aufgeschlossene Katzen werden fähig sein, sowohl mit neuer Umgebung als auch neuen sozialen Kontakten zurecht zu kommen.

Übersiedeln eine oder mehrere Katzen in einen bestehenden Mehrkatzen-Haushalt, ist die Situation gleich wie bei einer normalen Zusammenführung – mit dem Vorteil, dass diese Katzen ihre jeweilige Beziehung zum Menschen schon mitbringen. Diese Bindung an ihren Menschen ist eine Ressource, deren Bedeutung für die Katzen viel zu oft unterschätzt wird. Über all dem Trubel und den Veränderungen, die eine Übersiedlung und neue menschliche Beziehung mit sich bringen, sollten die Katzen nicht übersehen werden. Mit menschlicher Unterstützung und zeitweiligem Trennen kann ein solcher Mehrkatzen-Haushalt langsam zusammenwachsen.

Grundsätzlich gilt, dass sich jeder vorrangig um seine eigenen Katzen kümmert, weil die Beziehung zum Menschen eine der wichtigsten Konstanten und emotionale Unterstützung für die Katzen ist.

Die Annahme *Die Katzen werden das schon richten* steht nur allzu oft am Beginn einer katastrophalen Schieflage im Mehrkatzen-Haushalt.

Die wohl schwierigste Sache für den Katzen-Patchworkhaushalt ist der Plan B. Dass sich zwei Menschen gefunden haben, die Katzen lieben, muss noch lange nicht bedeuten, dass sich auch deren Katzen lieben. Es gibt – glücklicherweise selten – Situationen, in denen die Katzen so inkompatibel sind, dass sie entweder dauerhaft getrennt leben müssen oder einen neuen Platz brauchen. Beides ist eine in höchstem Maß belastende Entscheidung und sollte daher zumindest als Gedankenexperiment durchdacht sein.

Je besser die vorherige Planung für die Katzen-Patchworkfamilie ist, je vorsichtiger die Zusammenführung ist und je früher bei Problemen gehandelt wird, desto besser sind die Chancen, dass Plan B gar nicht nötig wird.

Fehler beim Zusammenführen

Auch wenn jeder Start in einen Mehrkatzen-Haushalt so individuell abläuft, wie die Persönlichkeiten und Rahmenbedingungen nun einmal sind, so gibt es doch ein paar absolute Regeln:

- Keine Überraschungen!
Einer Katze kann kaum etwas Schlimmeres passieren, als aufzuwachen und plötzlich in ihrem vertrauten Heim einer unbekannten Katze zu begegnen. Stellen Sie sich vor, in Ihrem Wohnzimmer steht Ihnen – völlig unerwartet – ein fremder Mann gegenüber: Entsetzen, Panik, Terror, Flucht oder Angriff wären wohl gut passende Begriffe für ein solches Erlebnis.
Bevor sich die Katzen begegnen, sollte also immer sichergestellt sein, dass jede von der anderen weiss, dass sie da ist. Die neue Katze bleibt vorerst in ihrer Box, an einem leicht erhöhten Ort wie einem Sessel oder Tisch, die ansässige Katze darf sich frei bewegen.
Der Schutz vor Überraschungen gilt auch noch für die ersten Wochen des Zusammenlebens und bei Wiederzusammenführungen. Offensichtlich gibt es Katzen, denen nach einer Ruhephase die neue Lebenssituation entfallen ist, bis sie angesichts der neuen Katze erschrecken. Das gilt auch insbesondere, wenn eine neue Katze unerwartet und unvorhergesehen an einem Ort auftaucht, an dem sie bisher noch nie war. Die einfachste Vorbeuge gegen Überraschungen ist, die andere Katze regelmässig mit ihrem Namen anzukündigen.

- Niemals aktive Annäherung!
Ein zweiter häufiger Fehler bei Katzenzusammenführungen ist die Katzen aktiv anzunähern. Eine Katze am Arm zu einer anderen Katze hinzutragen, ist ein katastrophaler Faux Pas aus Sicht der Katzen und widerspricht jeder Benimmregel. Katzen wollen sich selbst aussuchen, wann, wo, wie und vor allem wie schnell sie sich einer anderen Katze nähern. Wird dieser Schritt vom Menschen abgekürzt, befinden sich die Katzen unmittelbar

innerhalb des persönlichen Raums des anderen Tiers und werden sich heftigst distanzieren.
Durch das Hochheben verliert die Katze auch jegliche Kontrolle über die Situation. Schwere Kratzverletzungen durch Fluchtversuche sind nicht auszuschliessen. Das Festhalten hindert eine Katze auch an ihrem Ausdrucksverhalten, Rückzug und Flucht.

- Nicht schimpfen!
Laute Geräusche wie Schimpfen, Schreien oder in die Hände klatschen ist für Katzen im besten Fall wirkungslos, im schlimmsten Fall kontraproduktiv. Einer ohnehin schon angespannten Situation durch Schimpfen oder ähnlich unfreundliche Geräusche noch mehr unangenehme Elemente hinzuzufügen, verschlechtert die Stimmung noch mehr anstatt sie zu verbessern. Wenn die Katzen überhaupt in der Lage sind die Botschaft wahrzunehmen, wird eine selbstbewusste oder proaktive Katze sich nicht wirklich beeindrucken lassen. Eine schüchterne wird noch unsicherer, bekommt Angst und hat so ein unnötiges Handicap in der Situation. Laute Geräusche erhöhen die Anspannung, damit die Reaktivität und die Wahrscheinlichkeit schneller Bewegungen, die einen Angriff auslösen.
Egal, was die Katzen tun, es ist immer besser ihnen als Alternative leise und freundlich das Blaue vom Himmel zu versprechen, um die momentane Stimmung so weit möglich zu verbessern.

- Keinen Geruch angleichen
Katzenfell hat wenig Eigengeruch, nimmt aber fremde Gerüche sehr leicht an. Katzen, die auswärts waren – zum Beispiel beim Tierarzt oder in Kontakt mit einer fremden Katze – übermitteln so unklare Botschaften, dass sie möglicherweise von Partnerkatzen zu Hause attackiert werden. Auch Medikamente wie Desinfektionsmittel, Narkotika oder Antibiotika können den Geruch einer Katze so sehr verändern, dass sie nicht erkannt wird.
Katzen, die auswärts waren, sollten daher immer zuerst den heimischen Geruch angenommen haben. Das geruchliche Ankommen

wird durch ausgiebiges Streicheln, Kuscheln oder Abreiben mit heimischen Liegedecken beschleunigt. Sobald sich die Katzen freundlich beschnuppern, ist wieder alles klar in der Beziehung. Distanzierendes Fauchen ist so lange akzeptabel, wie sich die Katzen dabei aus dem Weg gehen und keine weitere Eskalation bis zum Angriff folgt.

Mit hoch attraktiven Tagesordnungspunkten und Zeitfenstern wie Fütterung, Training oder Spiel fällt es den Katzen leichter, in ihren Tagesplan zurückzukehren.

Die erste Begegnung

Was ist nun bei der ersten Begegnung der Katzen zu erwarten? Die meisten Katzeneltern erwarten sich von der ersten Katzenbegegnung viel zu viel und sind enttäuscht bis verzweifelt, wenn sie das tatsächliche Geschehen erleben. Zudem herrscht grosse Unsicherheit, ob und wann einzugreifen und was unter Katzen noch normal ist.

Distanzierung

Im häufigsten Fall gehen Katzen zunächst aufeinander zu, beschnuppern sich kurz Nase an Nase, um dann wie gleich gepolte Magneten voreinander zurückzuweichen. Eine, manchmal auch beide Katzen, können dabei fauchen, knurren oder vielleicht sogar unfreundlich maunzen, während sie sich rückwärts bewegen. Ab jetzt werden sich wahrscheinlich alle an der Begegnung beteiligten Katzen nurmehr in Zeitlupe bewegen. Meistens beginnt die neue Katze wieder mit dem Erforschen der Umgebung, nachdem sie einige Zeit auf ihrem Platz verharrt hat. Die ansässige Katze schleicht langsam hinterher und beschnuppert den soeben verlassenen Sitzplatz und die am Boden hinterlassenen Pheromone der Pfotenballen. Sozial kompetente Katzen üben sich im *Hinschau-Wegschau-Spiel*, bei dem jede versucht, den Blickkontakt nicht zu lange, zu direkt und damit unhöflich zu gestalten.

Nähern sich die Katzen zu sehr, wird zur Distanzierung wieder gefaucht und geknurrt. Bei noch direkterem Kontakt oder Missachten des Fauchens werden auch Pfotenhiebe verteilt.

Mit jungen und sozial sehr aufgeschlossenen Katzen kann sich ein ambivalentes *Geh weg zu mir-Spiel* entwickeln. Das Ausdrucksverhalten wechselt zwischen Drohung, Spielaufforderung und Distanzierung. Solange dieser Prozess der Distanzierung milde bleibt, verständliche Kommunikation zwischen den Katzen stattfindet und die Distanzierung sich zunehmend verringert, gibt es keinen akuten Grund einzugreifen. Mit freundlicher, leiser Ansprache der Namen und einigen vertrauten Ritualen kann die Begegnung für die Katzen positiv unterlegt werden. Innerhalb einiger Tage bis Wochen werden sowohl die Intensität des Distanzierens wie auch die Häufigkeit geringer und verschwinden in einer harmonischen Beziehung ganz.

Baut sich in einer Begegnung ungute Stimmung auf, die auch durch Freundlichkeiten und Leckerbissen nicht verschwindet, werden die Katzen besser getrennt, bis sie wieder entspannt sind.

Territoriale Aggression

Territoriale Katzen verteidigen sich und ihr Revier heftig. Sie beginnen unmittelbar eine andere Katze zu bedrohen. Dabei spielt es nicht unbedingt eine Rolle, ob es die ansässige Katze ist, die ja einen guten Grund hat, ihr Zuhause zu verteidigen, oder die neue Katze. Territoriale und unsoziale Katzen können –zwar selten – auch in fremder Umgebung offensiv drohen und attackieren. Eigentlich sollte es zu einer solchen Begegnung gar nicht erst kommen, weil sich die ersten Anzeichen für so massive Unverträglichkeit schon zeigen, wenn die Katzen sich wahrnehmen, aber noch getrennt sind.

Territoriale Katzen beginnen zu jaulen wie bei nächtlichen Katerkämpfen und nehmen eine offensive Körperhaltung ein: die Hinterbeine steif durchgestreckt, den Schwanz wie ein umgedrehtes L oder U buschig gesträubt und einen schmalen Kamm von aufgestellten Haaren am Rücken. Der Kopf wird vorgestreckt, tief gehalten und die Ohren sind schräg nach hinten gedreht. Jede schnelle Bewegung der anderen Katze oder laute Geräusche können einen Angriff auslösen.

Sehr impulsive territoriale Katzen gehen manchmal direkt und ohne vorhergehende Drohung in den Angriff über. Es kommt sofort zum Kampf, da sich die überraschte angegriffene Katze natürlich verteidigt und den Angreifer, seitlich am Rücken liegend, in höchster Angst kreischend mit allen Krallen abwehrt. Es gibt meistens Biss- und Kratzwunden, jede Menge Haarbüschel und in vielen Fällen verliert die angegriffene Katze Kot und Harn und entleert die Analbeutel.

Sollte es – trotz guter Planung – doch unerwartet zu solchen Angriffen kommen, müssen die Katzen getrennt werden! Achtung – diese Katzen sind hochexplosiv und meistens nicht ansprechbar. Angriffe werden auf jeden umgerichtet, der sich nähert, zu schnell bewegt oder sie berührt. Das gilt auch dann, wenn diese Katze ansonsten sehr menschenbezogen und umgänglich ist. In einer solchen Ausnahmesituation sind alle Feinde und die Katze darf erst berührt werden, wenn sie tatsächlich ansprechbar ist.

Am besten deckt man eine der Katzen mit einer grossen Decke ab und bugsiert sie in einen anderen Raum.

Kitten lösen im Allgemeinen deutlich geringere oder keine territorialen Reaktionen aus, aber das ist nicht garantiert. Es gibt für Kitten keinen grundsätzlichen Schutz vor Angriffen oder eine Aggressionshemmung.

Erste Tage und Wochen

Selbst wenn die erste Begegnung freundlich oder neutral verlaufen ist, dauert der Prozess des Kennenlernens noch einige Wochen.

Sobald sich eine neue Katze eingewöhnt und einen vertrauten Tagesrhythmus gefunden hat, gewinnt sie an Selbstsicherheit und wird präsenter. Wenn gleichzeitig eine ansässige Katze mit dem Stress der Veränderung nicht so gut zurechtkommt, dann kann eine anfänglich gute Beziehung in eine Schieflage geraten. Zieht sich eine der Katzen – die neue oder die ansässige – zurück, ist sie weniger präsent im Lebensraum. Es sieht dann sehr nach Ungerechtigkeit aus, wenn eine neue Katze mit grosser Selbstverständlichkeit, ja Frechheit, alles vereinnahmt. Währendessen zieht sich die ansässige Katze wie es aussieht – freiwillig – zurück und verliert angestammte Rechte. Auch wenn sich die Lage umgekehrt entwickelt und sich die neue Katze keine Präsenz erarbeitet – es hat mit dem Selbstbewusstsein der Katzen und nichts mit Rangordnung zu tun. Noch dramatischer kippt die Lage, wenn eine der Katzen zu flüchten beginnt und gejagt wird.

Vor allem in den ersten Wochen gilt es, ganz genau zu beobachten, wie sich die Beziehung entwickelt. Zeigt eine der Katzen eine Tendenz sich zurückzuziehen oder zur Flucht, ist sofortige Intervention wichtig!

Sehr oft verändert sich auch die Beziehung zum Menschen und die ansässige Katze verweigert den Kontakt. Das wird gerne als *beleidigt* oder *eifersüchtig* interpretiert, weil jetzt eine neue Katze da ist. Beobachtet und analysiert man aber das Ausdrucksverhalten und die Gewohnheiten, dann ist es viel naheliegender, dass die Katze verwirrt, verunsichert oder ängstlich gestresst ist. Bis sich neue Gewohnheiten gut anfühlen, dauert es einige Wochen. Und wie immer gilt es zu berücksichtigen : *Was hat die Katze davon?* Je stabiler und vorhersehbarer ihre 5-D-Struktur bleibt, desto mehr Sicherheit und Wohlsein behält die Katze im Alltag.

Das Ende der Distanzierungsphase und eine gute Beziehung sind erreicht, wenn sich die Katzen entspannt im gleichen Raum aufhalten, sich mit Nasenkontakt und Analkontrolle begrüssen. Eine gute Freundschaft bahnt sich an, wenn es affiliatives Verhalten gibt wie gegenseitiges Putzen, Köpfchengeben oder nebeneinander schlafen – in Kontakt oder sozialem Abstand.

Typische Probleme im Mehrkatzen-Haushalt

Ähnlich wie in menschlichen Beziehungen geht es auch bei Katzen nicht immer ganz ohne Konflikte ab. Entscheidend ist dabei wie häufig und intensiv solche Konflikte sind, ob und wie sehr sie die Freiheit und Lebensqualität einer oder beider Katzen beeinträchtigen. Und was auf der anderen Seite der Beziehungsgleichung an positiven Effekten da ist.

Das Ausdrucksverhalten von Katzen ist subtil, wodurch vielfach nur die Eisbergspitze des unsichtbar darunter liegenden Beziehungsdramas erkennbar wird. Wenn es keine auffälligen und lauten Symptome gibt, wird dieses Beziehungsdrama oft erst deutlich, wenn eine Katze weg ist und die verbleibende aufblüht wie nie zuvor.

Ursachen für Konflikte

Die Ursachen für Konflikte sind zahlreich, selten gibt es nur eine einzelne Ursache. Viel öfter sind es mehrere Faktoren, die zusätzlich durch unglückliche Umstände oder Unfälle verstärkt werden. So kann der sichtbare Auslöser eines Kampfes minimal, ja geradezu lächerlich sein. Aber die katastrophale Dynamik ergibt sich dann aus den bereits vorher schon vorhandenen Missverständnissen, Unstimmigkeiten und Defiziten in sozialer Kompetenz und Lebensraum.

Das Ziel ist dennoch, mit einer umfassenden Analyse all jener Faktoren, die veränderlich sind, auch zu optimieren.

Allgemeine Ursachen

Viele Vorgeschichten von unharmonischen Mehrkatzen-Haushalten und akut ausgebrochenen Konflikten haben gewisse Ähnlichkeiten. Diese kleinsten gemeinsamen Nenner zu kennen ist auch nützlich, wenn man vorhersehbar problematische Beziehungen vorbeugend stabilisieren will. In Verhaltensberatungen immer wieder auftauchende Ursachen sind

- in Alter, Geschlecht und Persönlichkeit nicht gut zusammenpassende Katzen.
- veränderte Lebensphasen wie Erwachsenwerden, soziale Reife oder Seniorenalter.
- Defizite in den sozialen Fähigkeiten.
- zu wenige und/oder nicht gleichmässig verteilte Ressourcen.
- Hunger aufgrund von nicht katzengerechter Fütterungsstrategie mit der Folge chronischer Stress und Frustration.
- Langeweile aufgrund fehlender Beschäftigungsmöglichkeiten.
- umgerichtete Aggression als besonders katzentypische Reaktion auf alle Arten von Bedrohung.

Je mehr dieser allgemeinen Faktoren zusammenkommen, desto grösser ist die Wahrscheinlichkeit, dass ein Mehrkatzen-Haushalt konfliktreich wird.

Gibt es nur einen Faktor, kann die Beziehung in labilem Gleichgewicht – gerade so neutral – zwar unerquicklich, aber erträglich sein. Kommt nur ein einziger Strohhalm hinzu, kippt die ganze Beziehung auf einmal in eine dramatische und nicht immer reparable Schieflage, denn es geht bei einer Therapie dann nicht nur um diesen einen auslösenden Funken, sondern um das gesamte zugrunde liegende entzündliche Beziehungspotenzial zwischen den Katzen.

Körperliche Ursachen

Körperliche Beschwerden wie chronische Krankheiten oder Schmerzen aller Art sind eine ganz wesentliche Ursache für Beziehungsprobleme.

In ihrem körperlichen Wohlbefinden – wodurch auch immer – beeinträchtigte Katzen sind mehr oder weniger unzufrieden und unflexibel. Eine Katze, die sich unwohl fühlt, verliert – je nach Intensität des Unwohlseins – ihre Kompromissfähigkeit. Geduldiges Aushandeln von kommunikativen Unklarheiten ist schon von vornherein keine besondere Stärke der Spezies Katze. Die vielleicht nur in bescheidenem Umfang vorhandenen sozialen Fähigkeiten werden unter Unwohlsein jedenfalls nicht besser.

Hinzu kommt die sehr starke Tendenz der Katze, sich bei Krankheit unauffällig zurückzuziehen und weniger präsent zu sein. Das daraus entstehende Vakuum im 5-D-Lebensraum wird von Partnerkatzen dann sehr oft ausgefüllt – einfach, weil es da ist. Die folgenden Animositäten sind nicht unbedingt persönlich gemeint, sondern ergeben sich aus der katzentypischen Dynamik veränderter Raumnutzung: Rückzug führt zu noch mehr Rückzug.

Neben dem sehr viel typischeren Weg in den Rückzug gibt es auch Katzen, die ihre körperlichen Probleme durch Aggression zum Ausdruck bringen. Erhöhte Reizbarkeit und das subjektive Gefühl von Bedrohung in alltäglichen Situationen führen zwangsläufig zu mehr irritativer und defensiver Aggression. Dies ist für eine Partnerkatze nicht unbedingt verständlich – mit mehr aggressiven Antworten eskaliert der Konflikt immer weiter.

Gerade bei körperlichen Problemen taucht die oft unlösbare Frage auf, was zuerst da war: Hat die kranke Katze vermehrt sozialen Druck oder hat sozialer Druck die Katze krank gemacht?

Ein gründlicher Gesundheitscheck ist vor allem dann wichtig, wenn

- körperliche Symptome erkennbar sind.
- Konflikte in bisher guten Beziehungen plötzlich auftauchen.
- eine einigermassen stabile Beziehung deutlich schlechter wird.
- eine ältere Katze beteiligt ist.
- eine junge Katze auffällig *brav* ist.
- eine Katze sich sehr stark zurückzieht.
- eine Katze unerklärlich aggressiv ist.
- neben dem direkten Konflikt auch noch andere Verhaltenssymptome wie Unsauberkeit oder Harnmarkieren auftreten.

Da Katzen extrem gut darin sind, ihre Symptome vor Menschen – auch vor Tierärzten! – zu verstecken, sollte auch dann gründlich untersucht werden, wenn auf den ersten Blick keine offensichtlichen Krankheitssymptome erkennbar sind. Ergibt sich trotz eingehender

Untersuchung mit Labor und bildgebender Diagnostik nur ein vager Verdacht oder gar nichts, sind Verlaufskontrollen nach drei bis sechs Monaten oder eine diagnostische Schmerztherapie eine weitere Möglichkeit zur Abklärung.

Im Gegensatz zu Tierärzten können andere Katzen oft schon ziemlich früh erkennen, wenn etwas nicht stimmt und dass eine Partnerkatze krank ist. Erst nach Wochen oder Monaten wird dann auch in der Tierarztpraxis offensichtlich, was die Partnerkatzen schon lange wussten.

Besonderes Augenmerk gilt:
- allen Arten von Schmerz – zum Beispiel Bewegungsapparat, Zähne, Bauchschmerzen
- Juckreiz
- Tumorerkrankungen im Anfangsstadium
- unerklärlichem Gewichtsverlust
- internistischen Erkrankungen wie der chronischen Nierenerkrankung, Schilddrüsenüberfunktion, Bluthochdruck, Zuckerkrankheit

Handicap
Behinderungen wie Taubheit, Blindheit oder Ataxien können körperliche Ursachen für Probleme im Mehrkatzen-Haushalt sein.

Fehlt ein Sinneskanal wie das Hören oder Sehen, ist das für die betroffene Katze in der Regel kein Problem – sie findet sich hervorragend zurecht und kompensiert weitgehend mit den verbliebenen Sinnen.

In der Kommunikation mit anderen Katzen kann es jedoch zu Problemen kommen, weil entweder die überaus wichtige Körpersprache nicht gesehen oder die subtileren Äußerungen wie Schnaufen und Fauchen nicht gehört werden. Auch der starre, leere Blick einer blinden Katze kann auf die Partnerkatzen bedrohlich wirken.

Sozial kompetente und flexible Katzen werden in der Lage sein, sich auf diese Handicaps einer Partnerkatze einzustellen, auch wenn sich daraus nicht unbedingt eine innige Beziehung entwickeln muss.

Ataxiekatzen sind durch eine Fehlentwicklung des Kleinhirns in ihren Bewegungen wackelig und mehr mit ihrem eigenen Gleichgewicht beschäftigt als mit eindeutigen Signalen. Auch hier werden sozial kompetente Partnerkatzen nach einer Phase der Gewöhnung erkennen, dass die behinderte Katze eben so ist und keine Bedrohung darstellt.

Psychische Ursachen

Unter den allgemeinen Ursachen finden sich schon einige psychische Gründe für Konflikte. Diese können – oder könnten wenigstens – mit einfachen Maßnahmen und Management recht gut behoben werden.

Katzen, die tatsächlich durch psychische Störungen beeinträchtigt sind, profitieren natürlich auch von allen diesen Maßnahmen, aber diese reichen als Therapie oft nicht aus.

Angststörungen
An oberster Stelle psychischer Ursachen, die im Mehrkatzen-Haushalt zu Problemen führen, stehen Angststörungen.

Die Katze ist schon von Natur aus leicht zu ängstigen und Angststörungen sind insgesamt sehr häufig. Sie sind sogar so häufig, dass pathologische Angstreaktionen selbst in alltäglichen Situationen schon als normales Katzenverhalten angesehen werden. Die Überschneidung von dem, was noch eine physiologische katzentypische Angst und dem, was eine pathologische Reaktion ist, ist etwas unscharf:

- Mit Angst als *physiologischem* und sinnvollem Verhalten auf eine Bedrohung bleibt die Katze lernfähig, passt ihre Reaktionen flexibel an die Situation an und kehrt vor allem danach in ihren gesunden emotionalen Grundzustand zurück
- Mit Angst als *pathologischer* Reaktion verliert die Katze ihre Lernfähigkeit, reagiert übermässig und der Situation unangepasst; bei chronischen Angststörungen bleibt sie in einer ängstlichen

Grundstimmung, die neuerliche akute Verhaltensreaktionen wahrscheinlich macht.

Ohne Lernen verliert die Katze aber Handlungsoptionen und damit die geistige Flexibilität, an ihrem Leben durch neues Verhalten etwas zu verbessern.

Für die Beurteilung von Lebensqualität wie auch Beziehungen zwischen den Katzen ist unter anderem wichtig, ob eine Angst nur punktuell oder dauernd da ist. Der Übergang ist aufgrund psychischer Mechanismen fliessend, und die eine Störung kann mit der Zeit in die andere übergehen.

- **Phobie:** eine übermässige, aber *zeitlich gut begrenzte Angst* vor einem Auslöser, der eigentlich ungefährlich ist. Das sind zum Beispiel laute Geräusche, Staubsauger, Autofahren. Die Katze hat nur Angst, solange die vermeintliche Gefahr da ist, sonst ist sie völlig normal.
- **Soziale Phobie:** eine besondere Form einer Phobie vor Menschen oder Katzen. Diese Katzen sind nicht einfach nur ungesellig, sondern haben erhebliche, ja panische Angst, wann immer sie mit dem Auslöser Katze oder Mensch konfrontiert sind
- **Chronische Angststörung:** Diese Katzen leben in einer *andauernden*, mehr oder weniger intensiven *Stimmungslage der Angst*. Sie sind ständig auf der Hut, überreaktiv und bereit, mit Flucht oder Angriff zu reagieren.

Der Leidensdruck einer Katze mit Angststörung kann an sich schon sehr hoch sein. Mit einer Partnerkatze kann er sich – je nach Auslöser – noch weiter intensivieren. Im besseren Fall kann allerdings eine gute soziale Beziehung zu einer anderen Katze auch therapeutisch wirken.

Nichtsdestotrotz ist es immer besser, diese Katze individuell zu therapieren. Das Risiko, dass eine weitere Katze die Angststörung noch weiter verschlimmert, ist sehr gross. Und selbst wenn eine Partnerkatze als emotionale Unterstützung hilft, ist ihr dieser Job nicht alleine zumutbar.

Angstmuster: Für Angst gibt es bei der Katze noch weitere Schubladen, die das Zusammenleben und die Therapie beeinflussen können. Denn Angst ist bei der Katze offensichtlich nicht gleich Angst. Jede Katze kann isoliert in einer, zwei oder allen drei Kategorien ängstlich sein. Tatsächlich scheint es so, dass bei manchen Katzen diese Angstkategorien unabhängig voneinander existieren.

- **Angst vor anderen Katzen:** für das Zusammenleben sind soziale Phobien und Ängstlichkeit gegenüber anderen Katzen natürlich keine gute Basis. Im sozialen Kontext ängstliche Katzen ziehen sich entweder zurück oder sie reagieren aggressiv.
- **Angst vor Umweltreizen und Neuem:** Diese Katzen zeigen Angstsymptome, wenn sie mit Ortsveränderungen sowie allen Arten von bekannten und unbekannten Umweltreizen konfrontiert sind.
- **Angst vor Menschen:** Schlecht sozialisierte Katzen haben entweder generell oder vor bestimmten Menschen Angst.

Eine Katze kann also zu Hause von ihrer Partnerkatze unterdrückt und gejagt werden, sich ängstlich zurückziehen und aufblühen, sobald sie in einer fremden Umgebung alles neugierig untersuchen kann.

Es gibt Katzen, die sich vor Menschen und unbekannter Umwelt sehr ängstigen, aber aus dem sozialen Kontakt mit einer anderen Katze emotionale Sicherheit beziehen.

Und es gibt Katzen, die generell ängstlich sind, die vor allem und jedem Angst haben.

Da es sich hier nur um rein empirische Beobachtungen aus der Praxis handelt und keine Studien existieren, ist auch die Frage nach den Ursachen dieser Unterschiede offen. Naheliegend ist, dass eine individuelle genetische Grundlage durch Sozialisation, Lebenserfahrung und möglicherweise traumatische Erlebnisse das individuelle Angstmuster jeder Katze bewirkt.

Für die Auswahl, das Zusammenleben und vor allem die Therapie ist es folglich sehr sinnvoll, für jede Katze, so weit möglich, ein genaues Angstmuster zu erstellen.

Dann kann auch gezielt zum Beispiel mit Ausflügen in eine fremde Umgebung oder intensiverem Menschenkontakt das Selbstbewusstsein einer Katze gestärkt oder aber dezent gebremst werden.

Typische Symptome von Angst:
- Verstecken, Vermeiden, Flüchten
- Aggressive Selbstverteidigung
- Übertriebene Wachsamkeit, dauerndes Umherschauen, Aufschrecken bei geringsten Reizen
- Übertriebene Anhänglichkeit
- Verändertes Fressverhalten: nur nachts oder alleine
- Dauerndes Miauen
- Vegetative Symptome wie Speicheln, Hecheln, erhöhte Atem- und Herzfrequenz, Schwitzen an den Pfotenballen, Erbrechen
- Ersatzhandlungen wie übertriebenes Putzen, ruheloses Umherwandern, Fressen
- Gesteigertes Markierverhalten wie Harnmarkieren, Kratzmarkieren
- Erhöhtes Risiko für Unsauberkeit.

Hyperaktivität
Eine weitere, bei der Katze eher seltene psychische Störung kann das Zusammenleben ganz erheblich beeinträchtigen. Hyperaktiven Katzen fehlt die Selbstkontrolle und das Stoppsignal für ein Verhalten. Damit respektieren sie die Grenzen anderer Katzen nicht – und das mehr aus dem Nichtkönnen als aus dem Nichtwollen.

Jede Kommunikation, gemeinsame Aktivität und Verhaltensequenz braucht psychomotorische Selbstkontrolle, die diesen Katzen ganz oder überwiegend fehlt.

Hyperaktivität bedeutet auch deutlich kürzere Schlaf- und Ruhephasen als bei ausgeglichenen Katzen.

Ähnlich wie bei Angststörungen lässt sich eine tatsächliche Hyperaktivitätsstörung nicht durch Management wie mehr Beschäftigung, Spielen und Aktivität beheben. Ganz im Gegenteil – es kann sich ein Mehr an Aktivität sogar nachteilig auswirken und die Katze ist ohne Ruhephasen immer mehr *on the go*.

Eine Ähnlichkeit der Symptome kann sich ergeben, wenn sehr aktive, jagdlich hoch motivierte Katzen, die sich rein gar nicht für restriktive Lebensbedingungen eignen, ausschliesslich in der Wohnung leben müssen.

Handaufzucht

Handaufgezogene Kitten, vor allem wenn sie ganz alleine ohne Geschwister waren, haben fast immer zahlreiche Defizite in der psychomotorischen Selbstkontrolle. Sie sind dyssozial, weil ihnen mangels artspezifischer Erziehung die Grundregeln des *Katzen-Benimms* fehlen. Die Kommunikation funktioniert nicht, weil sie Distanzierungssignale anderer Katzen weder erkennen noch respektieren. Menschen gegenüber sind handaufgezogene Katzen sehr ambivalent und schwanken zwischen extremer Abhängigkeit und unkontrollierter Aggression, vor allem, weil ihnen jegliche Frustrationstoleranz fehlt. Für Partnerkatzen bleibt nur das Vermeiden, Rückzug oder der dauernde Konflikt, aus dem sie so gut wie immer als Verlierer aussteigen.

Manchmal werden dyssoziale Katzen als dominant angesehen, weil sie sich so in den Vordergrund drängen und die anderen Katzen aggressiv vertreiben.

Diagnose

Bevor man die Probleme in einem Mehrkatzen-Haushalt lösen kann, ist eine sorgfältige Analyse und Bestandsaufnahme wichtig. Vor allem, wenn man in seiner eigenen Katzenfamilie intervenieren möchte, ist ausreichend analytischer Abstand nötig. Nur allzu leicht verleiten die eigenen Emotionen, Glaubenssätze und Bedürfnisse zu vorschnellen Interpretationen, die mit dem tatsächlichen Geschehen zwischen den Katzen wenig bis nichts zu tun haben müssen.

Als Menschen mit unserer eingeschränkten Wahrnehmung werden wir Katzen nie so ganz verstehen. Dennoch kann zumindest der – gedankliche – Versuch, in die seltsame Welt des *kleinen fleischfressenden Kletterpferdes* Katze einzutauchen, hilfreich sein.

Welche Methoden helfen bei der Diagnose:
- Beobachtung – Ausdruck und Verhaltensweisen ausführlich beschreiben anstatt voreilig zu interpretieren
- Ausdruck und Verhalten auf Bildern und Videos analysieren
- Wohnungsplan mit allen Ressourcen zeichnen
- Tagesplan mit Zeitfenstern erstellen
- Beziehungsdiagramm zeichnen
- Protokoll aller Maßnahmen
- Externe Beratung

Alle diese Methoden haben nicht nur diagnostischen Wert, sondern helfen gleichzeitig auch bei der Vorbeuge, Therapie und Erfolgskontrolle. Aufzeichnungen und Beschreibungen auf Papier oder digital, schriftliche Erklärungen an externe Berater sind eine der besten Möglichkeiten, sich selbst vom involvierten Mitspieler zum sachlichen Beobachter zu machen. Je komplexer die Situation ist, desto eher wird man allerdings zusätzliche Hilfe von verhaltensmedizinischen Spezialisten benötigen.

Es ist keine Schande, sondern vielmehr normal, seine eigene Familie – und die Katzen gehören ja dazu – nicht therapieren zu können!

Beobachtung

Bewusste und vor allem unvoreingenommene Beobachtung hilft, das Ausdrucksverhalten und manche Dynamik im Mehrkatzen-Haushalt besser zu verstehen. Katzen werden viel zu oft nur nebenbei gesehen, aber nicht wirklich wahrgenommen. Es liegt in ihrer Natur, sich unauffällig zu geben, *nur herumzusitzen* und zu schauen.

Direktes aufdringliches Beobachtetwerden im Sinne von Stalking hemmt jedoch manche Katzen zusätzlich in ihrem Verhalten. Beim Beobachten geht es also vielmehr um den kleinen Schalter im Bewusstsein, mit dem die Aufmerksamkeit immer wieder aktiv auf die unscheinbaren Dinge im Katzenalltag gerichtet wird: Wo sitzt eine Katze, in welche Richtung schaut sie, wie sieht sie aus, wenn sie von dort nach da geht etc.

Im gesamten ersten Teil des Buches, aber ganz besonders in den Abschnitten über das Ausdrucksverhalten und die 5-D-Struktur sind die Details, auf die es ankommt, beschrieben. Mit Bildern, Bilderserien und Videos können einzelne Interaktionen wiederholt und sehr genau analysiert werden werden.

Wohnungsplan und Zeitfenster

In einer Skizze vom Wohnungsplan werden neben Fenstern, Türen und den wichtigsten Möbelstücken alle für die Katzen wichtigen Ressourcen eingezeichnet. Auf diese Weise abstrahieren und trennen sich die für die Katzen relevanten Dinge von der menschlichen Sichtweise. In der zweidimensionalen Aufsicht, garniert mit bunten Farben und Symbolen, reduziert sich die Information auf zunächst leicht erfassbare Orte, Wege und Zonen. Erst dann kommt die nächste Ebene mit tageszeitlichen Variationen dazu. Wenn sie nicht sehr komplex ist, reicht es oft, sie bewusst wahrzunehmen. Ist sie sehr komplex, weil es viele Katzen gibt, hilft eine Kopie des Plans mit der Aufteilung zu unterschiedlichen Zeiten oder verschiedene Farbmarkierungen.

Das wird – wie jede Landkarte – nicht die perfekte Wiedergabe der Realität sein, sondern ein Hilfsmittel, die Katzen und ihre möglichen Sorgen leichter zu verstehen.

Was soll in den Wohnungsplan eingezeichnet werden:
- Futterplätze
- Wasserstellen
- Ruhe-, Schlaf- und Versteckmöglichkeiten
- Katzentoiletten
- Kratzmöglichkeiten – angebotene und unerwünschte
- Spielplätze
- Aussichtsplätze
- Wärmequellen
- Katzengras
- Katzenklappe

- Orte, an denen Aggression, Unsauberkeit, Harnmarkieren stattfinden

Beziehungsdiagramm

Ähnlich wie der Wohnungplan ist auch das Beziehungsdiagramm
nur ein Versuch, die komplexe Realität von Katzenbeziehungen auf
die wesentlichen und damit leichter verständlichen Teile zu reduzieren. Die Beziehung zwischen Katzen kann mit ganz wenigen, dafür aber exemplarisch wichtigen Verhaltenselementen dargestellt
werden:

- Aggression
- Spiel
- Affiliatives Verhalten wie Nasenkontakt, Kontaktliegen, soziale
Fellpflege
- (Harnmarkieren)

Jede der Verhaltensweisen wird als farbiger Pfeil dargestellt, in unterschiedlicher Stärke, je nachdem wie häufig oder intensiv dieses
Verhalten ist und die Pfeilspitze zeigt, von wem das Verhalten ausgeht und an wen es sich richtet. Selbst für grosse Katzengruppen
lässt sich mit dieser einfachen Technik rasch ein guter Überblick
gewinnen, wer mit wem wie gut kann oder auch nicht: Wer steht
am Rand der Gruppe und wer stabilisiert mit seiner sozialen Kompetenz? Sehr oft wird aus solch einem Beziehungsdiagramm auch
deutlicher sichtbar, was passieren könnte, wenn eine Katze von der
Gruppe getrennt wird.

Protokoll

Ein einfaches Protokoll unterstützt bei der längerfristigen Analyse
und Therapiekontrolle. Das Ziel ist, alle essenziellen Informationen
über einen längeren Zeitraum auf einen Blick zu sehen.

Dafür werden im Tabellenformat für jeden Tag die relevanten Variablen – also Konflikte, Unsauberkeit, Harnmarkieren – sowie alle durchfgeührten Maßnahmen eingetragen. Entscheidend ist, diese Informationen mit möglichst wenig Text, dafür aber in Farben oder Symbolen zu codieren. Auf diese Weise entsteht ein Farbmuster, mit dem das Gesamtgeschehen und allfällige Zusammenhänge im Überblick sichtbar werden.

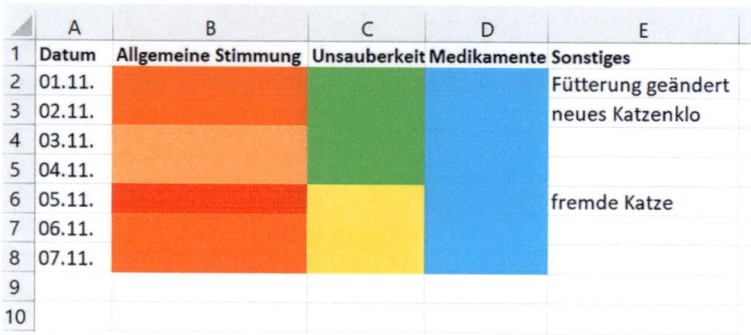

Beispiel für ein farbig gestaltetes Protokoll.

Direkte Symptome

Unter direkten Symptomen kann man alle jene zusammenfassen, die ganz offensichtlich, direkt und eindeutig mit der Beziehung der Katzen zu tun haben. Das ist zwar eher eine pragmatische als wissenschaftliche Einteilung, aber hilfreich für eine Selbstdiagnose.

Die Intensität direkter Symptome ist sehr variabel von ausgesprochen subtil bis hochdramatisch.

Vermeidung

Ein erster Hinweis für eine nicht ganz so harmonische Beziehung ist schon das Fehlen jeglicher Kontakte zwischen den Katzen. Wenn die Katzen sich durchweg vermeiden wollen, entsteht eine räumliche Trennung, die sich die Katzen in dem Fall selbst verordnen. Infrastruktur und Ressourcenverteilung bestimmen dann, wie gut die Katzen diese räumliche Trennung aufrechterhalten können. Im besten Fall schaffen es die Katzen als zwei völlig voneinander getrennte Gruppen (unabhängig davon ob die *Gruppe* aus nur einer oder mehreren Katzen besteht) nebeneinander zu leben und trotzdem alle individuellen Bedürfnisse zu befriedigen. Das kann funktionieren – vor allem dann, wenn der Kontakt zum Menschen als entscheidende Mangelressource nicht allen Katzen wichtig oder zeitlich sehr gut aufgeteilt ist.

Ein Risiko für eine solche Wohngemeinschaft sind Veränderungen, die eine räumliche Neuordnung im 5-D-Plan oder weniger Ressourcen bewirken. Das kann sich schon jahreszeitlich bedingt ergeben, wenn die Katzen weniger draussen sein wollen. Unter den beengten Verhältnissen im Winter gibt es dann entweder offenen Streit oder erheblich reduzierte Bewegungsfreiheit, weil die Katzen lieber an ihrem sicheren Ort kleben statt sich frei zu bewegen.

Auch Katzen, die keine besonders guten Freunde sind, sollten fähig sein sich zu grüssen und höfliche Kontakte zu pflegen, denn das aktive Vermeiden hat ansonsten zur Folge, dass eine Katze ihr eigenen Bedürfnisse nicht erfüllt, nur um einer Begegnung auszuweichen.

Der Verlust dieser Freiheit ist ein erstes subtiles Symptom für einen unharmonischen, möglicherweise sogar stressigen Mehrkatzen-Haushalt.

Das Fehlen eines offenen Konflikts bedeutet somit keinesfalls immer, dass zwischen den Katzen alles in perfekter Ordnung ist!

Aggression

Aggression ist als agonistisches Verhalten natürlicher Teil der normalen Kommunikation und Konfliktlösung unter Katzen. Seltene und milde Meinungsverschiedenheiten, die sozial kompetente

Katzen miteinander austragen, um sich anschliessend wieder gut verstehen, sind kein Problem.

Wird die aggressive Interaktion im Alltag bestimmend oder so intensiv, dass die Beziehung in eine Schieflage kommt, dann ist es ein problematischer Mehrkatzen-Haushalt mit Leidensdruck für die Katzen.

Chronische Aggression

Die aggressive Symptomatik kann sich langsam entwickeln und auf einem bestimmten Level bleiben, phasenweise besser oder schlechter werden.

Manche Katzenbeziehungen beginnen schon ungünstig und bleiben von Anfang an in der Phase der Distanzierung stecken.

In anderen Mehrkatzen-Haushalten entwickelt sich die aggressive Symptomatik erst im Lauf der Zeit. Auch wenn sich an den äusseren Lebensbedingungen nichts geändert hat, kann alleine das Erwachsenwerden, die soziale Reife oder das Seniorenalter Auslöser sein.

Auch nach einem plötzlichen Streit finden nicht alle Katzen zur früheren Beziehungsqualität zurück und bleiben aufgrund des steten Misstrauens stattdessen in einem latent schwelenden Konflikt.

Subtile und offensichtliche aggressive Anzeichen:
- Unverwandtes Anstarren, auch auf grössere Distanz
- Aggressive Lautäusserungen wie jaulen, singen
- Ganz knapp an der Grenze oder innerhalb des sozialen Raums der anderen Katze sitzen
- Sitzblockaden und Auflauern an Durchgängen, Wegen, Zugängen und Ressourcen wie Katzenklo, Futter, Wasser, Katzenklappe
- Vertreiben von bevorzugten Ruheplätzen
- Eskalation im Spiel, entweder von Anfang an oder im Lauf des Spiels
- Nichtrespektieren von Beschwichtigungs- und Distanzierungssignalen wie Wegschauen, Fauchen, Knurren
- Direkte Attacken, Anspringen aus dem Hinterhalt
- Bedrohen und Fixieren in auswegslosen Situationen wie Ecken, kleinen Räumen, unter dem Bett

- Verfolgen

Konflikte im Mehrkatzen-Haushalt sind oft eine Co-Produktion, bei der ängstliche und aggressive Katzen komplementäre Rollen spielen.

Akute Aggression

Plötzlicher Streit im Mehrkatzen-Haushalt ist in aller Regel hochdramatisch. Es wird gekreischt, geknurrt, es fliegen Haarbüschel und im schlimmsten Fall verliert die attackierte Katze Kot, Harn und entleert die Analbeutel.

Typische Ursache für solche akuten Attacken ist umgerichtete Aggression. Aber auch eine allgemein hohe Reaktivität, fremde Gerüche und alles, was eine Katze als Bedrohung missverstehen kann, entlädt sich in heftiger Aggression.

Je nach sozialer Kompetenz können die Katzen, nachdem sie sich wieder beruhigt haben, wieder freundliche, ja freundschaftliche Kontakte miteinander aufnehmen. Ein Wiederversöhnen ist durch vorsichtiges Beschnuppern, Nasenkontakt und kurzes Belecken am Kopf gekennzeichnet.

Kommt ein Angriff völlig unvorhersehbar, ist er für die Opferkatze höchst traumatisierend und die Rückkehr zum Normalzustand dauert länger, erfordert therapeutische Maßnahmen und
manchmal ist es unmöglich, zum *Status quo ante* zurückzukehren.
Akute Aggression ist völlig unakzeptabel und die Katzen müssen
getrennt werden. Je öfter die Katzen kämpfen, desto schlechter ist
die Prognose.

Angst

Angstsymptome sind die entsprechende Reaktion der Opferkatze,
wenn sie bedroht oder attackiert wird. Grundsätzlich sind Katzen
eher konfliktscheu und versuchen vor allem körperliche Auseinandersetzungen zu vermeiden.

Die passive Katze wird also eher Angstsymptome zeigen anstatt
in die Gegenoffensive zu gehen:

• Rückzug und Vermeiden von Kontakt
• Defensive Aggression wie Fauchen, Knurren
• Flucht in vermeintlich sichere Ecken, wo sie
  weiter bedroht werden
• Unsicheres Herumschleichen in niedriger
  Körperhaltung und Zeitlupentempo
• Fehlendes Spiel
• Unsauberkeit
• Abmagerung oder Übergewicht
• Körperliche Symptome wie wiederkehrende
  Blasenentzündung, Infektionen, übermässiges
  Putzverhalten

Co-Produktion

In den weitaus meisten Haushalten sind die Katzen in ihrer proaktiven und passiven Rolle eindeutig zu identifizieren.

Nur in wenigen Ausnahmefällen sind die Rollen nicht ganz so klar in Täter und Opfer aufgeteilt oder die Katzen wechseln je nach Kontext in eine proaktive oder passive Rolle.

Eine Co-Produktion entsteht, weil sich die Katzen in ihren jeweiligen Rollen ergänzen, bis die Beziehung maximal schief ist. Die passive Opferkatze (rot) verliert zunehmend ihre Bewegungsfreiheit und reduziert ihr Leben auf wenige Quadratmeter Rückzugsort. Die proaktive Täterkatze (blau) wird immer expansiver und beansprucht – auch mit direkter Aggression – den gesamten Lebensraum für sich allein.

Ohne die fehlende Präsenz der passiven Opferkatze könnte sich die proaktive Täterkatze nicht so breit machen – nur wenn beide ihre komplementären Rollen spielen, entsteht die beeinträchtigte Beziehung.

Eine solche deformierte Beziehungsdynamik kann unterschiedlich beginnen:

- Beide Katzen sind von vornherein sehr eindeutig in ihren jeweiligen Rollen.
- Bei der proaktiven (blauen) Katze kann es sich um eine dynamische, aktive und massiv gelangweilte Katze, eine hyperaktive oder dyssoziale Handaufzucht handeln, die erheblich mehr sozialen Druck ausübt als die durchschnittliche Katze (nunmehr in der roten Rolle) ertragen kann.
- Die passive (rote) Katze ist körperlich oder psychisch beeinträchtigt und zieht sich deshalb zurück, während die proaktive (nunmehr in der blauen Rolle) Katze, den frei gewordenen Raum nur opportunistisch zu beanspruchen beginnt.

Für die Therapie ergibt sich daher ein unterschiedlicher Ansatz, je nachdem, ob die passive rote Katze unterstützt werden muss oder die Aktivität der blauen Täterkatze gebremst oder kanalisiert werden muss.

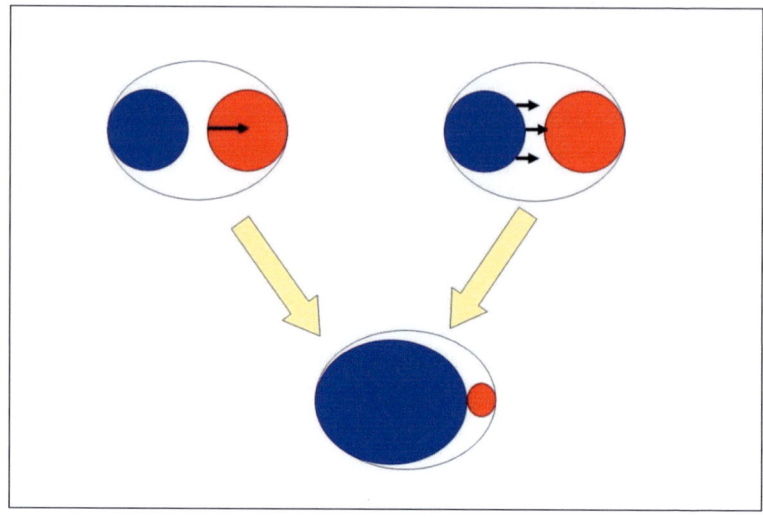

Die Dynamik einer Co-Produktion kann symbolisch dargestellt werden. Passive rote Katzen geben die Präsenz im Lebensraum auf, während sich proaktive blaue Katzen ausbreiten.

Indirekte Symptome

Indirekte Symptome scheinen auf den ersten Blick nichts mit dem Beziehungsproblem zu tun haben. Wenn Katzen den offenen Konflikt vermeiden oder dieser sehr subtil stattfindet, dann wird er eher durch andere gesundheitliche oder psychische Probleme sichtbar.

Ein Mehrkatzen-Haushalt ist ein komplexes System und kleine Veränderungen an einem Teil können grosse Effekte an einer anderen Ecke haben.

Körperliche Erkrankungen

Körperliche Erkrankungen sind nicht nur **Ursache**, sondern auch **Folge** von Problemen im Mehrkatzen-Haushalt. Was zuerst da war, wird sich nicht in allen Fällen eindeutig klären lassen.

Erwiesen ist aber, dass Katzen durch andauernden sozialen Stress krank werden. Tendenziell ist davon eher die ängstliche Opferkatze betroffen, die sich zurückzieht und dann ihre Freiheiten verliert. Bei den folgenden gesundheitlichen Problemen – vor allem, wenn sie immer wiederkommen – sollte auch sozialer Stress als Ursache oder begünstigender Faktor erwogen werden.

- **Blasenentzündung** (Feline Interstitielle Cystitis, FIC): Immer wiederkehrende Blasenentzündungen, bei denen keine Bakterien, Harnkristalle oder andere Ursachen zu finden sind, werden nach aktuellem Wissensstand durch Stress ausgelöst. Neben Übergewicht und Bewegungsmangel ist bei diesen Katzen sozialer Stress sehr oft beteiligt. Oder umgekehrt: Wenn eine Katze im Mehrkatzen-Haushalt immer wieder Blasenentzündungen hat, gibt es mit grosser Wahrscheinlichkeit Konflikte. Mit der Blasenentzündung taucht die Eisbergspitze auf – und das bedeutet, dass darunter Konflikte und Disharmonien liegen könnten.
- **Übergewicht:** Übergewicht ist ein multifaktorielles Problem und sozialer Stress damit allenfalls einer von vielen daran beteiligten Faktoren. Manche Katzen neigen dazu, Angst und chronischen Stress mit vollem Magen zu beruhigen. Hinzu kommt, dass durch den Rückzug, weniger Spielen und kaum freie Bewegung im Raum der ohnehin niedrige Kalorienverbrauch der Katze weiter absinkt. Neben einem artgerechten Fütterungsmanagement und Diät gewinnen diese Katzen mehr Lebensfreude, wenn sie weniger Angst vor Partnerkatzen haben.
- **Magen-Darmprobleme:** Erbrechen, Durchfall oder Verstopfung können eine Folge von chronischem Stress sein. Ängstliche Katzen gehen möglicherweise zu selten auf die Katzentoilette, weil sie sich vor unerwünschten Begegnungen fürchten. Magen und Darm reagieren überempfindlich, wenn einer Katze durch chronischen Stress das vegetative Gleichgewicht von Sympathikus und Parasympathikus verloren geht.
- **Kahle Stellen im Fell:** Die überwiegende Zahl der Katzen mit

übertriebenem Putzverhalten bis zu völlig kahlen Bäuchen oder Flanken hat ein Juckreizproblem. Dennoch kann auch hier Stress ein zusätzlich nachteiliger Faktor sein, weil er die Balance im Immunsystem stört und anfälliger für Überempfindlichkeitsreaktionen (Felines Atopie-Syndrom) macht.

- **Anfälligkeit für Infektionen:** Vor allem eine hohe Katzendichte führt bei gestressten Katzen zu einer erhöhten Anfälligkeit vor allem für Atemwegsinfektionen. Auch hier mindert der chronische Stress die Arbeit des Immunsystems.

Unsauberkeit

Unsauberkeit ist gemeinsam mit Harnmarkieren in der Beratungspraxis das mit Abstand häufigste Verhaltensproblem. Unsauberkeit ist aber kein spezifisches Problem des Mehrkatzen-Haushalts.

Jede Katze kann schon für sich allein beschliessen, dass sie eine bereitgestellte Kiste nicht (mehr) als Klo benützen möchte.

Im Mehrkatzen-Haushalt sind häufig Konflikte zwischen den Katzen ein guter Grund, die Katzentoilette zu verweigern.

Unsaubere Katzen setzen dann entweder Kot und/oder Harn ausserhalb der vorgesehenen Katzentoiletten ab.

Jede unsaubere Katze sollte eingehend tierärztlich untersucht werden, selbst wenn die Katze gesund erscheint.

Die Details zum optimalen Katzenklo-Management sind im Abschnitt Faktor Ressourcen zu finden.

Wer ist unsauber?

Im Mehrkatzen-Haushalt kann es mitunter schwierig werden, eindeutig zu klären, welche der Katzen unsauber ist oder mit Harn markiert.

Wichtig: Es können mehrere Katzen – manchmal zu unterschiedlichen Zeiten oder Orten – unsauber sein. Auch komplexe Probleme mit unsauberen und harnmarkierenden Katzen sind nicht selten.

Videoüberwachung der Katzen hat sich bewährt, weil damit ganz eindeutig geklärt ist, wer das unerwünschte Verhalten zeigt. Hinzu kommt, dass auf einem Video oftmals die gesamte Sequenz und der Ausdruck einer völlig unbeeinflussten Katze zu beobachten ist und nicht nur das unangenehme Endergebnis. In grossen Haushalten und bei sehr breit verstreuten Tatorten kann es manchmal schwierig sein, einen passenden Platz für die Kamera zu finden.

Unsauberkeit ist ein typisches Symptom der passiven (roten) Opferkatze.

Harnmarkieren

Harnmarkieren gehört zu den unangenehmsten Problemen im Mehrkatzen-Haushalt. Einerseits weil es in der Natur mancher Katzen liegt, sich auf diese Art auszudrücken, andererseits weil es gerade auch deswegen sehr hartnäckig sein kann. Sowohl männliche als auch weibliche Katzen, unkastrierte wie kastrierte, markieren mit Harn. Die Wahrscheinlichkeit, dass in einem Haushalt mit fünf Katzen *mindestens* eine Katze mit Harn markiert liegt bei 75 Prozent, bei zehn Katzen im Haushalt steigt sie auf 100 Prozent.

Harnmarkieren ist im Gegensatz zur Unsauberkeit ein Kommunikationsverhalten der angespannten, aufgeregten Katze. Harnmarkierende Katzen benützen daher für ihr normales Ausscheidungsverhalten oft nach wie vor die Katzentoilette. Es gibt jedoch komplexe Fälle, wo Katzen gleichzeitig unsauber sind und mit Harn markieren.

Wie auch für die unsaubere Katze sind zuerst immer körperliche Gründe als Ursache für Harnmarkieren auszuschliessen oder zu behandeln.

Harnmarkieren ist ein typisches Symptom der proaktiven (blauen) Täterkatze in einer gestörten Beziehung.

Reaktives und instrumentalisiertes Harnmarkieren

Reaktives Harnmarkieren ist die physiologische und angepasste Reaktion auf einen Störfaktor, eine Aufregung, eine diplomatische und konfliktfreie Form der Kommunikation. Die Katze markiert nur gelegentlich alle paar Tage, überlegt und an ganz bestimmten für sie strategisch bedeutsamen Punkten.

Instrumentalisiertes Harnmarkieren ist zum automatischen Verhalten geworden – die Katze markiert sehr oft und ohne spezifischen Auslöser, ziellos und nahezu überall. Die markierten Stellen werden nicht mehr wirklich kontrolliert und beschnuppert, die Katze spritzt aus Gewohnheit, beinahe zwanghaft.

Lösungen für Probleme im Mehrkatzen-Haushalt

Das über allem stehende Prinzip für Harmonie im Mehrkatzen-Haushalt ist eigentlich ganz einfach:

Jede einzelne Katze muss körperlich und psychisch wohl und zufrieden sein, in ihren individuellen Bedürfnissen gesehen werden und alles haben, was sie braucht.

Die Arbeitshypothese lautet: Glückliche zufriedene Katzen mit einem gewissen Maß an sozialer Kompetenz haben keinen Grund zu streiten.

Jede Maßnahme und Lösungsidee muss also dahingehend überprüft werden, ob sie diesem Prinzip wirklich dient und die Zufriedenheit jeder Katze erhöht. So einfach diese Arbeitshypothese klingt, so schwierig – bis manchmal hin zu unmöglich – kann es sein, sie auch in der Realität umzusetzen:

Katzen sind manchmal einfach krank oder körperlich beeinträchtigt, unzufrieden mit sich und mit der Welt im Allgemeinen, die Infrastruktur der Wohnung ist begrenzt, Freilauf ist nicht möglich oder die Notwendigkeiten des menschlichen Alltags sind zu zeitraubend.

Diese – fast könnte man schon sagen hehre – Arbeitshypothese wird daher oft ein unerreichbares, weil idealistisches Ziel bleiben. Nichtsdestotrotz sollte immer das maximal Mögliche angestrebt werden, selbst wenn die Realität dann nicht so ideal sein wird wie die angestrebte Perfektion.

Daraus ergibt sich auch eine logische Hierarchie der Maßnahmen:
- Jede Katze als Individuum behandeln
- Umwelt und Management optimieren
- Interaktionen zwischen den Katzen regeln

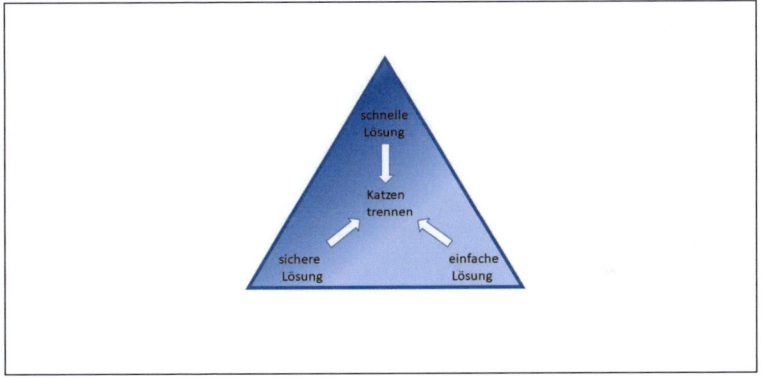

Das Magische Dreieck des Mehrkatzen-Haushalts.

Natürlich können manche der jeweiligen Lösungsebenen auch gleichzeitig oder überschneidend wirken. Es hat aber nicht sehr viel Sinn, an den Interaktionen zwischen den Katzen zu arbeiten, wenn eine der Katzen krank ist, Angst hat oder keine der beiden für Hüttenspiele ansprechbar ist. Vor den Gruppensitzungen kommen also immer die individuellen Einzeltherapien, um eine bessere Ausgangsposition für eine Beziehung zu schaffen.

Vorrangig ist natürlich immer der Wunsch, die *Katzen sollen sich verstehen*, nicht so viel streiten oder indirekte Symptome wie Unsauberkeit und Harnmarkieren abzustellen. Hinzu kommen jedoch weitere – manchmal inkompatible – Wünsche, wie *Alle Katzen müssen unbedingt im Haushalt bleiben*. Räumliche Trennung ist – wenn überhaupt – nur sehr kurzfristig machbar; der Zeitaufwand für Maßnahmen darf nur gering sein. Letztlich kommt es auf Unvereinbarkeit hinaus, wenn die Lösung gleichermassen ein *dauerhaft sicheres Ergebnis liefern, schnell wirksam* und *dabei nicht zu aufwendig sein soll.*

Zumindest eine, wenn nicht sogar zwei dieser drei Erwartungen werden in aller Regel enttäuscht werden.

Die einzige Lösung, die sofort und sicher wirkt, dabei wenig Aufwand macht, ist das endgültige Trennen der Katzen.

Umgekehrt impliziert jede andere Lösung, dass sie möglicherweise weder schnell, noch sicher und dauerhaft wirksam oder gar einfach sein wird. Ein komplizierter Mehrkatzen-Haushalt wird selbst bei grossem Zeitaufwand niemals perfekt sein.

Die Unsicherheit von Lösungen ergibt sich aus den im ersten Teil beschriebenen Faktoren *Katze – Mensch – Kontext und Umstände – Infrastruktur*, die den Erfolg mehr oder weniger stark begrenzen.

Auch die Erwartung, dass eine Maßnahme nur einmal nötig ist und der Erfolg dann für immer bleibt, ist nicht immer realistisch. Gerade sehr komplexe Mehrkatzen-Haushalte mit mehreren der oben erwähnten Begrenzungen sind vielmehr ein **lebenslängliches Projekt** als eine kurzfristige Einmaltherapie. Ohne dauernde Regieführung durch den Menschen schaffen die Katzen in komplizierten Gruppen kein konfliktfreies Zusammenleben.

Ganz allgemein gilt: Je weniger die Katzen zueinander passen, desto aufwendiger und dauerhafter werden die Maßnahmen sein müssen, um einen einigermassen akzeptablen Zustand für Katzen und Menschen aufrechtzuerhalten.

Der Wunsch nach dem Behalten aller Katzen im Haushalt auch dann, wenn sie nicht wirklich zueinander passen, ist sehr verständlich.

Dennoch muss vor jeder therapeutischen Maßnahme – und in regelmässigen Abständen – geklärt werden, wie hoch der *Preis* ist, den jede der Katzen gewissermassen *zahlen* muss.

Der *Preis* ist in diesem Sinne ein Verlust an Freiheiten, die Notwendigkeit manche Mangelressourcen wie den Kontakt zum Menschen zu teilen oder sonstige Kompromisse einzugehen, die das friedliche Zusammenleben in einer Gruppe erfordert.

Für jede Katze ist die Frage zu klären, ob sie diesen Preis mit ihrem Naturell überhaupt zahlen kann und ob es ethisch akzeptabel ist, ihn von ihr zu fordern, nur damit sie im Haushalt verbleibt.

Die im Teil 1 beschriebenen Grundlagen des Mehrkatzen-Haushalts sind gewissermassen die im Küchenschrank vorhandenen Zutaten und einige Prinzipien des Kochens.

Nun kommen einige bewährte Therapierezepte mit genauen Angaben hinzu, die auch weniger erfahrene Köche nachkochen können sollten. Je besser man jedoch seine Zutaten kennt und die Fundamente des Kochens beherrscht, desto flexibler können die bewährten Rezepte nach eigenen Wünschen abgewandelt werden.

Für einige der therapeutischen Optionen wie Gesundheitscheck oder Medikation ist die Zusammenarbeit mit einem Tierarzt zwingend erforderlich.

Wichtig: Jedes therapeutische Ziel soll nach Möglichkeit positiv formuliert werden. Also nicht:
- Meine Katzen sollen *nicht* mehr streiten.
- Meine Katze soll sich *nicht* verkriechen.
- Meine Katze soll *nicht* unsauber sein.

Sondern:
- Meine Katzen sollen sich freundlich oder wenigstens neutral begegnen.
- Meine Katze soll in der Familie/Gruppe/Wohnraum präsent sein.
- Meine Katze soll die angebotene Katzentoilette benützen.

Die positive Formulierung hat wesentliche Vorteile:
- Ein positives Ziel kann viel leichter genau definiert werden.
- Immer, wenn das unerwünschte Verhalten nicht passiert, ist es ein Erfolg.
- Die Aufmerksamkeit verändert sich und die Katzen können für das erwünschte Verhalten belohnt werden, weil es nun bewusster gesehen wird.

Bei der positiven Zielformulierung sollte zusätzlich bedacht werden, dass ein Verhaltensproblem nur selten eine *Alles-oder-nichts*-Situation darstellt. Bei dem Ziel, die Katzen sollen sich freundlich oder neutral begegnen, wird es also nach wie vor Situationen geben, wo alte Muster auftauchen und die Katzen weniger freundlich zueinander sind. Aber im Gesamtbild wird nach und nach der Trend zu mehr positiven Begegnungen deutlich. Mit einem einfachen bunten Protokoll wird ein solcher Erfolg dann über die Wochen und Monate sichtbar.

Am besten erstellt man eine Liste mit den aktuellen Problemen und realistischen Zielen, den Hindernissen und welche Lösungsideen in Frage kommen. Alle Formulierungen mit **soll nicht** werden in **soll stattdessen** umgewandelt und damit zum positiven Ziel, das im Gegensatz zum negativen Ziel schneller Erfolgserlebnisse bringt.

In weiterer Folge wird aus diesem ersten Plan der Beginn eines Protokolls, in dem die Maßnahmen und Entwicklung übersichtlich aufgezeichnet werden.

Verhaltenstherapeutische Strategien

Es hilft, die grundlegenden Prinzipien verhaltenstherapeutischer Strategien und wie Katzen überhaupt lernen, ein wenig zu verstehen:

- **Habituation**: Gewöhnung ist der einfachste Lernprozess. Die Katzen gewöhnen sich mit der Zeit einfach aneinander, wenn es keine Bedrohungen, unangenehme Ereignisse oder Nachteile gibt. Gewöhnung passiert, indem die Katzen nebeneinander leben, wissen, dass die andere da ist und sie dadurch keine nachteiligen Effekte erleben. Dieses langsame Aneinandergewöhnen entspricht am ehestem dem, was unter natürlichen Bedingungen passiert, wenn Katzen in eine bestehende Kolonie zuwandern. Dieser Prozess dauert zwar einige Zeit, bei manchen Katzen sogar viele Monate, ist aber ansonsten wenig aufwendig. Entscheidend ist nur, Drohungen, Angriffe und Flucht zu verhindern und immer möglichst gute Stimmung zu verbreiten.

- **Systematische Desensibilisierung:** Im Rahmen einer systematischen Desensibilisierung wird ein auslösender Reiz so abgemildert – zum Beispiel durch grössere Entfernung, geringere Lautstärke oder reduzierte Aktivität – dass er keine unerwünschte Verhaltensreaktion auslöst. Nach und nach wird dieser Reiz immer mehr intensiviert, bis er dem Normalzustand entspricht und trotzdem keine Reaktion auslöst. Die systematische Desensibilisierung ist damit ein Gewöhnungsprozess, der jedoch in gezielten, winzig kleinen und gut kontrollierten Schritten stattfindet. Eine wichtige Voraussetzung für das Gelingen ist die möglichst genaue Definition des auslösenden Reizes und seine Manipulierbarkeit. Bei sehr komplexen Reizen wie der Existenz einer anderen Katze – Optik, Geruch, Vokalisieren und Aktivität – ist das Abschwächen nicht sehr leicht möglich. Zusätzlich muss tatsächlich eine Intensität gefunden werden, die für die Katze zwar wahrnehmbar ist, aber noch keine Reaktion auslöst. Das ist zum Beispiel bei Gerüchen oder Jaulen und Singen fremder Katzen nur sehr schwer möglich. Das Risiko einer weiteren Eskalation ist gross, vor allem wenn die Steigerungsstufen zu gross sind. Eine systematische Desensibilisierung kann aber eventuell sinnvoll sein, wenn es nur einen einzigen Auslöser von Aggression gibt, dieser sehr genau definiert ist und den Katzen unter kontrollierbaren Bedingungen präsentiert werden kann. Ein Beispiel wäre ein quietschendes Geräusch, ein Ort oder ein Objekt, das umgerichtete Aggression auslöst. Dann kann der Auslöser über reduzierte Lautstärke oder grossen Abstand abgeschwächt präsentiert werden.

- **Klassische Gegenkonditionierung:** Diese ist ebenfalls ein Gewöhnungsprozess, der auch in sehr kleinen Schritten stattfindet und – ganz wichtig – gezielt mit angenehmen Dingen kombiniert wird. Eine Katze muss nichts tun, bekommt aber super tolle Leckerbissen, wenn sie eine andere Katze auf Distanz sieht und entspannt bleibt. Nach und nach wird der Abstand dann verringert, die Zeiten verlängert oder mehr Bewegung statt Stillsitzen eingeführt. Das Risiko dieser Strategie kann erheblich sein. Katzen lernen im schlimmsten Fall das Gegenteil vom Erwünschten, wenn sie in einen Konflikt zwischen Leckerbissen und sozialer Nähe gezwungen werden und mit Ungeduld zu viel Erwartungsdruck entsteht. Das typische Ergebnis wären dann zwei Katzen, die selbstvergessen und beide gierig auf Leckerbissen ihre persönliche Distanz unterschreiten und sich anschliessend aufgrund der unerwünschten Nähe aggressiv distanzieren.

- **Instrumentelle Gegenkonditionierung**: Die Katzen lernen ganz neue Verhaltensoptionen, die ihnen ein gutes Gefühl von mehr Kontrolle und Selbstwirksamkeit geben. Erfolgreiches, weil immer wieder gut belohntes Verhalten vermittelt Selbstbewusstsein und fördert die Präsenz. Dieses neue erwünschte Verhalten steht in Konkurrenz zum unerwünschten Verhalten. Eine Katze lernt zum Beispiel in einer Kiste als Sitzplatz-Target zu sitzen und mit dem Menschen Blickkontakt zu halten anstatt die andere Katze anzustarren oder zu attackieren. Diese höchst elegante Strategie scheint zwar auf den ersten Blick aufwendig, ist aber extrem nachhaltig. Da Katzen sehr gerne lernen, werden schon alleine durch den Prozess des Trainings das Wohlbefinden und die Zufriedenheit gefördert, die der Schlüssel für friedliches Zusammenleben sind. Hinzu kommt, dass Katzen, die einmal das Prinzip der **positiven Verstärkung** durch den Menschen kennengelernt haben, auch in allen anderen Situationen für ihre erwünschten Handlungen bestätigt werden können. So kann im Alltag jede noch so kleine Interaktion der Katzen wie ein Nasenkontakt, ein Wegschauen, ein Weg freigeben belohnt oder wertschätzend anerkannt werden.

Im richtigen Leben verschwimmen die Grenzen zwischen diesen verhaltenstherapeutischen Maßnahmen natürlich weitgehend und sie wirken gleichzeitig nebeneinander. Je mehr eine Strategie wie selbstverständlich in den Alltag übernommen werden kann, desto wirksamer ist sie. Systematische Desensibilisierung und klassische Gegenkonditionierung sind vor allem in Kombination mit Ungeduld aufwendige und riskante Methoden, die in der Theorie besser klingen als sie in der Realität mit den Katzen umzusetzen sind.

Mit der instrumentellen Gegenkonditionierung hat die Katze in jedem Fall Leckerbissen bekommen und etwas Neues gelernt – hier ist das Risiko für unerwünschte Effekte oder Fehler deutlich reduziert. Im schlimmsten Fall weiss die Katze nicht so genau, warum sie einen Leckerbissen bekommen hat – und das ist ohnehin der Normalzustand für die meisten Katzen!

Erste-Hilfe-Plan

Viele der therapeutischen Maßnahmen benötigen einiges an Zeit, Überlegung und Training.
Wenn es in einem Mehrkatzen-Haushalt zum grossen Krach kommt, ist es wichtig, ob der Kreischerei nicht die Nerven zu verlieren.

- Ganz ruhig bleiben und keinesfalls schreien oder schimpfen!
- Auf die eigene Sicherheit achten und die Katzen nur berühren, wenn **ganz sicher** ist, dass sie wissen, wer sie berührt!
- Keine Annäherung an Katzen mit geweiteten Pupillen, Jaulen, Singen und zum Schlag erhobener Pfote!
- Die Katzen trennen – mithilfe von Decken oder einem grossen Handtuch in einem eigenen Raum oder einer ausreichend grossen Box.
- Bei mehreren Katzen beginnt man beim Trennen mit den ruhigsten, am wenigsten reaktiven.
- Durchatmen und vorerst 30 bis 90 Minuten Entspannungspause für alle.
- Wenn möglich zu einem Tagesordnungsfixpunkt wie der Fütterung einen Neustart versuchen.
- Pheromonstecker in die Steckdose.
- Schnell wirksame psychoaktive Nahrungsergänzungen oder Medikamente verteilen.
- Umweltmanagement und Training überlegen.

Die Katze als Individuum

Die wichtigste Voraussetzung für ein friedliches Zusammenleben ist das umfassende Wohlsein jeder einzelnen Katze. Die pragmatische Grundannahme dafür ist: **Zufriedene Katzen sind friedlich.** Oder wenigstens friedlicher ... Was immer eine Katze zufriedener macht, fördert daher den Frieden im Mehrkatzen-Haushalt. Gewisse Maßnahmen sind eher für die **ängstliche Opferkatze** geeignet, andere wiederum sind für die **aggressive Katze**, die Konflikte proaktiv beginnt sinnvoll. Für **jede einzelne Katze** im Mehrkatzen-Haushalt gilt:

Tierärztlicher Check

Körperliches Unwohlsein, Schmerzen, manifeste oder noch nicht erkannte chronische Krankeiten sind ein extrem wichtiger Grund für Disharmonie im Mehrkatzen-Haushalt. Körperliches Unwohlsein

- macht unzufrieden.
- reduziert Flexibilität.
- führt zu Rückzug und fehlender Präsenz.
- erhöht die Chance für Aggression.
- verursacht ein Ungleichgewicht.

Ganz allgemein ist die Wahrscheinlichkeit grösser, dass die Opferkatze durch körperliche Erkrankungen gehemmt wird. In manchen Fällen wird aber die proaktive Katze unleidlich und findet die Partnerkatze als Opfer, um das eigene Unwohlsein abzureagieren.

Bei einem gründlichen medizinischen Check liegt das besondere Augenmerk auf folgenden schmerzhaften Veränderungen. Je älter eine Katze ist, desto wahrscheinlicher sind körperliche Erkrankungen. Das bedeutet jedoch umgekehrt nicht, dass junge Katzen immer gesund sind! Gerade auffällig brave Jungkatzen sind verdächtig für körperliche Beschwerden:

- Zahn- und Zahnfleischerkrankungen, wie Entzündungen oder Resorptive Läsionen (RL) sollten, wenn möglich, auch mit Dentalröntgen unter Sedierung ausgeschlossen bzw. entsprechend behandelt werden
- chronische degenerative Probleme von Gelenken und Wirbelsäule
- chronische Magen-Darm-Erkrankungen, die mit Bauchschmerzen und/oder Übelkeit verbunden sind
- Juckreiz
- Schilddrüsenüberfunktion
- Bluthochdruck
- Tumorerkrankungen

Besteht auch nur der geringste Zweifel an der Schmerzfreiheit, bekommt diese Katze mit einer diagnostischen Schmerztherapie über drei bis vier Wochen eine Option, sich auch selbst zu diesem Thema zu äussern. Über ein tabellarisches Protokoll werden allfällige Verhaltensänderungen vor, während und nach der Schmerztherapie offensichtlich.

Selbst wenn die Therapie beeinträchtigender Grunderkrankungen erfolgreich oder zumindest stabilisiert ist, kann die Schieflage in der Beziehung noch weiter bestehen bleiben. Frühere Erfahrungen miteinander und Gewohnheiten etablieren sich schnell, sodass der ursprüngliche Auslöser **Gesundheitsproblem** jetzt zwar weg ist, die Beziehung mit ihrer Eigendynamik aber weiterhin angespannt bleibt.

Mit der gesundheitlichen Verbesserung sind jedoch die unabdingbaren Voraussetzungen für weitere Therapien geschaffen, leider nicht zwingend immer alle Beziehungsprobleme beseitigt.

Psychisches Wohlbefinden

Neben dem körperlichen Wohlsein sind vor allem psychische Störungen ein weiterer wichtiger Grund für anhaltende Beziehungsdramen. Ohne psychische Ausgeglichenheit sind Katzen nicht ausreichend frei und flexibel, Konflikte entweder zu vermeiden oder geschmeidig zu lösen. Sehr vereinfacht ausgedrückt kann psychische Unausgeglichenheit ein Zuviel oder ein Zuwenig an Verhalten bewirken:

• Angst und Unsicherheit führen zu Rückzug, fehlender Präsenz und erhöhter Verteidigungsbereitschaft.

• Erhöhte Impulsivität, Reaktivität oder Hyperaktivität führt zu unkontrollierten Aktionen und Aggression.

Psychische Störungen haben somit einen erheblichen Einfluss auf die Beziehungsfähigkeit von Katzen. Für einen harmonischen Mehrkatzen-Haushalt müssen daher Katzen mit Angststörungen oder erhöhter Impulsivität und Reaktivität nach Möglichkeit wieder mehr in ihre psychische Mitte gebracht werden.

Psychoaktive Substanzen
Ergänzend zu allen anderen Maßnahmen wie Überfluss an Ressourcen, Training und Umweltmanagement sind psychoaktive Substanzen im weitesten Sinne eine wichtige Therapie. Lernen von neuen Verhaltensweisen und Interaktionen ist nur möglich, wenn bestimmte neurobiologische Voraussetzungen im Gehirn erfüllt sind. Erst wenn eine Katze nicht mehr durch Angst blockiert ist oder durch Impulsivität viel zu schnell und zu heftig reagiert, ist der Weg zum Erlernen einer neuen Beziehung frei.

Ein recht einfacher Weg sind Nahrungsergänzungen, die fast immer gerne und freiwillig mit dem Futter oder sogar als Leckerbissen gefressen werden. Nahrungsergänzungen sind keine Medikamente, können aber trotzdem vorteilhafte Effekte auf die Psyche haben. Die überwiegend eingesetzten Nahrungsergänzungen wirken entspannend, reduzieren Stress und sind daher vor allem für ängstliche Katzen sinnvoll. Ein weiterer Vorteil von Nahrungsergänzungen ist die Einsatzmöglichkeit bei unberührbaren oder wenig kooperativen Katzen.

Ausser Nahrungsergänzungen können auch Psychopharmaka zum Einsatz kommen. Impulsivität, gesteigerte Reaktivität und

Harnmarkieren lassen sich am besten über spezielle Psychopharmaka beeinflussen, die die Impulskontrolle verbessern. Bestimmte Verhaltensweisen treten viel wahrscheinlicher aus einer erhöhten Erregungslage auf. Wird eine dauerhaft erhöhte Erregung in Richtung Normalität reduziert, sinkt auch die Wahrscheinlichkeit und Motivation für überschiessende Reaktionen.

Weder mit psychoaktiver Medikation noch mit Nahrungsergänzungen werden Katzen mit einer chemischen Keule manipuliert, sondern bekommen insgesamt mehr Handlungsoptionen, weil sie besser oder überhaupt erst lernfähig sind.

Wertschätzende Anerkennung

Eine der einfachsten Übungen im Alltag ist, die Katzen zu *sehen*. Viel zu oft leben Katzen am Rande der bewussten Wahrnehmung und werden erst *gesehen*, wenn sie lästig sind oder anderweitig unangenehm auffallen. Hingegen können allzu intensive oder zu lange dauernde Kontakte wie Streicheln bei manchen Katzen Stress auslösen.

Katzen freuen sich über häufige, nur kurz andauernde, wenig intensive Kontakte, die man insgesamt unter wertschätzender Anerkennung oder *Ich sehe dich* zusammenfassen kann. Das kann ein zwinkernder Blickkontakt, das Aussprechen des Namens, ein gedankliches Streicheln mit den Augen oder ein tatsächliches kurzes Kraulen am Kopf sein. Die aufmerksame Botschaft an die Katze soll einfach die Liebe, Freundschaft und wertschätzende Anerkennung überbringen, über die sich Katzen so sehr freuen, weil sie eben in unaufdringlicher Art übermittelt wird. Man könnte auch Lob dazu sagen, allerdings muss die Katze für wertschätzende Anerkennung keine Leistung erbringen. Es reicht schon, dass sie da ist.

Vor allem die ängstliche Katze gewinnt durch diese regelmässige emotionale Unterstützung enorm an Selbstbewusstsein. Kennen alle beteiligten Katzen diese Wertschätzung, ist es möglich sich anbahnende Konflikte und Anspannung bei Begegnungen sofort zu entschärfen. Freundlich mit ihren Namen angesprochen oder anderen wichtigen Wörtern aus dem Alltag verspricht man beiden das *Blaue vom Himmel*, um die momentane Stimmung ins Positive zu ändern. Sobald sich die Spannung auflöst und die Aufmerksamkeit der Katzen beim Menschen ist, bekommen sie natürlich, was immer man ihnen versprochen hat. Es geht dabei nicht um die Menge, sondern um die freundliche Geste – eine kleine Übung und ein, zwei Leckerbissen sind schon genug, um momentane Zufriedenheit zu schaffen.

Menschen sind für viele Katzen wichtig – als Regisseur, emotionale Unterstützung oder für Information.

Exklusivzeit

Jede Katze sollte ihre ganz besondere *Quality Me Time* bekommen. Für die aktiven kann das ein besonderes Spiel, Training neuer Übungen oder vom Menschen als Zuschauer angefeuertes Laufen im Laufrad sein, für die Geniesser eine Zeit des Schmusens oder der Fellpflege.

Vor allem die ängstliche und unsichere, introvertierte Katze wird leicht übersehen, weil sie sich im Alltag nicht vordrängt und ihren Kontakt vom Menschen einfordert. Aktive und selbstbewusste Katzen besetzen gerne die vormals exklusiven Zeitfenster der sozial schwächeren Katze – zum Beispiel im Bett oder abends auf der Couch. Da der Kontakt mit dem Menschen so etwas wie ein sozialer Booster sein kann, wird die Schieflage grösser, wenn die Opferkatze diesen exklusiven Kontakt verliert und die selbstbewusste ihn benützt, um sie noch mehr zu verdrängen.

Exklusive Rituale als Qualitätszeit zu erhalten oder zu erschaffen unterstützt die ängstliche Katze in sinnvoller Weise, ohne dabei soziale Konflikte oder Aggression zu schüren.

Clickertraining

Das Training und Erlernen einfacher Übungen ist für die meisten Katzen ein völlig neues Erlebnis, weil sie immer noch viel zu oft als unerziehbare, eher anspruchslose Haustiere angesehen werden. Das gesamte Erziehungsprogramm für Jungkatzen ist im Katzen-Kindergarten beschrieben. Im Kindergarten sind auch alle jene Übungen enthalten, die im späteren Zusammenleben mit anderen Katzen und Menschen wichtig sein können.

Doch auch für erwachsene Katzen – sogar bis ins hohe Alter – sind die gleichen Techniken anwendbar.

Clickertraining ist ein Werkzeug, mit dem die Katze über positives Feedback lernt, was ihr einen Erfolg einbringt – und deshalb macht sie es öfter.

Mit dem Klickgeräusch kann diese Belohnung auch auf grössere Distanz angekündigt werden.

Äusserst praktisch für den Mehrkatzen-Haushalt sind diese zwei einfachen Übungen:

• Nasen-Target: Den ausgestreckten Zeigefinger, einen Kochlöffelstiel oder einen (Teleskop-)Targetstick ungefähr 5 cm vor die Katzennase halten und warten, bis die Katze mit ihrer Nase dranstupst. Sobald sie von sich aus das vorgegebene Ziel – ihr *Target* – berührt, bekommt sie einen leisen Zungenschnalzer als Klick und unmittelbar danach einen winzigen Leckerbissen als Belohnung. Nach zwei, drei Wiederholungen gibt es eine Pause. Mehrere Wiederholungen über den Tag verteilen, immer wenn die Katze aktiv und bereit für Leckerbissen ist.

Sitzplatz-Targets sind einfache Übungen, um Ordnung und Vorhersehbarkeit im Mehrkatzen-Haushalt zu schaffen.

• Sitzplatz-Target: Einen bestimmten Sitzplatz wie eine kleine Decke, eine kleine Schachtel oder einen Platz auf einem Hocker als Sitzplatz-Target zu definieren, ist die mit Abstand wichtigste Übung für einen Mehrkatzen-Haushalt. Meistens reicht es, ein solches Target wie eine Schachtel einfach nur hinzustellen und abzuwarten bis die Katze selbst hineinspringt. Wie beim Nasen-Target gibt es einen leisen Zungenschnalzer als Klick und sofort einen winzigen Leckerbissen. Wenn die Katze das Nasen-Target sicher beherrscht, kann sie auch mit dem Finger an den entsprechenden Sitzplatz gezogen werden. Auch hier sind Wiederholungen über den Tag verteilt wichtig. Die beiden Übungen können natürlich ohne Weiteres in jeder Art kombiniert werden.

Diese beiden Übungen sind trotz ihrer Einfachheit ungemein wertvoll! Sie sind nicht nur für sich allein schon praktisch, sondern öffnen den Horizont und Wege für viele andere Übungen.

Unsichere, ängstliche Katzen gewinnen an Selbstvertrauen, weil sie gefühlt mehr Kontrolle über ihr Leben bekommen. Eine einfache Handlung, die immer garantierten Erfolg verspricht, gibt Sicherheit, ja sogar Freude. Mit einem erhöhten Sitzplatz-Target fühlen sich unsichere Katzen noch besser.

Aufdringliche, aktive oder aggressive Katzen lernen mit diesen Übungen eine neue Beschäftigung als Alternative zum *Partnerkatze bedrohen*. Langeweile ist ein wichtiger Grund für regelmässig auftretende Konflikte. Das Ziel für die aktive Katze ist, die Anfrage für Aktivität an den Menschen zu richten und nicht die Partnerkatze zu belästigen. Gemeinsame und zusätzlich noch belohnte Aktivität ist für die meisten Katzen eine bessere Alternative als Ärger machen.

Jede Katze soll zuerst ihre Übungen alleine lernen und ihr eigenes Sitzplatz-Target haben. Für Katzen, die noch oder vorübergehend getrennt sind, sollen die Übungen im geplanten gemeinsamen Wohnbereich stattfinden. Gemeinsame Übungseinheiten gibt es erst, wenn jeder seine Übungen beherrscht als Hüttenspiele während der späteren Gruppensitzungen.

Mit dem Nasen-Target kann man Katzen neue Orte und Wege wie Catwalks, Sitzbretter oder Boxen zeigen und die Nutzung der alternativen Wege mit ihnen üben, sodass sie im Erfahrungshorizont der Katzen abgespeichert sind.

Ein häufiger Einwand: Die Übungen funktionieren ja nur, wenn man zu Hause ist und nicht, wenn sich die aktive Katze alleine langweilt. Das ist richtig, aber schon einige wenige Trainingsminuten pro Tag machen diese Katze wesentlich zufriedener. Das wirkt sich auch positiv auf die Zeiten aus, in denen die Katzen alleine sind.

Interaktives Spiel

Neben den Übungseinheiten ist regelmässiges interaktives Spiel eine zwar zeitaufwendige, aber relativ einfache Strategie.

Entscheidend ist, dass jede Katze ihre eigenen Spielzeiten bekommt, bei der anderen Katzen zuschauen kann und sogar soll, aber nicht stören darf.

Für **junge und aktive Katzen** ist interaktives Spiel ein guter Weg überschüssige Energie zu kanalisieren und damit einen Teil der Aufmerksamkeit von der Opferkatze abzulenken. In aller Regel wird die Energie und damit der **Aktivitätsbedarf von jugendlichen, jungerwachsenen oder aktiven Katzen weit unterschätzt.**

Für die **unsichere oder ängstliche Katze** ist interaktives Spiel eine weitere Möglichkeit, das Selbstbewusstsein zu fördern. Jagd ist das Verhalten, für das Katzen geboren sind und das sie am besten können. Sich ganz auf eine realistisch angebotene Spielbeute zu konzentrieren bringt sie in ihren Flow und macht zufrieden.

Mit interaktivem Spiel können ähnlich wie mit den Target-Übungen neue Zeitfenster geschaffen werden, die mit positiver Erwartungshaltung eine gute Stimmung für die Gruppensitzungen bringen.

Sicherheit geben

Zum Wohlbefinden jeder Katze gehört das subjektive Gefühl von Sicherheit. Überfallsartige Angriffe aus dem Hinterhalt oder permanentes Auflauern auf wichtigen Durchgangswegen belasten die

Opferkatzen ganz erheblich. Bevor man wieder an Gemeinsamkeit denken kann, brauchen unsichere, ängstliche Katzen ein Gefühl von zuverlässiger Sicherheit. Selbstverständliche Präsenz im Lebensraum ist die Voraussetzung für das Teilen des Lebensraums und Interaktionen.

Neben Nahrungsergänzungen oder Medikamenten gewinnen Katzen
- passive Sicherheit durch Verstecke und Rückzugsmöglichkeiten.
- Selbstbewusstsein durch richtiges Tun am richtigen Ort zur richtigen Zeit, zum Beispiel mit Clickertraining, interaktivem Spiel oder anderen erfreulichen Exklusivritualen.
- emotionale Unterstützung durch den Menschen.

Übersicht

- Gesundheitscheck für alle beteiligten Katzen
- Psychische Verfassung mit psychoaktiven Substanzen verbessern, entweder in Richtung angstlösend oder Impulskontrolle verbessernd und Aggression mindernd
- Wertschätzende Anerkennung als emotionale Unterstützung für alle Katzen
- Exklusive Qualitätszeit, vor allem für die ängstliche Katze
- Selbstsicherheit durch Training für alle Katzen
- Immer wieder prüfen: Welchen Preis zahlt jede Katze?

Umwelt und Management

Veränderungen und Maßnahmen im Lebensraum der Katzen gehören zu den einfachen und oft sehr schnell wirksamen Therapieoptionen. Das Ziel dabei ist, den zur Verfügung stehenden Raum und die Ressourcen für die Katzen zu erweitern. Letztendlich soll auch damit die Zufriedenheit der Katzen gesteigert und das Zusammenleben erleichtert werden.

Trennen

Das Trennen der Katzen ist mit Abstand eine der wichtigsten **Erste-Hilfe-Maßnahmen**, wenn es so richtig kracht und die Katzen unter Hochspannung stehen. Auch die Eingewöhnung von neuen Katzen erfordert in den weitaus meisten Fällen die Möglichkeit der – zumindest zeitweiligen – Trennung.

Trennung für immer

Wenn Katzen so gar nicht zusammenpassen und weder die Infrastruktur, Zeit noch sonstige Ressourcen zur Verfügung stehen, dann ist die endgültige Trennung der Katzen eine sinnvolle Therapie. Auch Katzen sollten das **Recht auf Scheidung** haben, wenn offensichtlich ist, dass ein weiteres Zusammenleben nur für den sehr hohen Preis von chronischem sozialem Stress und damit Gesundheitsschäden möglich ist. Dieser Preis ist nicht absolut, sondern ergibt sich aus dem Abwägen aller Faktoren, die den Mehrkatzen-Haushalt beeinflussen.

Die Tatsache, dass man mit diesen – streitenden – Katzen eine falsche Entscheidung getroffen hat, soll kein Hindernis sein, die Katzen auch wieder zu trennen. Nur sehr selten wurden die Katzen gefragt, ob sie denn zusammenleben wollen. Und selbst wenn sie einmal eine gute Beziehung hatten – Bedürfnisse und Beziehungen ändern sich manchmal so sehr, dass ein weiteres Zusammenleben nicht mehr machbar ist.

Einmal falsch getroffene Entscheidungen bedeuten nicht, dass man sie – nach reiflicher Überlegung und Analyse – nicht wieder ändern darf.

Komplette Trennung im eigenen Haushalt

Eine alternative Möglichkeit zur völligen Trennung und Abgabe einer Katze in eine andere Familie ist die Trennung im eigenen Haushalt. Je nach Infrastruktur und Raumaufteilung kann das mehr oder weniger gut machbar sein. Damit entstehen dann zwei oder mehr Gruppen – die auch nur aus einer einzelnen Katze bestehen können – die ihre eigenen Lebensbereiche haben. Je heftiger die Aggression zwischen den Katzen ist, desto konsequenter muss diese Teilung eingehalten werden. Um den Erlebnisraum der Katzen zu erweitern, können manche Räume wie ein Wohnzimmer gemeinsam – aber eben nur abwechselnd im *Time Sharing* – benutzt werden. Regelmässiges Abwechseln der Wohnbereiche, zum Beispiel werden alle 24 oder 48 Stunden die Räume getauscht, kann eine Lösung sein, die allen Katzen innigen Menschenkontakt erlaubt. Als dauerhafte Strategie erfordert das aber recht viel Platz und noch mehr konsequente Organisation. Letztlich wird es sowohl vom Charakter der Katzen und den menschlichen Bedürfnissen abhängen, ob eine solche Lösung zu viel Stress – und damit eventuell auch Harnmarkieren – verursacht oder alle zufriedenstellt.

Da sich manche Katzen nur sehr langsam aneinander gewöhnen, kann es sein, dass eine solche Trennung nach ein oder zwei Jahren doch noch aufgelöst werden kann, weil sich die Katzen nun so weit kennen, dass sie ohne Streit neben- oder miteinander leben können.

Komplette Trennung mit Gittertür

Wenn das Ziel die langfristige Gewöhnung der Katzen aneinander ist, hat sich die Trennung mit einer Gittertür bewährt. Die Katzen können sich sehen, riechen, hören und damit auch bedrohen, aber nicht attackieren.

Um die Katzen auf diese Art zu trennen, reicht ein kleines Gitterfenster in der Tür auf Katzenhöhe aus. Wertvolle Türen werden durch eine billige Standardtür ersetzt, in die auf Katzenhöhe ein Fenster mit Gitter oder Katzennetz gesichert wird. Falls sich die Katzen zu intensiv bedrohen, soll dieses Fenster mit einer Klappe verschliessbar sein, um den Sichtkontakt zu beschränken.

Es reicht, ein Gitterfenster auf Katzenhöhe einzubauen.

Zeitweilige Trennung
Die vorübergehende Trennung ist **wohl eine der besten Maßnahmen, um im nicht ganz harmonischen Mehrkatzen-Haushalt** mehr Frieden zu schaffen.

Es gibt sehr viele Katzen, die sich zwar prinzipiell verstehen, vielleicht sogar mögen, die sich aber trotzdem nicht rund um die Uhr ertragen können. Es sind so Beziehungen wie die von Liz Taylor und Richard Burton – *miteinander geht nicht richtig gut, ohne einander geht auch nicht*. Für solche Katzenpaare kann die zeitweilige Trennung eine geniale Lösung sein.

Für manche Katzen ist der zugedachte Spielgefährte einfach viel zu dynamisch. Nach ein paar Stunden ausschlafen oder über Nacht in Ruhe lässt sich eine solche Partnerkatze am nächsten Morgen dann gleich wieder viel leichter aushalten.

Diese Lösung bietet sich ganz besonders für unglückliche Kombinationen wie jung und alt, Kater und Kätzin oder *super aktiv – distanzlos* mit *zart besaitet – distanziert* an. In Haushalten mit viel Struktur und Rückzugsräumen wählen die Katzen diese Lösung schon von sich aus. Sehr gelangweilte, aktive Katzen gehen dann möglicherweise auf die Suche, um ihre Opfer zu finden – für diese Fälle kann dann eine tatsächliche Trennung nötig sein.

Technische Unterstützung für diese Art der Trennung bieten **Katzenklappen**, die sich durch einen Mikrochip kontrolliert nur für bestimmte Katzen öffnen. Auf diese Weise können auch innerhalb des Hauses individuell zugängliche Zonen geschaffen werden, die ruhebedürftigen Katzen Sicherheit geben.

Für reaktive Katzen, die nur gelegentlich aneinandergeraten, reicht oft eine kurze Auszeit von 30 bis 90 Minuten, wenn sich die angespannte Situation nicht gleich durch Übungen oder einen vollen Magen auflösen lässt.

Eine elegante Lösung für diese kurzen Auszeiten sind textile Faltboxen, die als Extrazimmer ausreichend Raum für die Zeiten der Stillbeschäftigung bieten. Nach einer Ruhephase sieht die Welt gleich wieder freundlicher aus und der Streit ist vergessen – zumindest bei sozial kompetenten Katzen ist das zu erwarten.

Wohn-Transportbox

Eine wesentliche und praktische Ressource für den Mehrkatzen-Haushalt sind Boxen.

Jede Katze sollte ihre eigene Wohn-Transportbox als persönlichen Rückzugsraum haben. Für längere Aufenthalte sind diese Boxen aber oft zu klein, sodass zusätzlich grössere textile Faltboxen als Extrazimmer mehr Raum bieten. Faltboxen mit rund 50 x 80 x 50 cm haben sich bewährt; grosse Katzen wie Maine Coon oder Norwegische Waldkatze brauchen eventuell noch grössere Boxen.

Faltboxen haben in vielerlei Hinsicht ganz entscheidende Vorteile:
- Sie erschaffen Extrazimmer für die Katzen und damit neuen umgrenzten Raum, der vorher so nicht vorhanden war und Sicherheit bietet.
- Sie funktionieren auch in kleinen Wohnungen.
- Sie strukturieren grosse Wohnräume mit wenig Türen.
- Die Katzen bleiben darin immer noch im zentralen Wohnraum präsent.
- Sie sind warm und geräuschdämpfend.
- Halb durchsichtige Fenster ermöglichen den Blick nach draussen, aber wenig Einblick von ausserhalb.
- Es sind mobile Katzenzimmer, die bei Bedarf auch an anderen Standorten, zum Beispiel in anderen Zimmern oder im Urlaub, benützbar sind.
- Sie sind gross genug, um ein kleines Katzenklo unterzubringen.
- Sie haben meistens mehrere Öffnungen an den Seiten und nach oben.
- Sie bieten mehr Komfort auf längeren Autofahrten.
- Sie eignen sich fallweise auch für tierärztlich verordnete Käfigruhe.

Im Mehrkatzen-Haushalt muss nicht unbedingt jede Katze neben der kleinen Wohn-Transportbox zusätzlich ihre eigene Faltbox haben. Je nach Einsatzzweck können sich mehrere Katzen eine Box zeitlich versetzt teilen. Sehr besitzergreifende Katzen können allerdings eine Box als ihr höchstpersönliches Eigentum verteidigen und damit Streit verursachen. Sobald eine Box bei allen Katzen so attraktiv wird, dass sie zur Mangelressource wird, gilt es Überfluss zu schaffen.

Einsatzmöglichkeiten der Faltbox in der Therapie:

- Kurzfristige Trennung für 30 Minuten bis zwei Stunden, eventuell über Nacht, zum Beispiel wenn es einen plötzlichen Streit nach dem Tierarztbesuch gibt. Je nach Möglichkeit geht jede Katze in eine Box oder nur eine, während die andere frei bleibt. Am besten wird die Box zu einem Fixpunkt der Tagesordnung wie Fütterung geöffnet oder man bietet im Anschluss an die Stillbeschäftigung eine kurze positive Aktivität wie Training oder Spiel.

- Neudefinition eines 5-D-Systems, indem für ein bis drei Wochen bestimmte Katzen zu bestimmten Zeiten immer zur Stillbeschäftigung in der Box sind.

- Zur Eingewöhnung von neuen Katzen. Das gilt ganz besonders für erwachsene und ängstliche Katzen, die eine Tendenz haben, sich in einer neuen Umgebung zu verkriechen. Sie bleiben daher nach ihrer Ankunft noch für rund sechs bis 48 Stunden in der Box als ihrem besten Versteck, um richtig anzukommen. Erst dann darf eine neue Katze aus der Box, um den Raum allein zu erkunden. Die Wahrscheinlichkeit ist gross, dass sie sich wieder in ihre Box zurückzieht, weil dies ihr schon etablierter sicherer Rückzugsraum ist.

- Zusammengewöhnen von Katzen. Sind die Katzen noch nicht so weit, dass sie gemeinsam im selben Raum und frei sein können, hilft die Box entscheidend. Jede der Katzen ist im Raum präsent und kann die andere beobachten. Ähnlich wie bei einer Gittertür sind zwar Drohungen möglich, aber keine Angriffe und – ganz wichtig – keine Flucht! Katzen, die davonlaufen, machen sich dadurch automatisch zum Opfer, das verfolgt wird. In der Box kann sich auch eine ängstliche Katze sicher sein, dass ihr nichts passiert und sie ist dabei zur richtigen Zeit am richtigen Ort. Im Rahmen einer Zusammenführung können so Gruppensitzungen stattfinden – entweder passiv als reine Gewöhnung an die Anwesenheit oder mit wechselweisem Animationsprogramm.

- Obwohl es theoretisch zwar möglich wäre, ist die Trennung über Tage oder Wochen mit der Faltbox nur eine **Notlösung**. Katzen, denen aufgrund einer Operation Käfigruhe verordnet wurde, sitzen oft über sechs Wochen in einer Box, um die Bewegung einzuschränken und die Heilung zu unterstützen. Für eine Zusammenführung in sehr kleinen Wohnungen könnte die Box als Alternative zum Badezimmer oder Kabinett zum Einsatz kommen. In solchen kleinen Wohnungen kann es sehr ungünstig sein, wenn die ohnehin schon reduzierte 5-D-Struktur der ansässigen Katze durch einen nun geschlossenen Raum noch weiter eingeschränkt wird. In diesen Fällen kann die Faltbox ausnahmsweise für eine Zusammengewöhnung mit guten Chancen zum Einsatz kommen. **Generell ist aber zu überlegen, ob es überhaupt sinnvoll ist, in so kleinen Wohnungen einen Mehrkatzen-Haushalt zu begründen, der nicht spontan gut funktioniert.**

Ein häufiger Einwand: Ist das Einsperren in die Box nicht eine Strafe für die Katze?

Obwohl es für uns Menschen nach Gefängniszelle und Einsperren aussieht, ist die Wohnbox für die allermeisten Katzen ein geliebter sicherer Raum, in dem sie sich entspannen. Fast alle Katzen, die medizinisch bedingt einige Zeit in einer Box lebten, gehen auch später freiwillig hinein, wenn sie sich ungestört zurückziehen oder schlafen wollen. Im Einzelfall kann es dennoch extrem freiheitsliebende, aktive Katzen geben, die eine Raumrestriktion nicht oder nur sehr kurze Zeit ertragen und die in der Box randalieren. Je nach Erfordernis gilt es dann auf den Plan B zu wechseln oder für begrenzte Zeit unterstützende Medikation zu erwägen. Gut trainierte Katzen gehen sehr gerne freiwillig in die offene Box, um dort zu schlafen oder einfach unsichtbar und ungestört zu sein.

Übersicht

- Trennung nachts, stundenweise oder anlassbezogen.
- Katzen trennen, wann immer es Streit oder zu viel Anspannung gibt.
- Katzen lieber trennen, wenn Zeit und Ruhe nicht reichen, sie anders zu entspannen.
- Eine Katze in einer Box trennen, um mit der anderen zu trainieren, zu spielen oder ihr ungestörte Freiheit zu geben.
- Gittertüren, Indoor-Katzenklappen und grosse Faltboxen sind einfache und bewährte Hilfsmittel zum Trennen im Mehrkatzen-Haushalt.
- Junge Katzen sollten ihre Box und Zeiten der Stillbeschäftigung schon im Katzen-Kindergarten kennenlernen.

Bewegungskontrolle

Bei einer (Wieder-)Zusammenführung sollte vor allem in der ersten Phase immer sichergestellt werden, dass sich die Katzen nicht verfolgen oder attackieren können. Das ist wesentlich leichter gesagt als getan! Dennoch muss insbesondere die Opferkatze eine absolute Garantie bekommen, sich frei und ohne Angriffe bewegen zu können. Auch die angreifende Katze kann und soll unter Bewegungskontrolle lernen, dass es andere Möglichkeiten in einer Begegnung gibt. Unter kontrollierten Bedingungen bekommen beide Katzen während der Begegnung positives Feedback sowie nach und nach wieder mehr Vertrauen in ihre Interaktionen.

Brustgeschirr und Leine

Als nächster Schritt einer Zusammenführung nach völliger Trennung, Gittertür oder Faltbox können Brustgeschirr und Leine zum Einsatz kommen. Katzen, die mit Brustgeschirr und Leine vertraut sind, können damit bei Begegnungen recht sicher kontrolliert werden. Das Ziel ist, eine Kontaktaufnahme, Interaktionen und möglichst viel Bewegungsfreiheit zu erlauben, ohne dabei jegliche Kontrolle über die Katze(n) zu verlieren. Es können entweder beide

Katzen oder nur die proaktive, angreifende Katze gesichert werden. Eine aggressive Katze mit einer Leine zu sichern ist das Versprechen an die ängstliche Katze, dass ihr nichts passieren kann – und das sollte auch tatsächlich so sein! Wann immer diese Sicherheit für Katzen und Mensch nicht gewährleistet ist, eine Katze an der Leine hektisch oder aggressiv wird, sind die Katzen sofort zu trennen.

Entscheidende Voraussetzung für dieses Hilfsmittel ist eine perfekte Toleranz der Katze für Brustgeschirr und Leine! Kitten lernen innerhalb weniger Tage im Katzen-Kindergarten, dass Brustgeschirr und Leine normaler Teil ihres Lebens sind. Bei erwachsenen Katzen kann dieser Lernprozess sehr langwierig sein. Wenn dieses Hilfsmittel bei einer Zusammenführung angedacht ist, sollten die Katzen während der ganzen Zeit der Trennung lernen es zu tolerieren.

Ein Brustgeschirr an sich wirkt bei manchen Katzen schon bewegungseinschränkend, sodass nach einigen gut kontrollierten Begegnungen die Leine daran nicht mehr nötig ist.

- **Niemals darf eine Katze an einer Leine festgebunden werden oder ohne direkte Aufsicht sein!**
- **Ein Brustgeschirr muss gut passen und sollte vorzugsweise flächig am Brustbein aufliegen und nicht am Hals der Katze.**

Thundershirt

Das Thundershirt ist ein mit Klettverschlüssen straff anliegender, elastischer Body für Katzen. Katzen reagieren typischerweise auf alles Fremde, was an ihrem Körper anliegt, befestigt ist oder sie einhüllt mit Umfallen wie ein Stück Holz und Starre. In sehr seltenen Ausnahmen reagieren sie mit panischer Flucht. Das straffe Anliegen des Thundershirts mindert bei Hunden – für die es ursprünglich entwickelt wurde – Anspannung und Angst. Bei Katzen kann es diesen Effekt ebenso haben, allerdings nur, wenn die Katze damit gut vertraut und positiv konditioniert wurde.

Im Mehrkatzen-Haushalt und bei Zusammenführungen hat es eher einen Effekt der milden Bewegungskontrolle. Sobald die Schulterblätter begrenzt sind, bewegen sich die meisten Katzen nur mehr eingeschränkt, manchmal sogar taumelig. Der positive Effekt für

Katzenbegegnungen ergibt sich eher aus der Fokussierung auf den eigenen Körper. Die Katze ist so sehr mit sich selbst, ihrem Körper, ihrem Gleichgewicht und neuen Empfindungen beschäftigt, dass sie keine Zeit mehr hat, eine andere Katze zu bedrohen. Ähnlich wie die Körperpflege wirkt die Innenorientierung auf andere Katzen vertrauenerweckend – wer mit sich selbst beschäftigt ist, hat kein Interesse an einem Angriff. Vor allem junge Katzen, die rund um die Pubertät sehr unkontrolliert sein können, profitieren – ebenso wie ihre erleichterten Partnerkatzen – sehr vom Tragen des Thundershirts zur Verbesserung ihrer Selbstkontrolle und Körperwahrnehmung. Mit dem regelmässigen Tragen des Thundershirts gewöhnen sich die meisten Katzen daran und bewegen sich freier. Obwohl die Motivation für Angriffe deutlich reduziert ist, sind plötzliche Attacken nicht ganz sicher auszuschliessen.

Ein Thundershirt bremst aktive Katzen in der Bewegung und fokussiert sie auf sich selbst.

Typische Tragezeiten von 15 bis 30 Minuten sind ausreichend.

Ähnlich wie ein Thundershirt wirken Brustgeschirr, Bodys, Körperbandagen, die aus einem feinen Seidenschal oder elastischem Verbandsmaterial angelegt werden können.

- Niemals darf eine Katze mit Thundershirt ohne direkte Aufsicht sich selbst überlassen werden. Der Drehreflex, mit dem die Katze immer auf den Füssen landet, funktioniert dann nicht!

- Für Katzen, die sich über die typische Reaktion des Umfallens hinaus massiv unwohl fühlen oder panisch reagieren, ist diese Art der Bewegungskontrolle ungeeignet.

- In seltenen Einzelfällen kann die veränderte unkoordinierte Bewegung einer Katze mit Thundershirt einen Angriff auslösen, weil sie nicht erkannt wird.

Beschäftigung

Mit zunehmendem Vertrauen zwischen den Katzen und das von uns Menschen in die Aktionen der Katzen, kommen andere – freiwillige – Möglichkeiten der Bewegungskontrolle zum Einsatz. Freiwillig sind sie deshalb, weil die Katzen sich – zwar mit etwas unterstützender Motivation und Aufforderung – frei dafür entscheiden können, das eine oder das andere zu tun.

Mit gut trainierten Übungen wie einem persönlichen Sitzplatz-Target werden die Katzen nurmehr virtuell fixiert. Sie könnten aufstehen und davonlaufen oder einen Angriff starten, aber sie bekommen durch die Übungen mehr positive Erfolgserlebnisse, wenn sie an ihrem bewährten Platz sitzen bleiben. Im Grunde wurde früher bei Zirkusnummern in der Manege nichts anderes gemacht: Jede Grosskatze sitzt auf ihrem Podest in Sicherheit und kehrt für einen Brocken Fleisch auch immer wieder dorthin zurück.

Im Rahmen der Übungen lernen die Katzen, dass an ihrem Sitzplatz-Target die Welt immer in Ordnung ist. Mit der eigenen Aufgabe des Sitzens oder anderen statischen Übungen wie einem Nasen-Target, Pfoten-Target, Blickkontakt beschäftigt, bleiben die Katzen in guter Stimmung und virtuell an ihrem Platz festgenagelt.

Mit zwei Katzen sind diese Übungen noch vergleichsweise einfach. In einem grösseren Mehrkatzen-Haushalt wird dieses Katzenjonglieren zur echten Herausforderung. Vor allem in Patchworkhaushalten ist es daher einfacher, wenn jeder Partner mit seinen eigenen Katzen arbeitet. Erst wenn sich jeder sicher ist, dass er seine Katzen an ihren Sitzplatz-Targets halten kann, beginnen die Übungen nebeneinander.

Festhalten

Die Katzen im Arm zu halten oder im Sitzen neben sich zu festzuhalten ist zwar grundsätzlich möglich, aber **keine besonders gute Idee**. Zum einen hängt es vom Charakter der Katze und der Beziehung zum Menschen ab, ob sie das toleriert oder gefährliche Aggression auf den Menschen umrichtet. Zum anderen überträgt sich die menschliche Anspannung beim Körperkontakt noch viel intensiver auf die Katze. Die Sorge, was bei einer Begegnung der Katzen alles passieren könnte, wird so zur sich selbst erfüllenden Prophezeiung.

Sollte eine Katze diese Art der Bewegungskontrolle als unangenehm empfinden, wird sie unweigerlich ihren Menschen dafür verantwortlich machen. Bei einer Box trifft diese Verknüpfung wenigstens nicht die Beziehung, sondern nur ein neutrales, emotionsfreies Objekt, das jederzeit getauscht werden kann.

Outdoor-Maßnahmen

Fremde Katzen und diverse Bedrohungen von draussen sind ein häufiger Grund für Unruhe und Streit im Mehrkatzen-Haushalt.

Selbst gut befreundete Katzen können sich im Haus bekriegen, wenn es sich draussen bedrohlich anfühlt. Dann reicht der minimalste Auslöser und die gesammelte Anspannung entlädt sich gegen die eigentlich vertraute Partnerkatze. Innerhalb kürzester Zeit intensiviert sich das Problem durch symmetrische Eskalation, die sich entweder durch Kampf oder Harnmarkieren ausdrückt.

Für sensible Katzen reicht ein einziger Vorfall, ja sogar die Wahrnehmung von fremden Harnmarkierungen ist Grund genug für die Beziehungskrise.

Alle therapeutischen Outdoor-Maßnahmen haben das Ziel, die Präsenz fremder Katzen zu reduzieren und den eigenen mehr Sicherheit zu geben. Je nach Infrastruktur und Nachbarschaft kann das sehr einfach oder fast unmöglich sein. Moderne lichtdurchflutete und an Glasfronten reiche Häuser sind für Katzen aus dieser Perspektive eine Katastrophe.

- **Niemals fremde Katzen** rund ums Haus, auf der Terrasse oder gar im eigenen Wohnbereich **füttern!**
- Überwachung mit einer Wildkamera, um zu klären, was sich nachts auf der Terrasse oder im Garten tatsächlich abspielt.
- Sichtschutz an Glasfronten, die bis zum Boden reichen oder an den strategischen Aussichtsfenstern anbringen. Das kann vorübergehend mit Packpapier oder langfristig mit Klebefolien bis in Katzensehhöhe erfolgen. Es gibt jedoch Katzen, die geradezu besessen davon sind, ihre Umgebung zu kontrollieren und sich immer neue Wege suchen, um den Sichtschutz zu umgehen. Für diese Katzen kann eventuell Medikation zur inneren Ausgeglichenheit beitragen.
- Nachts konsequent alle Rolläden schliessen.
- Den Wohnbereich der Katzen nachts so begrenzen, dass sie keinen Zugang zu bodennahen Glasfronten haben.
- Sichtschutz am Gartenzaun.
- Katzensicher eingezäunter Garten. In dicht besiedelten Wohngebieten mit hoher Katzendichte kann die aufwendige Lösung eines katzensicheren Zauns sehr sinnvoll sein. Im besten Fall kommt auch keine Katze hinein, wo keine hinauskann.
- Bodennaher Sichtschutz am Katzengehege.
- Ultraschalltiervertreiber sind eine einfache und günstige Lösung fremde Katzen fernzuhalten. Sie sind vor allem dann sinnvoll, wenn die eigenen Katzen nicht aus dem Garten kommen, aber fremde Katzen sich von aussen nähern. Wenn die eigenen Katzen dieselben Wege wie fremde Katzen nehmen, ist diese Strategie unter Umständen nicht ganz so sinnvoll.
- Die eigenen Katzen ausschliesslich drinnen halten und nur gemeinsame Spaziergänge nach draussen zu unternehmen kann in manchen Fällen für alle Beteiligten eine entspannende Lösung sein.

Ressourcen

Zu den ökoethologischen Therapien, mit denen die Lebensbedingungen für die Katzen verbessert werden, gehört auch das Ressourcenmanagement. Alle wichtigen Ressourcen-Anforderungen für Katzen sind im Detail im entsprechenden Abschnitt beschrieben. Die Grundregel für die Therapie ist einfach:

Jede Katze soll zu jeder Zeit freien Zugang zu allen wichtigen Ressourcen wie Futter, Wasser, Katzentoilette, Rückzugsplätzen etc. haben.

Dieses Ziel zu erreichen kann in manchen Haushalten zur Herausforderung werden. Für jede weitere Katze muss zumindest so geplant werden, dass ausreichend Platz für die wichtigsten Ressourcen vorhanden ist. Ressourcen sollten so verteilt sein, dass es Alternativen gibt, wenn ein Weg blockiert wird. Zum Beispiel sind Futter, Wasser und Katzenklo gleichzeitig blockiert, wenn sie alle am Ende eines schmalen Vorraums oder im Keller stehen und eine Katze am Zugang sitzt. Mit bewusster Beobachtung der Katzen und einem Wohnungsplan wird meistens schnell klar, wo es kritische Zonen zu entschärfen gilt. Die Fähigkeiten der Katze zum Springen und Klettern sind ein entscheidender Vorteil und sollten bei der Gestaltung mitbedacht werden. **Kurz: es muss nicht immer alles am Boden stehen.**

- Türen, schmale Passagen und Engstellen sind neuralgische Punkte im Mehrkatzen-Haushalt. Sie können durch bessere Verteilung und alternative Wege entschärft werden.
- Eine einfache Lösung für Engstellen ist, einen zweiten Weg nach oben – ein Meter über dem Boden kann schon genug sein – zu verlegen. Solche neuen Wege müssen mit den Katzen anfänglich trainiert werden, zum Beispiel mit Futter, Spiel oder dem Nasen-Target, damit sie auch in ihren Alltag integriert sind.
- Sitzplätze, von denen aus gelauert oder attackiert wird, werden durch Wohn-Transportboxen, Kartons oder ähnliche Höhlen

entschärft. Eine höhlenähnliche Begrenzung um die Katze reduziert ihren persönlichen Raum sofort auf die Aussengrenzen der Box, wodurch virtuell mehr Platz im Durchgang bleibt. Mit der Ausrichtung des Eingangs in die Box kann noch zusätzlich mehr Freiraum geschaffen werden, weil auch mit der Blickrichtung nicht mehr blockiert werden kann.

Laufrad

Ein Laufrad ist vor allem für aktive, bewegungsfreudige Katzen eine wichtige Bereicherung ihrer Umwelt mit zusätzlichem therapeutischem Effekt. Über Bewegung kann viel innere Spannung abgebaut werden, die sich nicht mehr an den anderen Katzen entlädt. Langfristig verbessert sich nicht nur die körperliche Kondition, sondern auch die psychische Verfassung in Richtung Zufriedenheit.

Obwohl die Katzen auch alleine sehr gerne laufen, kann sogar die Benutzung des Laufrads zur interaktiven Beschäftigung werden, wenn die Katzen menschliche Zuschauer und Anfeuerung mögen.

iCalmCat

Mit spezieller frequenzmodulierter Musik kann eine stabile Klangumwelt geschaffen werden, die auf Katzen entspannend wirkt. Als alleinige Maßnahme wird diese klassische Klaviermusik vermutlich keinen streitenden Mehrkatzen-Haushalt dauerhaft befrieden. Katzen sind allerdings sehr geräuschempfindlich und wenn eine laute TV- und Radiogeräuschkulisse durch leise – „Katzenmusik" an der Grenze der Hörbarkeit ersetzt wird, kann der Effekt schon gut sichtbar werden. Speziell für Katzen modifizierte Musik hat durch Wiederholungen akustische Anker, die einen **vertrauten Klangraum** schaffen, der sich gut anfühlt. Hohe aufregende Frequenzen sind zum Teil gefiltert, beruhigende tiefere Frequenzen etwas intensiviert.

Mit kleinen mobilen Lautsprechern kann die Musik an jedem beliebigen Ort und auch in Faltboxen oder während einer Autofahrt angeboten werden.

Pheromontherapie

Mit synthetischen Analogen von Katzenpheromonen kann ein vertrautes und der Beziehung förderliches Ambiente geschaffen werden.

Ein grosser Vorteil bei der Anwendung der Pheromontherapie ist die Einfachheit und der geringe Zeitaufwand. Mit Verdampfern in der Steckdose werden die entsprechenden Pheromone an die Raumluft abgegeben, ohne das die Katzen dafür direkt manipuliert werden müssen – eine unverzichtbare Massnahme wenn es sich um sehr ängstliche, scheue oder sogar unberührbare Katzen handelt! In der gezielten Pheromontherapie kommen derzeit verschiedene Pheromone zum Einsatz – entweder einzeln oder auch in Kombination.

• *Feliway Classic®* enthält die Gesichtspheromone, mit denen Katzen durch Kopfreiben ihren Lebensraum markieren. Dadurch übermitteln sie sich Vertrautheit und Sicherheit in ihrem Lebensraum. Katzen, die neu in einen Lebensraum kommen können mit diesen Pheromonen bei der Eingewöhnung unterstützt werden. Sie wirken auch bei diversen Veränderungen im Haus oder im Urlaub. Als Spray kann *Feliway Classic®* auch punktuell in der Wohn-Transportbox entweder zu Hause oder beim Transport zum Einsatz kommen.
• In *Feliway Friends®* sind chemische Botenstoffe, die von Katzenmüttern neben dem Gesäuge für ihre Kitten abgegeben werden. In dieser Entwicklungsphase wird damit die lebensnotwendige sichere Bindung zwischen Mutter und Kitten unterstützt. Aus diesem vertrauten Geruchsraum heraus lernen Kitten die Welt kennen und können jederzeit in die Sicherheit zurückkehren. Auch bei erwachsenen Katzen können diese Pheromone den Aufbau oder Neubeginn einer Beziehung fördern.
• *Feliway Optimum®* ist eine innovative Kombination verschiedener Pheromone, für die Katzen empfänglich sind. Da Pheromone alle nach dem Schlüssel-Schloss-Prinzip an die spezifischen Rezeptoren binden, kann sich für jede Katze ein individuelles Wirkungsprofil

entwickeln. Die Kombination dieser Pheromone kann den Effekt der einzelnen Pheromonpräparate noch einmal verstärken.

Wenn Katzen manche Pheromone wahrnehmen, beginnen sie zu flehmen, um die Öffnungen des Jacobson-Organs im Oberkiefer zu aktivieren.

Obwohl die Wirkung der Pheromontherapie unbestritten und die Anwendung ausgesprochen einfach ist, sollte dennoch klar sein, dass damit generelle Mängel im Ressourcenangebot nicht wettgemacht werden können. Mit der Pheromontherapie wird für die Katzen aber ein angenehmes Ambiente geschaffen, das zufriedener macht. In dieser Wohlfühlatmosphäre reduziert sich das Bedürfnis mit Harn- oder Kratzmarkierungen zu reagieren, sich zu verstecken. Auf einer solchen emotionalen Basis können Katzen dann neue Wege der Beziehung lernen.

Neben dem gezielten Einsatz von Pheromonpräparaten sollten Alarmpheromone, die im Rahmen eines Kampfes durch Entleeren der Analbeutel freigesetzt wurden, möglichst gut entfernt werden.

Es gibt Katzen, die sich bereits beruhigt haben, aber am nächsten Tag beim Beriechen des Konfliktorts schlagartig wieder in den

Kampfmodus wechseln. Auch winzige Spuren von Katzenharn, der Kot am Ort des Streits oder am Katzenfell können Aggression auslösen. Übliche Haushaltsreiniger oder eine Seifenlösung reichen aus, um die Wirksamkeit dieser Pheromone zu beseitigen.

Die Katzen gemeinsam

Das oberste Ziel aller Maßnahmen ist neben der individuellen Zufriedenheit jeder Katze natürlich das gemeinsame Leben – und zwar möglichst konfliktarm.

Wenn das körperliche und psychische Wohlsein jeder Katze einmal gegeben ist, kommt der nächste Schritt von der Einzelsitzung zur Gruppensitzung.

Einige Dinge müssen klar sein, bevor die gemeinsamen Zeitfenster eröffnet werden:

- Was motiviert die jeweilige Katze und eignet sich als unwiderstehliche Belohnung: Leckerbissen, Spiel, Fellpflege, Streicheln etc.?
- Welche Art der Bewegungskontrolle kommt zum Einsatz – gar keine, Box, Brustgeschirr und Leine, Thundershirt, Sitzplatz-Target, je ein Mensch ist für eine Katze zuständig, Rückruf?
- Welche Übungen hat die Katze schon gelernt oder soll sie noch lernen: Sitzplatz-Target erhöht oder in einer Schachtel, Nasen-Target etc.?
- Welche Wörter kennen die Katzen, um sie mit Information zu versorgen oder sie zu etwas aufzufordern: ihre jeweiligen Namen, bestimmte Orte, Aktivitäten oder ein Entspannungswort etc.?
- In welchem Raum sollen die Katzen auch zukünftig gemeinsam sein?
- Welche Zeitfenster im eigenen Alltag stehen zur Verfügung?

All das wird entweder schon in der Planungsphase für eine weitere Katze oder während der Trennungsphase nach einem grossen Streit überlegt und erfasst.

Etwas zu beobachten hilft vielen Katzen, weil sie nicht ausschliesslich aufeinander fokussiert sind.

Präsenz im Raum

Für Katzen, die einige Zeit getrennt waren, die sich selbst zurückziehen oder aus bestimmten Bereichen immer flüchten, muss erst ein guter Grund geschaffen werden, sich an diesem Ort wieder sicher und wohlzufühlen. Selbstverständliche und selbstbewusste Präsenz – ohne Aggression – ist der Schlüssel zum Erfolg. Unsicherheit, Flucht und Rückzug sind katastrophal für die Beziehung zwischen den Katzen.

Welchen Grund hätte eine Katze, die sich – getrennt in ihrem eigenen Zimmer – endlich wieder entspannen kann, aus ihrem sicheren Raum, womöglich über die Stiegen ein ganzes Stockwerk zu überwinden, um dann in der Ungewissheit von Küche oder Wohnzimmer aufzutauchen?

- Für eine neue Katze, die noch nie da war, ist der Raum fremd mit fremden Katzen.

- Für eine vorübergehend getrennte Katze, die wieder integriert werden soll, ist der Raum zwar noch bekannt, aber belastet mit unschönen Erinnerungen.

Beides trägt nicht unbedingt dazu bei, dass sich die Katze zur richtigen Zeit am richtigen Ort fühlt, sondern eher wie im falschen Film. Spätestens wenn die andere Katze – und das vielleicht sogar höflich – fragt, was sie denn nun hier mache oder wer sie sei, wird sie sich unwohl fühlen.

Es gilt also, der neuen oder wieder zu integrierenden Katze als Erstes ein sehr gutes Gefühl für diesen richtigen Ort, die richtige Zeit und ihr richtiges Tun zu geben – um so selbstsicher präsent zu bleiben. Und das auch dann noch, wenn eine andere Katze neugierig ist.

Bevor die Gemeinsamkeit beginnen kann, muss daher jede Katze ihre Übungen oder Qualitätszeiten schon alleine regelmässig in diesem Raum gelernt haben. Und sich natürlich darauf freuen!

Hüttenspiele

Hüttenspiele sind alle gemeinsamen Aktivitäten für Katzen in einem bestimmten Zeitfenster, die unter genauer Anleitung eines menschlichen Regisseurs stattfinden. Ähnlich wie für Menschen in der Erwachsenenbildung wird über Aufgabenstellung, Spass und Spiel ein gemeinsames Erleben, eine positive soziale Dynamik erschaffen. Der Vermittler in dieser Situation ist ein Spielleiter; die Katzen bekommen ihre Anleitung von ihm und müssen nichts miteinander tun.

Das Problem vieler Katzenbegegnungen – und auch Beziehungsproblemen – ist die Anspannung, die sich über das steife Herumsitzen, Anstarren und Nichtstun aufbaut.

In einer Gruppe von Menschen, die sich nicht kennen, die wenig bis gar nichts miteinander zu tun haben oder bestenfalls ihre Gemeinsamkeiten noch nicht kennen, braucht es einen sozialen Eisbrecher. Menschen, die auf ihren Sesseln sitzen und wie in einem Vakuum nicht wissen, was sie nun tun sollen, brauchen lange um zu einer Gruppe zu werden. Menschen, die unter professioneller An- leitung lustige, aber unverfängliche Spiele machen und in Bewegung kommen, sind innerhalb kurzer Zeit locker und viel eher zu Kontakt und Teamarbeit bereit. Die sich ergebende Dynamik ist natürlich wie auch bei den Katzen von den individuellen Persönlichkeiten und deren sozialer Kompetenz abhängig.

Ziemlich genau dasselbe gilt für das Zusammenführen von Kat- zen auch. Mit fröhlichen Aktivitäten, positiv belegten Übungen und einem menschlichen Spielleiter entsteht viel schneller eine gute Stimmung, weniger Anspannung und ein Gefühl, dass die andere Katze nicht nur Nachteil und Bedrohung ist. Viel eher färbt die po- sitive Stimmung mit den Übungen auf die andere Katze ab. Die Kat- zen sollen glauben, dass es nur *wegen* der anderen Katze so toll ist!

Nach einer zeitweiligen Trennung, in Konflikten, in Krisensituati- onen, wirkt ein kleines Hüttenspiel sofort wieder vertrauensbildend! Der positive Effekt von Hüttenspielen wird umso grösser, je öfter sie wiederholt werden. Diese Rituale laufen dann automatisch ab und die Katzen denken nicht mehr nach, sondern machen einfach, was sie schon so oft gemacht haben. Die gute Stimmung klebt an den Übungen und kann fast wie auf Knopfdruck gestartet werden.

Gemeinsames Hüttenspiel.

Als Hüttenspiel eignet sich alles, was die Katze in irgendeiner Art beschäftigt, fasziniert und ihr richtig Freude macht. Günstig ist allerdings eine gewisse Kontrollierbarkeit – quer durch den Raum, Kratzbaum hinauf und über alle Laufstege fetzen ist als Beschäftigung für die einzelne Katze okay, eignet sich aber nicht als Hüttenspiel. Geeignet sind

- alle formellen Übungseinheiten mit oder ohne Clickertraining für alle Arten von Targetübungen: Nase, Pfote, Sitzplatz oder auch Medical Training.
- stationäre Foodpuzzles, die von der Katze alleine oder interaktiv benützt werden, am besten gefüllt mit Leckerbissen statt Alltagsfutter.

Auch wenn das Ziel Zusammenleben ist, muss bei den Hüttenspielen auf ausreichend Abstand geachtet werden.

Einerseits sollen die Katzen während der Übungen nahe genug beisammen sein, damit sie mehr oder weniger gut von einem Platz aus belohnt und beaufsichtigt werden können. Andererseits soll mindestens die persönliche Distanz der Katzen von ein bis zwei Metern gewahrt bleiben.

Mit einfachen Hilfsmitteln kann jedoch der tatsächlich geringe Abstand virtuell vergrössert werden:

- Sichtschutz durch Sitzplatz-Target in einem hohen Karton, Trennelemente wie Box, Vorhang, Paravent oder aufgestellte Polster.
- Unterschiedliche Sitzhöhen für selbstbewusste Katzen am Boden, für unsichere Katzen etwas erhöht

Abstand kann auch durch unterschiedliche Höhe vergrössert werden.

Im Hüttenspiel sind Habituation und instrumentelle Gegenkonditionierung vereint: Die Katzen bekommen Zeit, sich aneinander zu gewöhnen, ohne sich zu bedrohen, lernen neue Verhaltensweisen und das in bester Stimmung mit tollen Belohnungen.

Ein häufiger Einwand ist, dass die Hüttenspiele ja nur wirken, wenn und solange ein Mensch unmittelbar Regie führt. Das ist zwar prinzipiell richtig, aber dennoch wirken sie sich langfristig auch auf das übrige Zusammensein der Katzen positiv aus. Der wichtigste Effekt dabei ist wohl die grössere Zufriedenheit, weniger Langeweile und Vorfreude auf die Aktivitäten.

Hohe Kartons bieten Sichtschutz und
vergrössern den Abstand symbolisch.

Vor allem für konfliktträchtige Mehrkatzen-Haushalte wird es notwendig sein, ein ganzes Leben lang immer wieder durch regelmässige Regieanweisungen und Hüttenspiele die Ordnung aufrechtzuerhalten. Je öfter die Katzen vom Menschen freundliche Anleitung bekommen, wie sie ihre Konflikte lösen oder vermeiden können, desto eher sind sie irgendwann selber in der Lage, das zu tun.

278

Für alle Mehrkatzen-Haushalte gilt: Wann immer sich nur die geringste Unstimmigkeit aufbaut, sofort zum bewährten Hüttenspiel aufzufordern.

Es gibt aber Katzen, die niemals ganz in der Lage sein werden, völlig ohne die menschliche Regieführung auszukommen. In vielen dieser Fälle gibt es somit keine einmalig durchgeführte und abgeschlossene Therapie und alles ist wieder gut. Eine Therapie bleibt dann lebenslänglich bestehen, weil es sonst immer wieder Rückfälle und neue Krisen gibt. Menschen müssen sich vor allem bewusst werden, dass sie immer als Regisseur die Beziehungen der Katzen in irgendeiner Art und Weise regeln und anleiten müssen.

Effekte von Hüttenspielen:
- Jede Katze weiss ganz genau, was sie tun kann und dass sie eine Belohnung dafür bekommt.
- Richtiges Tun und Erfolg machen selbstbewusst.
- Am Sitzplatz-Target sitzen wirkt gegen Weglaufen.
- Sich bei Übungen, die man selber macht und kennt, gegenseitig zu beobachten, wirkt vertrauensbildend zwischen den Katzen.
- Positive Rituale verbreiten immer Freude und gute Stimmung, die sich auch auf die Beziehung zwischen den Katzen auswirkt.
- Hüttenspiele schaffen Vorhersehbarkeit.
- Mit dem fröhlichen Aufruf zu einem Hüttenspiel kann eine sich anbahnende oder sogar bereits aktive Streiterei abgefangen werden.
- Regieanweisungen und Hüttenspiele reduzieren die generelle Konfliktbereitschaft der Katzen.

Aufbau eines neuen Zeitfensters
Ein Zeitfenster ist der Zeitraum, in dem die zukünftigen Begegnungen der Katzen mit Hüttenspielen beginnen sollen. Am besten eignen sich Zeiten nach der Arbeit, die so gut wie immer für die Katzen frei sind. Günstig ist vor allem, wenn es keinen Zeitdruck gibt, weil kein anschliessender Termin drängt. Dies auch deshalb, weil das längerfristige Ziel das Ausdehnen eines Zeitfensters nach hinten und eventuell auch davor möglich sein soll.

- Für sehr ängstliche Katzen beginnen die – später dann gemeinsamen – Übungen wie ein Nasen-Target oder Sitzplatz-Target noch in ihrem Separée. In rund einer Woche sollte sich ein gutes Übungsritual etabliert haben und die Katze freut sich schon, auf das, was kommt. Auch für die zweite Katze gibt es zur annähernd gleichen Zeit (davor oder danach), die weiterhin für die gemeinsamen Hüttenspiele geplant ist, ihre Übungen.
- Für weniger ängstliche Katzen oder als Phase zwei gibt es Übungseinheiten alleine im vorgesehenen Raum, wiederum zeitlich nahe für die andere Katze. Erst wenn jede Katze ihre Übungen in diesem Raum kennt, sie allein gut und zuverlässig macht, sich darauf freut und locker ist, können die gemeinsamen Übungen starten.
- Jede der Katzen sollte vor oder nach den Übungen auch rund 5 bis 15 Minuten in der Wohn-Transportbox verbringen. Es gibt also im neuen Zeitfenster eine aktive Phase der Übungen und eine passive Phase in der Box für späteres Zuschauen.
- Für Katzen, die gar keinen Wert auf gemeinsame Aktivitäten mit Menschen legen und die mit nichts motivierbar sind, zumindest nichts, was als Belohnung gezielt angeboten werden kann, hilft nur der Schritt zurück in der therapeutischen Hierarchie zur Gewöhnung. Diese wenig engagierte Katze bleibt für die geplanten Zeiten einfach in einer Box im betreffenden Raum. Nach Möglichkeit sollte die Zeit in der Box – anfangs 10 bis 15 Minuten – mit irgendeinem positiven Effekt verbunden sein: Fütterung, Duftkissen. Die billigste – und klarerweise nicht immer wirksame – Belohnung ist die anschliessende Freiheit.

Ein Beispiel: Ein erstes Zeitfenster beginnt rund um 17:00 Uhr nach der Arbeit. Zunächst sind die Katzen getrennt und jede lernt für 5 bis 15 Minuten ihre Übungen am vorgesehenen Ort, zum Beispiel im Wohnzimmer, und hat exklusive *Me Time* mit was auch immer ihr Freude bereitet. Im nächsten Schritt sind beide Katzen zur gleichen Zeit im Wohnzimmer und – falls noch erforderlich – in ihrer Bewegungsfreiheit kontrolliert. Im folgenden Schritt beginnt der Übergang aus der gemeinsamen Übungszeit zum gemeinsamen Sein.

Die entspannte gute Stimmung nach dem Hüttenspiel bleibt ja noch eine Weile bestehen und die Katzen dürfen so lange gemeinsam bleiben, wie sie entspannt und friedlich sind. Sobald sich Anspannung, Unsicherheit oder Unstimmigkeiten aufbauen, werden sie eher früher als zu spät wieder getrennt. Je nach Entwicklung dehnt sich dieses Zeitfenster im Lauf der Wochen oder Monate aus und die Katzen müssen im besten Fall gar nicht mehr oder nur noch nachts getrennt werden.

Es spricht natürlich auch gar nichts dagegen, ein zweites oder drittes Zeitfenster zu einer anderen Tageszeit zu schaffen, die dann irgendwann zusammenfliessen.

Alternative Verhaltensweisen lernen

Eine neue Verhaltensoption zu erlernen und statt der bisherigen unerwünschten Muster anzuwenden, ist eine sehr nachhaltige Form der Therapie. Dem Prinzip nach entspricht dies einer instrumentellen Gegenkonditionierung – eine oder mehrere Katzen lernen alternatives Verhalten, das dazu beiträgt Konflikte zu vermeiden oder zu lösen.

Ausgehend von der Annahme, dass es den meisten Katzen – weder dem Opfer noch dem Angreifer – kein grösseres Wohlbefinden bringt, wenn sie streiten, ist jedes neue Verhalten, das Nicht-Streit ermöglicht besser. Noch leichter fällt die Entscheidung für die neu erlernte Alternative, weil sie in der Übungsphase ausgiebig positiv verstärkt wird. Irgendwann bekommt das neue Verhalten auch ohne – oder nur mit zufälliger – Belohnung eine Eigendynamik, weil es sich für die Katze auf jeden Fall besser anfühlt als ein Konflikt. Das ist zugegeben ein optimistischer Zugang, aber er funktioniert, weil das Ziel die Zufriedenheit der Katzen ist.

Alternative Verhaltensweisen können alle Übungen sein, die überwiegend im direkten Kontext wirksam sind und wie bei den Hüttenspielen einen menschlichen Regisseur brauchen. Praktisch kommen alle Verhaltensweisen, die sich gegenseitig ausschliessen infrage, zum Beispiel

- auf Rufen herankommen statt einen Weg zu blockieren.
- in einer Schachtel als Sitzplatz-Target sitzen statt hinterherzulaufen.
- Blickkontakt mit dem Menschen halten statt die andere Katze anzustarren.

Belohnend wirkt hier alles, was der Katze als Alternative zum Konflikt Spass macht – ganz oben natürlich Leckerbissen. Aber für viele Katzen ist schon die menschliche Aufmerksamkeit, gesehen und zur Kenntnis genommen werden sowie wertschätzende Anerkennung eine grossartige Belohnung!

Es folgt der Einwand, ob mit dieser Technik eine Katze nicht das unerwünschte Verhalten zeigen wird, um somit Aufmerksamkeit, Spiel oder Futter zu bekommen. Dieser Einwand ist bei der Lernfreude und Kombinationsgabe von Katzen durchaus berechtigt. In der Praxis wird das Entstehen einer solchen unerwünschten Verhaltenskette *Zuerst bedrohe ich meine Partnerkatze und dann bekomme ich eine Belohnung* durch zwei Faktoren begrenzt:

- Zusätzlich zur ersten Alternativhandlung *Kommen, Blickkontakt oder am Sitzplatz-Target sitzen*, können vor der tatsächlichen positiven Bestätigung noch mehr Übungen verlangt werden, also *Kommen – in die Schachtel einsteigen – Nasen-Target – Erdmännchen* und dann erst kommt die Belohnung. Im Übrigen wird für die meisten Katzen die Belohnung, erarbeitet durch die eigenen Handlungen, so noch einmal wertvoller.
- Selbst wenn eine Katze eine Verhaltenskette erlernt und mit dem Bedrohen einer Partnerkatze eine Belohnung erwartet, verändert sich die Emotion in der Situation. Sie startet ihre Drohphase nun nicht mehr aus einer unangenehmen Emotion wie Aggression oder Frustration, sondern aus einer beinahe fröhlichen Erwartungshaltung. Obwohl das ursprünglich sichtbare Verhalten noch immer da ist, verlagert sich die innere Aufmerksamkeit der Katze in Richtung positive Bestätigung und gesehen werden. Diese Änderung der allgemeinen Stimmung wird auch für die bedrohte Katze erkennbar, was die Drohung als solche auflöst.

Eine zweite Möglichkeit der neu erlernten Verhaltensweisen wirkt – einmal erlernt – auch ohne direkte Intervention. Hierbei geht es vor allem um die Nutzung neuer Ressourcen, Rückzugsorte, Sitzplätze oder Wege.

Während neugierige Katzen alles sofort ausprobieren, gibt es sehr viele weniger aufgeschlossene Katzen, die nichts Neues probieren. Sie sind in ihrem 5-D-System so gefangen, dass sie von sich aus buchstäblich keine neuen Wege gehen – selbst wenn es gute Auswege wären. Ein Beispiel: In der Analyse war offensichtlich, dass den Katzen einige Ressourcen im Mehrkatzen-Haushalt fehlten. Nun sind neue sichere Höhlen, Foodpuzzles, erhöhte Sitzplätze und Laufstege vorhanden, aber alles bleibt dennoch wie es war; die neuen Ressourcen werden ignoriert und nicht benützt.

Um diese neuen Optionen in den Erfahrungshorizont einer Katze einzubauen, müssen sie tatsächlich geübt werden. Erst wenn eine Katze die neuen Wege über ein Regal, einen neuen Kratzbaum oder Laufstege an der Wand wiederholt benützt hat, werden sie von ihr wirksam in den Alltag eingebaut. Beim abendlichen Spiel, mit Leckerbissen oder Targetübungen erlebt die Katze auch auf körperlicher Ebene die neuen Ressourcen. Beispiele für solche Übungen sind

• eine Wohn-Transportbox oder eine Kartonhöhle als Fluchtpunkt nützen statt davonlaufen.
• einen erhöhten Sitzplatz nützen, um eine Interaktion in der besseren Position zu beenden und Distanz zu schaffen.
• einen neuen Weg auf einem Laufsteg benützen, um einer konfliktbeladenen Engstelle oder Sackgasse auszuweichen.
• ein neues Katzenklo nicht nur attraktiv gestalten, sondern auch dann in die Reinigungsrunde integrieren, wenn es noch nicht benützt wird.

Wenn die neuen Verhaltensweisen einmal erlernt sind, erweitern sie die Handlungsoptionen der Katzen und funktionieren auch in Abwesenheit des Menschen.

Positive Interaktionen bestätigen

In den weitaus meisten Mehrkatzen-Haushalten bleiben die Interaktionen zwischen den Katzen so lange unbeachtet, bis es sehr deutlich wird, dass sie sich nicht oder nicht mehr verstehen. Die tatsächlich oder vermeintlich aggressive Katze wird ermahnt, geschimpft oder gar bestraft. Das verbessert rein gar nichts an der Beziehung der Katzen und ist im schlimmsten Fall sogar kontraproduktiv, weil es zu schon schlechter Stimmung noch mehr Ungutes hinzufügt. Ausserdem lernen die Katzen keine neuen Wege, wie sie künftige Konflikte vermeiden oder lösen könnten. Viel zu viele Katzen wissen tatsächlich nicht, wie sie anders reagieren könnten, weil sie die Feinheiten der Kommunikation, des Beschwichtigens und der selbstbewussten, dennoch unaggressiven Konfliktlösung nicht gelernt haben.

Grundsätzlich sollte in jedem Mehrkatzen-Haushalt höfliches und freundliches Verhalten, jede Art von Beschwichtigung und friedlicher Konfliktlösung zwischendurch immer wieder positiv bestätigt werden.

Freundliches Verhalten zwischen den Katzen kann ganz massgeblich vom Menschen beeinflusst und gefördert werden.

Im Mehrkatzen-Haushalt gilt es immer auf die affiliativen Verhaltensweisen zu achten, sie zu belobigen und nicht die unerwünschten Interaktionen zu massregeln.

Das bedeutet nun nicht, dass aufdringliches Verhalten einer selbstbewussten Katze wie Auflauern, selbst wenn es spielerisch ist, unerwünschte Nähe, Anstarren oder Ähnliches niemals ermahnt werden dürfte. Doch es reicht im Grunde, sie eher mit fragendem Ton anzureden, ob sie das, wonach es aussieht, wirklich vorhat. Oder der kleine Hinweis *Ich sehe, was du da gerade tust.* Kombiniert mit der unmittelbar folgenden Einladung, doch etwas anderes zu tun, das belohnt werden kann, vermehrt es die Handlungsoptionen der Katze.

Das einfachste Niveau ist: Es kann alles belohnt und wertschätzend anerkannt werden, was **nicht direkt unfreundlich** ist. Die Katzen werden sozusagen schon für einen *peaceful state of mind*, eine friedliche Grundhaltung, gesehen und wertschätzend bestätigt. Dafür muss nicht immer und in jedem Fall eine Futterbelohnung kommen, es sei denn, es wurde mit einem Zungenklick bestätigt. Oft reicht es schon ein leichtes Kopf Wegdrehen, ein Nicht-Hinterherlaufen, wenn es normalerweise passiert wäre, mit dem Namen der Katze und einem freundlich-stolzen *Ich habe gesehen, was du gerade super gemacht hast* anzuerkennen.

Natürlich können jegliche Freundlichkeiten in einer Begegnung auch mit einem Zungenklick eingefangen und anschliessend beide Katzen nicht nur mit Anerkennung, sondern auch mit Leckerbissen belohnt werden, zum Beispiel:

- Nasenkontakt
- Kurzes Belecken am Kopf
- Hinschau-Wegschau-Sequenz
- Aufgestellter Schwanz
- Den Weg freigeben, indem eine Katze aufsteht
- Einen Bogen entlang der persönlichen Distanz gehen
- Eine Distanzierung akzeptieren und den Abstand vergrössern
- Tolerieren von Nähe und Beschnuppern

Für sozial kompetente freundliche Katzen sind das alles Selbstverständlichkeiten, deren Bestätigung natürlich trotzdem lohnend ist, die Beziehungen zwischen Katzen wie auch Menschen fördert und den Katzen einfach Freude macht.

Ganz besonders wichtig ist diese Achtsamkeit auf soziopositive Interaktionen in der Eingewöhnungsphase, zeitweilig angespannten Beziehungen oder allfälligen Krisensituationen. Wenn sich die Katzen im Anschluss an ein Hüttenspiel schon frei bewegen, ist das Belohnen von allem, was höflich ist, extrem wichtig. Ein Zungenklick auf Distanz beendet zwar das Verhalten, aber es lenkt auch die Aufmerksamkeit etwas ab. Eine Belohnung ist immer besser, bevor sich Spannung aufbaut, weil eine der Katzen Angst vor der eigenen Courage bekommt und sich fauchend distanziert.

Eine unabdingbare Voraussetzung für jede Bestätigung ist die Ansprechbarkeit der Katzen für den Menschen, ein Interesse an irgendeiner Art von Belohnung und eine einigermassen gute Beziehung zum Menschen. Ohne diese Möglichkeiten gilt es noch einmal einen Schritt zurück in die Phase der individuellen Therapie zu machen.

Information

Information über das, was für die Katzen wichtig ist, über ihre Umwelt oder kommende Ereignisse, ist eine der wertvollsten Währungen im Zusammenleben zwischen Katzen und Menschen.

Mit ihrer Doppelnatur als Raubtiere und potenzielle Beutetiere sind Katzen schreckhaft und reagieren extrem schnell, manchmal überaus heftig. Leider sind diese Reaktionen zum einen ansteckend für andere Katzen, die dann ebenso reagieren, ohne zu wissen warum, nur weil eine andere Katze sich erschreckt hat. Zum anderen kann jede heftige Reaktion – egal ob Flucht oder Verteidigungsbereitschaft – bei einer Partnerkatze einen Angriff auslösen, der das Trauma für die Opferkatze potenziert. Schon bei einem einzigen solchen Ereignis können alle Kontextfaktoren wie Ort, Tageszeit, Geräusche oder die Socken eines danebenstehenden Menschen mit abgespeichert werden. Damit können diese Faktoren alle zum neuerlichen Auslöser einer umgerichteten Aggression werden und das Unglück nimmt durch die zunehmende Anzahl an Auslösern seinen Lauf.

Die schreckhafte, reaktive Natur der Katze kann durch psychoaktive Substanzen und Medikation einigermassen positiv beeinflusst werden.

Aber ein weiterer wichtiger Faktor für die Dynamik solcher Ereignisse ist **Informationsmangel**. Sobald eine Katze bewusst realisiert, was da gerade passiert ist, kann sie wieder in den emotionalen

Normalbereich zurückkehren. Noch besser wäre es, wenn sie vorgewarnt wäre, weil ein vorhersehbares Ereignis angekündigt ist.

Erschrecken löst bei reaktiven Katzen sofortige Abwehr oder Aggression aus.

Um es ganz kurz zusammenzufassen: **Katzen mögen keine Überraschungen!**

Katzen sind in der Lage, sehr viele Wörter zu lernen und daraus Information zu gewinnen. Es zahlt sich aus, Katzen schon von Anfang an möglichst viele Begriffe beizubringen, die für ihren Alltag eine Bedeutung haben. Ganz besonders wichtig ist natürlich der eigene Name und der von Partnerkatzen. Hilfreich ist es auch, bestimmte Orte, Aktivitäten oder Hinweise wie *Aufpassen* oder *Achtung* zu benennen.

Die kognitiven Fähigkeiten von Katzen werden erheblich unterschätzt, weil sie nach wie vor als unerziehbar und damit auch als unbeeinflussbar vernachlässigt werden.

Mit den erlernten Wörtern können Ereignisse angekündigt werden oder bereits stattgefundene im Nachhinein kommentiert und erklärt werden. Ein Schrecken verliert seine Macht, wenn die Katze – sobald sie wieder ansprechbar und analysefähig ist – wahrnehmen und verstehen kann, was passiert ist.

Die Namen von Partnerkatzen sollten ebenso wie der eigene positiv verknüpft werden. Zum Beispiel in mehrfacher Wiederholung mit Leckerbissen und wertschätzendem Lob für den *schönsten und besten Fiji aller Fijis* und den *besten Sunny aller Sunnys*.

Bei jeder Annäherung und Kontaktaufnahme, wenn sich die Katzen auf die Distanz nicht erkennen und unsicher sind, wenn sie sich bedrohen wollen, kann schon diese freundliche Ansprache mit ihren Namen die Spannung auflösen. Es geht also darum, den Katzen mit ihren Namen zu sagen, dass die andere da ist, obwohl es für uns Menschen so aussieht als wäre das ohnehin klar. Und genau das ist es in vielen Begegnungen für Katzen ganz offensichtlich nicht.

Auch jede arrangierte Begegnung, gemeinsame Übungen und Hüttenspiele sollten **immer und jedes Mal angekündigt** werden. Zahllose Katzenzusammenführungen – neue oder nach einer Trennung – sind katastrophal gescheitert, weil da plötzlich eine andere Katze war, wo keine zu erwarten war.

Zwei ganz essenzielle Wörter sind:
* *Aufpassen* oder *Achtung*
* *Schöön*

Aufpassen wird mit lauten Geräuschen und weiterhin mit anderen unangenehmen Reizen verknüpft. Zum Beispiel wird das Einschalten von Mixer, Kaffeemaschine oder Staubsauger immer mit dem Wort *Aufpassen* angekündigt. Nach ein bis zwei Sekunden startet dann das so angekündigte Geräusch. Schon nach wenigen Wiederholungen weiss die Katze, nach *Aufpassen* folgt ein lautes Geräusch. Da Katzen ausnehmend gut darin sind, Erlerntes auch in anderen Kontexten anzuwenden, kann *Aufpassen* dann auf andere punktuell zu erwartende Situationen erweitert werden. Hat die Katze einmal begriffen, kann die Information auf ausserhalb des eigenen Einflussbereichs liegende Ereignisse wie Schlagbohren des Nachbarn, Silvesterraketen oder Ähnliches sogar im Nachhinein vermittelt werden. *Aufpassen* bedeutet dann: *Da war was Unangenehmes, aber es ist nicht schlimm oder gefährlich.*

Ein langgezogenes *Schöön* – oder alles, was sich ähnlich ruhig in die Länge ziehen lässt wie *Hyyyyvä* (*hyvä* – finnisch für gut, fein) kann als Entspannungswort oder Beschreibung für eine angenehme Situation verwendet werden. Zum Beispiel wird *Schöön* verwendet, wenn die Katze wohlig entspannt schnurrt und mit den Pfoten tretelt. Mit regelmässiger Wiederholung wird *Schöön* auch klassisch konditioniert und bekommt eine gewisse Eigendynamik. Damit lässt sich aus einer schrecklichen Situation zwar kein völliges Wohlsein auslösen, aber zumindest eine gewisse Erinnerung an diese angenehme Entspannung wecken. Es bringt also wahrscheinlich nichts zu versuchen, einer Katze eine emotionale Ausnahmesituation als *Schöön* zu erklären. Für mildere Probleme kann mit *Schöön* aber durchaus eine positivere Grundstimmung erzeugt werden: Zwei Katzen begegnen sich, sind etwas im Zweifel ob der Absichten der anderen und beide bekommen ein *Schöön*.

· Alle Wörter, die die Katzen gelernt haben, können als Regieanweisungen in den Alltag, Begegnungen oder andere unklare Situationen eingebaut werden.

Einschränkungen

In einer idealen Welt würden alle diese Maßnahmen innerhalb kurzer Zeit perfekt funktionieren und die Katzen bis an ihr Lebensende friedlich zusammenleben. Leider gibt es unzählige Einschränkungen, *ja Abers* und sonstige Hindernisse, die den Erfolg einer (Wieder)-Zusammenführung limitieren.

Es gibt Katzen, die sich trotz intensiver tierärztlicher Betreuung und Therapie nicht immer richtig wohlfühlen. Das bedeutet nicht zwingend, dass der Leidensdruck so gross ist, dass eine Euthanasie nötig wäre, aber eben doch ein zeitweilig beeinträchtigtes Wohlsein. Dazu gehören insbesondere Juckreiz und chronische Schmerzen, die oft erst dann sichtbar werden, wenn sie sehr ausgeprägt sind. Unzufriedenheit und mangelnde Flexibilität im sozialen Kontakt sind dann die ersten Hinweise, dass eine Therapie angepasst werden sollte.

Im Zusammenleben mit einer nicht ganz so sozial kompetenten freundlichen Partnerkatze kann diese Befindlichkeitsstörung ausreichen, weniger präsent und selbstbewusst aufzutreten als nötig wäre. Das gilt ganz besonders für alte und geriatrische Katzen, die fast alle mehr oder weniger Grunderkrankungen haben, die das Wohlbefinden beeinträchtigen.

Körperliche Handicaps wie Blindheit, Taubheit oder körperliche Behinderungen nach Amputation sind extra grosse Herausforderungen im Training und in der Kommunikation zwischen den Katzen.

Hinzu kommen psychische Probleme wie Angststörungen, Traumata oder einfach fehlende Sozialisation, die nie wieder völlig wettgemacht oder ausgeglichen werden können.

Und schliesslich gibt es Katzen, die ausserordentlich schwer bis gar nicht zufriedenzustellen sind. Egal, was man anstellt, wie sehr man sich bemüht, sie bleiben unzufrieden und damit auch kompliziert im Zusammenleben – mit Katzen ebenso wie mit Menschen.

In manchen Haushalten mit solchen Einschränkungen bleiben diese Katzen ewige Therapiefälle. Selbst wenn das Zusammenleben für einige Zeit gut geht, bleibt die Gruppe labil. Es tauchen entweder ganz neue Probleme oder die alten Probleme neuerlich auf. Wichtig ist es daher, realistisch zu bleiben und sich klar zu machen, dass man nie aufhören kann, weil die Therapie erst mit der Trennung der Katzen endet oder bis der Tod sie scheidet.

Neben den Katzen gibt es auch menschliche Einschränkungen. Zeit, Raum, Energie, Wissen und Geld können fehlen, um den erträumten perfekt harmonischen Mehrkatzen-Haushalt zu haben. Wann immer diese Einschränkungen vorübergehend sind, ist es besser die Katzen während dieser Zeit vermehrt zu trennen anstatt sie streiten zu lassen. Nach einer Entspannungspause und mit besseren Nerven trainiert es sich viel leichter, denn eines ertragen Katzen gar nicht: Ungeduld!

Was nicht hilft!

Es gibt einige Maßnahmen und Interventionen, die **ganz sicher nicht helfen**, obwohl sie immer wieder versucht werden.

- Das **Problem ignorieren** ist nur bis zu einem gewissen Grad möglich und spätestens, wenn eine oder mehrere Katzen unsauber werden, mit Harn markieren oder immer wieder kämpfen, ist das Verleugnen des Problems nicht mehr möglich. Es gilt grundsätzlich: Je früher man interveniert und die angespannte Beziehung der Katzen verbessert, desto besser ist die Prognose. Nur in den seltensten Fällen sind die Katzen in der Lage, eine verfahrene Beziehung alleine wieder ins Gleichgewicht zu bringen, wenn man allem einfach seinen Lauf lässt. Oft sind diese Phasen der Friedlichkeit nur von kurzer Dauer und nach einem minimalen Auslöser wird der Konflikt aufs Neue sichtbar.

- **Schimpfen** ist wohl mit Abstand der häufigste Versuch, Konflikte zwischen den Katzen zu unterbinden. Die proaktive Katze wird geschimpft, sobald das unerwünschte Verhalten erkannt ist – fast immer ist das viel zu spät! Selbst wenn es in manchen Fällen kurzfristig hilft und der aktuelle Konflikt unterbrochen wird, ändert sich an der gesamten Beziehung der Katzen nichts. Ganz im Gegenteil – oftmals ist das Schimpfen sogar schädlich, weil die ängstliche bedrohte Katze es auf sich bezieht und sich dann noch mehr fürchtet. Sie verliert an Selbstbewusstsein und Sicherheit, weil sie nun noch nicht einmal der Mensch mehr als ihr wichtiger Allianzpartner unterstützt. Hingegen fühlen sich die aggressiven Katzen kaum oder nur minimal betroffen und verschieben ihre Aktivität einfach auf später. Insgesamt verbessert sich an der Beziehung gar nichts, weil durch Schimpfen zu einer bereits unangenehmen Situation noch mehr Negatives hinzugefügt wird – unterm Strich wird die Stimmung noch schlechter. **Mit Schimpfen wird keine der Katzen zufriedener** oder lernt neue Wege der Konfliktlösung, ihre Frustration auf akzeptable Weise abzubauen oder sich zu beschäftigen.

- Das Gleiche gilt für jede andere Maßnahme, die als **Strafe** für die aggressive Katze gedacht ist wie Wasserspritzen, laute Geräusche oder fliegende Gegenstände. Fügt man zu einer unangenehmen Situation noch mehr Negatives hinzu, wird am Ende kein positiver Effekt herauskommen. Die allgemeine Stimmungslage verschlechtert sich noch weiter, weil der Mensch für viele Katzen eine wichtige Ressource ist, die Sicherheit gibt.

- Mit der **Unterstützung der proaktiven, aggressiven Katze** verschlimmert sich die Schieflage in der Beziehung noch weiter. Dadurch eine vermutete Hierarchie zu unterstützen und eine stabile Rangordnung erreichen zu wollen, ist keine gute Idee. Die passive, ängstliche Katze wird sich weiter zurückziehen, die Freiheit in ihrem Lebensraum verlieren und schliesslich krank werden. Es ist daher keinesfalls sinnvoll, den Leidensdruck der Opferkatze auf diese Weise noch weiter zu intensivieren.

Checkliste

Bei den Überlegungen und der Planung für eine weitere Katze kann eine Checkliste hilfreich sein. Alles, was im Vorfeld bedacht und geklärt ist, macht die Zusammenführung einfacher und stressfreier für alle Beteiligten. Diese Punkte sollen lediglich als Gedächtnisstütze dienen und ersetzen nicht das Lesen der zugehörigen Kapitel.

Katzen:
- Motivation für die neue Katze klären
- Was hat die Katze davon?
- Falls die neue Katze schon ausgesucht ist: Wie gut passen die Katzen zusammen?
  - Geschlecht
  - Alter
  - Charakter
  - Rasse
  - Verwandtschaftsgrad
  - Soziale Kompetenz
  - Farbe
- Wie sieht der Plan B aus?
- Gibt es ein zeitliches Limit für die Zusammenführung?
- Sind die Katzen gewöhnt an Folgendes?
  - Brustgeschirr und Leine
  - Box
- Sind die Katzen trainiert?
  - Clickertraining oder positive Verstärkung
  - Katzen-Kindergarten

Ressourcen
- Gibt es ausreichend Ressourcen an unterschiedlichen Orten?
- Welche neuen Ressourcen können wo untergebracht werden?
- Vorrat an verschiedenen hochattraktiven Leckerbissen anlegen
- Grosses Sortiment an neuem Spielzeug und Beuteattrappen vorbereiten

- Nahrungsergänzungen für entspannte Stimmungslage beim Tierarzt besorgen
- Pheromonstecker einige Tage vorher anbringen

Infrastruktur
- Wie viel Wohnfläche und wie viele Räume stehen zur Verfügung?
- Gibt es einen abtrennbaren, katzengerechten Raum?
  - nur vorübergehend
  - dauerhaft möglich
  - Gittertür möglich
- Ist es möglich, der ansässigen Katze vorübergehend den Freigang zu blockieren?
- Wie kann die 3-D-Struktur ausgebaut werden?

Menschen
- Welche Zeitfenster stehen für Training und Spiel zur Verfügung?
- Wann könnten neue Zeitfenster eingerichtet werden?
- Wer kann beim Training und Zusammengewöhnen helfen?

Ressourcen

- Crowell-Davis S.L. et al. Social organization in the cat: a modern understanding. JFMS 2004.
- DePorter T.L.et al. Evaluation of the Efficacy of a New Pheromone Product Versus Placebo in the Management of Feline Aggression in Multi-Cat Households. Proceedings AVSAB 2014.
- Elzerman AL et al. Conflict and affiliative behavior frequency between cats in multi-cat households: a survey-based study, JFMS 2019.
- Hill et al., A novel approach to welfare interventions in problem multi-cat households, BMC Veterinary Research (2019).
- Litchfield CA. et al. The 'Feline Five': An exploration of personality in pet cats (*Felis catus*).
- Loberg JM et al., The effect of space on behaviour in large groups of domestic cats kept indoors. Applied Animal Behaviour Science. 182:23 – 29.
- Pachel CL.Intercat Aggression: Restoring Harmony in the Home: A Guide for Practitioners.
- Ramos D. Aggression in multi-cat households. JFMS 2019.
- Ramos D. et al. Are cats (Felis catus) from multi-cat households more stressed? Evidence from assessment of fecal glucocorticoid metabolite analysis .
- Schroll S. Aller guten Katzen sind ...? BOD 2004.
- Schroll S. Katzen-Kindergarten – Erfolgreiche Katzenerziehung ab dem ersten Tag. BOD 2017.

Index